ANDREAS HASSE

Der Regreß im Sozial- und Privatversicherungsrecht als Regelungsgegenstand der Gesamtschuld

Schriften zum Internationalen Recht

Band 58

Der Regreß im Sozial- und Privatversicherungsrecht als Regelungsgegenstand der Gesamtschuld

Eine rechtsvergleichende Untersuchung zum deutschen und französischen Recht

Von

Andreas Hasse

Duncker & Humblot · Berlin

Die Deutsche Bibliothek – CIP-Einheitsaufnahme

Hasse, Andreas:
Der Regress im Sozial- und Privatversicherungsrecht als Regelungsgegenstand der Gesamtschuld : eine rechtsvergleichende Untersuchung zum deutschen und französischen Recht / von Andreas Hasse. – Berlin : Duncker und Humblot, 1992
(Schriften zum Internationalen Recht ; Bd. 58)
Zugl.: Mainz, Univ., Diss., 1991
ISBN 3-428-07491-2
NE: GT

Fotoprint: Berliner Buchdruckerei Union GmbH, Berlin 61
Printed in Germany

ISSN 0720-7646
ISBN 3-428-07491-2

Meinen Eltern

Vorwort

Die vorliegende Arbeit wurde im Wintersemerster 1991/92 vom Fachbereich Rechts- und Wirtschaftswissenschaften der Johannes Gutenberg-Universität Mainz als juristische Dissertation angenommen. Sie wurde mit dem Preis für Juristische Forschungsarbeiten 1991 der Deutsch-Französischen Juristenvereinigung e.V. ausgezeichnet. Der Grundstein der Arbeit wurde bereits 1987/88 während eines vom Deutschen Akademischen Austauchdienst unterstützten Fortbildungsaufenthaltes an der Ecole Nationale d'Administration in Paris gelegt.

Meinem akademischen Lehrer, Herrn Universitätsprofessor Dr. iur. Klaus Müller danke ich herzlich sowohl für den Freiraum, den er mir bei der Bearbeitung des selbstgewählten Themas gewährt hat, als auch für die immer vorhandene Bereitschaft, die aufgestellten Thesen im wissenschaftlichen Streitgespräch kritisch zu erörtern.

Herrn Universitätsprofessor Dr. iur. Reinhard Hepting danke ich für die konstruktiven Anregungen im Rahmen seiner Zweitbegutachtung.

Danken möchte ich auch meinen Kollegen am Lehrstuhl, Frau Rechtsreferendarin Eva-Maria Seufert und den Herren Assessoren Dr. Stefan Breinersdorfer und Mark Oliver Kersting LL.M., die in zahlreichen Gesprächen wertvolle Anregungen für die Arbeit gegeben haben.

Für die oft beschwerlichen Schreibarbeiten habe ich besonders Frau Trudel Hütter und meiner Schwester Frau Friederike Kaiser zu danken. Die Computerformatierung in die nun vorliegende Form wäre ohne die Mithilfe meines Kollegen Herrn Dipl. Volkswirt Stephan Braun nicht möglich gewesen. Auch dafür herzlichen Dank.

Nicht zuletzt möchte ich meinen Eltern von Herzen danken, ohne die ich weder mein Studium absolvieren, noch diese Arbeit hätte anfertigen können.

Mainz, im Dezember 1991

Andreas Hasse

Inhaltsverzeichnis

Vierter Teil

Rechtsvergleichende Zusammenfassung

Abkürzungsverzeichnis

a.A.	andere Ansicht
A.D.I.A.	Association Internationale du droit des Assurances
a.E.	am Ende
a.F.	alte Fassung
aaO.	am angegebenen Ort
Abs.	Absatz
AcP	Archiv für civilistische Praxis
AHB	Allgemeine Bedingungen für die Hausratversicherung
AKB	Allgemeine Bedingungen für die Kraftfahrtversicherung
al.	alinéa
Allg.	Allgemein
ALR	Allgemeines Landrecht für die preußischen Staaten von 1794
Anm.	Anmerkung
Art.	Artikel
Ass. plén.	arret de l'Assemblée plénière de la Cour de Cassation
AT	Allgemeiner Teil
BB	Der Betriebs-Berater
Bd.	Band
BGB	Bürgerliches Gesetzbuch
BGH	Bundesgerichtshof
BGHZ	Entscheidungen des Bundesgerichtshofes in Zivilsachen
BT	Besonderer Teil
Bull. Civ.	Bulletin des arrets des Chambes Civiles de la Cour de Cassation

Bull. Crim.	Bulletin des arrets de la Chambre Criminelle de la Cour de Cassation
BVerfGE	Entscheidungen des Bundesverfassungsgerichts
bzw.	beziehungsweise
C.civ.	Code Civil
C.E.	arret du Conseil d'Etat
c.i.c.	culpa in contrahendo
C.pén.	Code pénal
Ch.	Chambre
Ch. réunies	arret des Chambres réunies de la Cour de Cassation
Chron.	chronique
Civ.	arret d'une Chambre civile de la Cour de Cassation
Cl.	Clunet (Journal de droit international)
Concl.	Conclusion
Crim.	arret de la Chambre Criminelle de la Cour de Cassation
D.	Recueil Dalloz, seit 1965 Recueil Dalloz-Sirey
D.C.	Recueil critique Dalloz
D.H.	Recueil hebdomadaire Dalloz
D.P.	Recueil périodique et critique Dalloz
DAR	Deutsches Autorecht
DB	Der Betrieb
ders.	derselbe, dieselbe, dieselben
DJT	Deutscher Juristentag
Doctr.	Doctrine
Dr. Soc.	Droit Social
e.V.	eingetragener Verein
EdF	Electricité de France
Ency. Dalloz.	Encyclopédie Dalloz, Répertoire de droit civil

f., ff.	folgende, fortfolgende
Fn.	Fußnote
Gaz. Pal.	Gazette du Palais
Gaz. Trib.	Gazette des Tribunaux
GdF	Gaz de France
GoA	Geschäftsführung ohne Auftrag
HGB	Handelsgesetzbuch
hM	herrschende Meinung
HRR	Höchstrichterliche Rechtsprechung
Hrsg.	Herausgeber
i.E.	im Ergebnis
i.S.	im Sinne
IPrax	Praxis des Internationalen Privat- und Verfahrensrechts
IPRspr	Makarov, Gamillscheg, Müller, Dierk, Kropholler; Die deutsche Rechtsprechung auf dem Gebiete des internationalen Privatrechts, 1952 ff.
iVm.	in Verbindung mit
J.C.P.	Juris-classeur périodique (la semaine juridique)
J.O.	Journal officiel (Lois et décrets)
J.O., Ass. Nat.	Journal officiel (Débats à l'Assemblée Nationale)
J.O., Sénat	Journal officiel (Débats aux Sénat)
JuS	Juristische Schulung
JW	Juristische Wochenschrift
JZ	Juristenzeitung
KG	Kammergericht
LFZG	Lohnfortzahlungsgesetz
LVA	Landesversicherungsanstalt
M.M.	Mindermeinung
MDR	Monatsschrift für deutsches Recht
MüKo	Münchener Kommentar zum BGB (mit Bearbeiter)

mwN.	mit weiteren Nachweisen
n.F.	neue Fassung
NJW	Neue Juristische Wochenschrift
NJW-RR	NJW Rechtsprechungsreport Zivilrecht
no.	Nummer
Nr.	Nummer
NVZ	Neue Zeitschrift für Verkehrsrecht
o.A.	ohne Angabe
Obs.	observation
ÖJZ	Österreichische Juristenzeitung
OLG	Oberlandesgericht
Ord.	ordonnance
ÖVVG	Gesetz über den Versicherungsvertrag von Österreich
PflVersG	Gesetz über die Pflichtversicherung für Kraftfahrzeughalter
r+s	Recht und Schaden
R.G.A.T.	Revue générale des assurances terrestres
Rec. Lebon	Recueil des arrets du Conseil d'Etat (Recueil Lebon)
Rec.Cons.d'Et.	Recueil des arrets du Conseil d'Etat
Rev.int.dr.comp.	Revue internationale de droit comparé
Rev.trim.dr.civ.	Revue trimestrielle de droit civil
RG	Reichsgericht
RGRK	Reichsgerichtsrätekommentar, Kommentar zum bürgerlichen Gesetzbuch
RGZ	Entscheidungen des Reichsgerichts in Zivilsachen
RIW	Recht der Internationalen Wirtschaft
Rn.	Randnummer
Rsp.	Rechtsprechung
RVO	Reichsversicherungsordnung
S.	Seite, Satz
S.	Sirey

SchuldR	Schuldrecht
SeuffA	Seufferts Archiv für Entscheidungen der obersten Gerichte in den deutschen Staaten
SGb	Die Sozialgerichtsbarkeit
SGB X	Sozialgesetzbuch - Verwaltungsverfahren; Schutz der Sozialdaten; Zusammenarbeit der Leistungsträger und ihre Beziehungen zu Dritten
SNCF	Societé Nationale de Chemin de Fer
Soc.	arret de la Chambre Sociale de la Cour de cassation
Som.	sommaire
SozVers	Die Sozialversicherung
T.	tome
Th.	thèse
V.	Von
VersR	Versicherungsrecht
vgl.	vergleiche
VVG	Gesetz über den Versicherungsvertrag
WarnRspr	Warneyer, Rechtsprechung des Reichsgerichts oder des Bundesgerichtshofs in Zivilsachen
WM	Zeitschrift für Wirtschafts- und Bankrecht, Wertpapier-Mitteilungen Teil IV
z.B.	zum Beispiel
ZfRV	Zeitschrift für Rechtsvergleichung
ZfS	Zentralblatt für Sozialversicherung, Sozialhilfe und Fürsorge
ZIAS	Zeitschrift für Internationales Arbeits- und Sozialrecht
Ziff.	Ziffer
ZPO	Zivilprozeßordnung
ZSR	Zeitschrift für Sozialreform

Einleitung

Die Zeit, zu der ein fremdverschuldeter Unfall lediglich Haftpflichtansprüche des Verletzten gegen den Schädiger auf Schadensbeseitigung auslöste, ist lange vorbei. Im modernen Sozialstaat greifen eine Reihe von Regelungsmechanismen ineinander, die das Zweipersonenverhältnis zwischen Verletztem und Schädiger überlagern[1].

Der Schädiger hat nach zivilrechtlichen Grundsätzen Schadensersatz zu leisten. Gleichzeitig erhält der Verletzte in aller Regel versorgungsrechtliche Ansprüche nach gesetzlichen Vorschriften oder vertraglichen Vereinbarungen der verschiedensten Art (Versicherungs und Sozialversicherungsleistungen, Lohnfortzahlung). Soweit im folgenden nicht zwischen den Leistungen und den Leistungserbringern differenziert wird, werden sie mit den Begriffen "Versorgungsleistungen", die Leistungserbringer als "Versorgungsträger" bezeichnet. Insbesondere spielen die privaten Schadensversicherungen, die auch die private Krankenversicherung umfassen[2], und die Sozialversicherungsträger eine Rolle. Dabei sollen die zum Teil gravierenden Unterschiede zwischen den Leistungen nicht verkannt werden. Soweit diese Unterschiede von grundsätzlicher Bedeutung sind, wird gesondert darauf eingegangen.

Die grobe Unterteilung rechtfertigt sich auch durch das Anliegen, bei abweichender Terminologie in Deutschland und Frankreich die dogmatischen Gemeinsamkeiten und Unterschiede herauszuarbeiten. Nur hinsichtich des Privatversicherungsrechts beider Länder sind die Begriffe vergleichbar. Die Terminologie im Sozialversicherungsrecht unterscheidet sich dagegen in Frankreich stark von der in Deutschland. In Deutschland fallen unter den Begriff der sozialen Sicherheit nach der gängigen weiten Auffassung die Sozialversicherung, der Schutz vor Arbeitsunfällen und Berufskrankheiten, die Familienleistungen, die Sozialhilfe und die Leistungen bei Arbeitslosigkeit[3].

---

[1] A. Larenz, aaO., S.1; Selb, aaO., Karlsruher Forum 1964 S.3; Barthes de Monfort, aaO., Introduction S.1 ff.

[2] 1989 betraf sie 6,4 Mio Versicherte vgl. Schirmer, aaO., VersR 1991 S.510 ff.

[3] Schmid, aaO., S.197 ff. (247 ff.).

Demgegenüber sind dem französischen Sozialrecht Unterteilungen in Versicherungs-, Versorgungs- und Fürsorgesysteme oder, nach neuerer Terminologie, in Vorsorge-, Entschädigungs- und allgemeine wie besondere Hilfs- und Fördersysteme fremd. Sozialrecht und Arbeitsrecht wird als Kern des Rechts der sozialen Sicherheit in Frankreich verstanden[4].

In beiden Rechtsordnungen wird der Schädiger bisweilen auch "Dritter" genannt. Im französischen Recht spricht man vom "tiers responsable". Dadurch wird klargestellt, daß der Schädiger als Dritter durch seine Handlung von außen auf das bereits vorher bestehende Verhältnis zwischen dem Verletzten und dem Versorgungsträger einwirkt.

Durch das Zusammentreffen der verschiedenen Leistungen entstehen Probleme der Anspruchskonkurrenz[5].

Die Entscheidung, wer letztendlich welchen Schadensanteil tragen soll, ist rechtspolitischer Natur[6]. Wie immer bei der Lösung von Zuordnungsfragen im Mehrpersonenverhältnis, spielen wertende Gesichtspunkte eine Rolle.

Im deutschen Recht ist die Anspruchskonkurrenz durch Regreßvorschriften gelöst. Der Gesetzgeber hat für weite Bereiche den Anspruchsübergang durch Legalzession angeordnet[7]. Eine widerspruchsfreie Lösung gewährleisten die Vorschriften für das Gesamtproblem allerdings nicht. Das Nebeneinander von kollektiver Schadenstragung und individuellem Haftpflichtrecht ist theoretisch noch nicht vollständig bewältigt[8].

Die Problematik ist aber in anderen Rechtsordnungen genauso virulent, knüpft sie doch an ein internationales soziales Bedürfnis an. Sie eignet sich demnach besonders zur rechtsvergleichenden Betrachtung[9].

Einzelne rechtsvergleichende Arbeiten haben Teilaspekte beleuchtet[10]. Es besteht jedoch ein Bedürfnis, von Zeit zu Zeit zu überprüfen, inwieweit die Darstellungen aufgrund veränderter Rechtslage nach Ergänzungen verlangen.

---

[4] Vgl Igl, aaO., (Pflegebedürftigkeit) S.105.

[5] Fälschlicherweise wird nicht immer klargestellt, daß ein Konkurrenzproblem besteht. Die Unterscheidung in Innen- und Außenverhältnis (so Jürgens, aaO., S.131) greift daher nur einen Teilaspekt heraus. Einerseits ist selbstverständlich, daß verschiedene Ansprüche zwischen den verschiedenen Beteiligten bestehen, die auseinanderzuhalten sind. Über diese selbstverständlich erforderliche Differenzierung hinaus, führt die Unterscheidung Jürgens aber nicht weiter. vgl. dazu 2. Teil A III 5.

[6] Prölss/Martin, aaO., § 67 Anm. 1 spricht von einer "rechtspolitischen Frage richtiger Schadensdistribution" und verlagert die Schwerpunkte damit in das Schadensrecht.

[7] § 67 VVG, § 116 SGB X, § 4 LohnfG, § 127 AFB usw.

[8] Weyers, aaO., Rn. 740.

[9] Koch/Magnus/Winkler von Mohrenfels, aaO., S.190.

[10] Marschall von Bieberstein, aaO. (Reflexschäden); Karrer, aaO.; Gitter, aaO.; A. Larenz, aaO.; Namgalis, aaO.; Mössinger, aaO.; Hüffer, aaO.

Aufgrund Art. 33 EGBGB können auch deutsche Gerichte veranlaßt werden, ausländische Regreßbestimmungen anzuwenden. Die EG-rechtlichen Regelungen in Zusammenhang mit der sozialen Sicherheit gelten als unmittelbares Recht.

Die 80er Jahre haben sowohl in Deutschland als auch in Frankreich für wesentliche Teilbereiche zu Neukodifikationen geführt.

In der Bundesrepublik ist mit Wirkung zum 1. Juli 1983 der Regreß im Sozialversicherungsrecht durch die §§ 116 ff. SGB X neugefaßt worden[11].

In Frankreich ist das Unfallregreßrecht durch die sog. "loi Badinter" vom 5.7.1985 neu geregelt worden[12].

Das 2. Kapitel dieses Gesetzes, das sich allgemein mit der Straßenverkehrshaftpflicht befaßt, regelt in Artt. 28-34 abschließend alle Fragen des Regreßrechts bei Unfällen mit Personenschaden und geht damit weit über den Bereich des Straßenverkehrs hinaus. Im Code des Assurances regelt Art. 121-12 die Subrogation für die Schadensversicherung. Damit sind für das französische Recht die zentralen Regelungen genannt, die allerdings auf andere Rahmenbedingungen treffen als in Deutschland.

In Deutschland ist diese Veränderung der Gesetzeslage in Frankreich weitgehend unbeachtet geblieben[13].

Eine rechtsvergleichende Darstellung aus aktuellem Blickwinkel fehlt völlig.

Die vorliegende Arbeit möchte die auftretenden Fragen anhand der dogmatischen Grundkonzeption in beiden Rechtsordnungen darstellen, aber auch die praktischen Konsequenzen im Einzelfall aufzeigen, ohne daß alle Fragen erschöpfend aufgeführt werden können. Das gilt vornehmlich für die Fragen, die im Falle des Zusammentreffens von Schadensersatz und Lohnfortzahlungsansprüchen auftreten. Auf diese sich in gewissem Sinne selbständig entwickelnde Sonderproblematik kann nur am Rande eingegangen werden.

---

[11] BGBl I (v. 9.11.82), S.1450; zu Recht beklagt Marschall von Bieberstein, aaO. (Neuregelung), Zeitschrift für die gesamte Versicherungswissenschaft 1983, S.98 ff., daß der Gesetzgeber bei der Neukodifikation des § 1542 RVO in § 116 SGB X rechtsvergleichende Erkenntnisse nicht erkennbar berücksichtigt hat.

[12] Loi No 85-677 du 5 juillet 1985 tendant à l'amélioration de la situation des victimes de la circulation et à l'accélération des procédures d'indemnisation, Journal Official v. 6.7.1985 S.7584 benannt nach dem damaligen französischen Justizminister (Garde de Sceaux) Robert Badinter; den Regreß regeln für alle Unfälle mit Körperschäden die Artt. 28 bis 34; Wortlaut vgl. Anhang I.

[13] Ausnahmen: v.Bar, aaO., VersR 1986, S.620 ff. erwähnt neben der Erörterung des haftpflichtrechtlichen Teils auch kurz den Regreß; ebenso Storp, aaO., DAR 1989, S.311 ff.; vgl. auch van Camelbeke, aaO., Annuaire S.266 f.; eine summarische Übersetzung findet sich bei Wilmes, aaO., VersR 1986, S.224 ff.

Der Schwerpunkt der Darstellung wird im französischen Recht liegen. Diese Vorgehensweise rechtfertigt sich dadurch, daß es zahlreiche Abhandlungen zur Rechtslage in Deutschland gibt, während in Deutschland eine aktuelle Darstelllung der Rechtslage in Frankreich ganz fehlt.

Im ersten Teil wird versucht werden, das Konkurrenzproblem des Nebeneinanders verschiedener Ansprüche in den Gesamtbereich der rechtlich vorstellbaren Lösungen des Mehrpersonenverhältnisses einzuordnen.

Beachtenswert ist, daß der Regreß weder die einzig denkbare Lösung zur Klärung der Konkurrenzfrage ist, noch dieser Lösungsansatz in Deutschland und Frankreich selbst konsequent durchgehalten wird. Dadurch entstehen offene rechtspolitische Wertungsprobleme und Widersprüche.

Es werden die Regelungen anderer ausländischer Staaten angesprochen, soweit sie exemplarisch belegen, daß auch völlig andere Regelungsansätze kohärente und gerechte Ergebnisse zeitigen.

Im 2. und 3. Teil wird die Einordnung der in Deutschland und Frankreich gefundenen gesetzlichen Lösung in die jeweilige Zivilrechtsdogmatik erörtert. Von Bedeutung wird auch die historische Entwicklung und wirtschaftliche Dimension der Regreßabwicklung sein. Dabei wird sich zeigen, daß die dogmatische Durchdringung der Legalzession in Deutschland noch nicht abgeschlossen ist. Insbesondere gehen die herrschende deutsche und französische Zivilrechtsdogmatik diametral verschiedene Wege, die erstaunlicherweise zu übereinstimmenden Ergebnissen führen.

Die heute bestehenden Regelungen in Deutschland und in Frankreich sollen problemorientiert aufgezeigt werden. Vergleichende Erkenntnisse ergeben sich so zwanglos aus der Gegenüberstellung der "Problemlösungen". Dabei wird versucht, die Darstellung so aufzubauen, wie sich die Probleme bei der konkreten Fallösung darstellen.

Im 4. Teil beschließt dann eine rechtsvergleichende Zusammenfassung die Arbeit.

Erster Teil

Die Regelungsmöglichkeiten der Anspruchskonkurrenz im Mehrpersonenverhältnis zwischen Verletztem, Schädiger und Versorgungsträger

Es scheint, als sei die durch den Regreß mittels Legalzession erhaltene Lösung der Konkurrenz zwischen Schadensersatz und Versorgungsansprüchen selbstverständlich. Diese Vorstellung spricht dafür, daß man die Grundsätze unseres zivilen Schadensersatzrechts verinnerlicht hat[1]. Die einzig denkbare Lösung des Konkurrenzproblems enthält die Legalzession dennoch nicht.

A. Die rechtspolitisch denkbaren Lösungen im einzelnen und deren Realisierung in anderen Rechtsordnungen

Theoretisch sind 4 verschiedene Lösungen des Konkurrenzverhältnisses denkbar[2].

- Subsidiarität

Versorgungs- bzw. Schadensersatzleistung könnten zueinander subsidiär sein (Subsidiärhaftpflicht, Subsidiärversicherung).

- Kumulation

Der Verletzte könnte berechtigt sein, Schadensersatz und Versorgungsansprüche zu kumulieren und so bereichert aus dem Schadensereignis hervorgehen.

- Anrechnung (Vorteilsausgleichung)

Man könnte eine Anrechnung der Versorgungsleistung auf den Schadensersatzanspruch des Verletzten gegen den Schädiger vornehmen, so daß der Anspruch gegen diesen um die Leistung des Versorgungsträgers gekürzt wird.

---

1 Weyers, aaO., Rn. 588.

2 Rother, aaO., S.237; Mössinger, aaO., S.1 f.; Viret, aaO., S.97 ff.

- Regreß

Letztlich könnte der Verletzte vom Versorgungsträger vorrangig entschädigt werden, der aber wegen seiner Aufwendungen sich seinerseits beim Schädiger befriedigen kann, bei dem der Schaden schließlich verbleibt.

I. Subsidiarität

1. Subsidiäre Haftung des Versorgungsträgers oder des Dritten

Aus dem Bereich der Sozialhilfe nach dem BSHG ist die subsidiäre Verpflichtung des Sozialhilfeträgers zur Gewährung der Grundsicherung bekannt[3].

In der vorliegenden Arbeit geht es dagegen um die Konkurrenz von Haftpflicht und Versorgungsansprüchen und deren Ausgleich. Die Notwendigkeit des Ausgleichs ergibt sich erst dadurch, daß dem Verletzten grundsätzlich beide Ansprüche zur Verfügung stehen[4].

Es sind zwei Grundformen eines Haftungssystems bei Mehrfachverpflichtung denkbar: Externe Subsidiarität[5] oder externe Vollhaftung auf das Ganze mit internem Ausgleich.

Entweder man stuft bereits mit externer Wirksamkeit nach der Schadensnähe der einzelnen Verbindlichkeiten ab und gewinnt so die Subsidiarität (d.h. Teilhaftung), oder man behält die Abstufung dem Innenverhältnis vor, bei voller Außenhaftung auf das Ganze.

Eine vertragliche Vereinbarung von subsidiärer Verpflichtung ist in der Weise möglich, daß der eine Schuldner seine Leistungspflicht vertraglich auf den Fall beschränkt, daß Ansprüche gegen weitere Schuldner nicht oder nur erschwert durchgesetzt werden können (z.B. § 11 Abs. 11 Architektenmustervertrag)[6].

Einen typischen Fall gesetzlicher Subsidiarität stellt die Regelung des § 839 Abs 1 S.2 BGB , Art. 34 S.1 GG dar. Der fahrlässig handelnde Beamte und die Körperschaft, auf die der Anspruch übergeleitet wird, können nach außen

---

[3] Bley, aaO., A I 4a.

[4] Vgl. Rother, aaO., S.237.

[5] Z.B. § 839 Abs. 1 S. 2 BGB, Unterhaltsansprüche nach § 1601 BGB, aber auch § 158c Abs. 4 VVG, § 3 Ziff. 6 PflVG (vgl. zum Regreß bei "krankem" Kraftfahrzeughaftpflichtdeckungsverhältnis Steffen, aaO., VersR 1987, S.529 ff. und Schirmer aaO. VersR 1987, S.19 ff.) §§ 636, 637, 640 RVO; da der Haftungsausschluß der Arbeitgeber für fahrlässige Verletzungen nicht von der Eintrittspflicht der Unfallversicherung abhängt, sondern der Arbeitgeber schlechthin privilegiert wird, kann man letztlich kaum mehr von Subsidiarität reden (Vgl. Kasseler Kommentar (Ricke), aaO., § 636 Rn. 5).

[6] dazu Selb, aaO. (Mehrheiten), S.205 ff.

hin überhaupt nicht in Anspruch genommen werden, solange eine anderweitige Ersatzmöglichkeit besteht[7]. Im Straßenverkehr hat der Bundesgerichtshof das Beamtenprivileg allerdings zurückgeschnitten, so daß es heute dort nur zur subsidiären Haftung kommt, wo der Beamte im Einsatz "mit Blaulicht" am Verkehrsunfall beteiligt war[8].

Als solche die Subsidiarität auslösende Ansprüche gegen Dritte kommen nicht nur Ansprüche aus Delikt oder quasideliktischen Tatbeständen, sondern auch Ansprüche auf Leistungen eines Versorgungsträgers und Leistungen aus der Kasko-Versicherung in Frage[9].

Widersprüchlich ist allerdings, daß die Rechtsprechung den Anspruch des Geschädigten auf Lohn- oder Gehaltsfortzahlung im Gegensatz zu den Versorgungs- und Versicherungsleistungen gar nicht erst als anderweitige Ersatzmöglichkeit betrachtet, so daß die Verweisungsmöglichkeit entfällt, und das Konkurrenzproblem entsteht[10].

Die Anordnung der Subsidiarität macht einen Regreß überflüssig, da die Haftung des Schuldners von vornherein und alleine nur in der Höhe seines Verantwortungsbeitrages besteht[11]. Ein Konkurrenzproblem entsteht nicht. Eine Schuldnermehrheit mit der Notwendigkeit eines Innenausgleichs zwischen dem leistenden und den übrigen Schuldnern vorzunehmen, liegt erst gar nicht vor. Eine Haftung des Subsidiärverpflichteten nach außen entsteht nur dann, wenn der vorrangig Verpflichtete nicht zur Leistung verpflichtet ist. Subsidiarität und Anspruchskonkurrenz sind daher alternative Regelungsmodelle[12]. Subsidiäre Haftpflicht basiert auf einer rechtspolitischen Entscheidung, die das problematische Konkurrenzproblem verschiedener, nebeneinander stehender Ansprüche gar nicht entstehen läßt, da das einheitliche Gläu-

---

7 zum Problemkreis Jürgens, aaO., S.39 mwN. in Fn. 71; Wachsmuth, aaO., S.105 ff.

8 BGHZ 50, S.271 haftungsrechtliche Gleichbehandlung aller Verkehrsteilnehmer vgl. auch BGH VersR 1985, S.225; 1978, S.231 ff. wonach die Leistungen der französischen gesetzlichen Unfallversicherung an die Hinterbliebenen von Unfallopfern keinen anderen Ersatz im Sinne von § 839 Abs. 1 S. 2 BGB darstellen. Die Hinter-bliebenenversorgung hat den Zweck, das Beitragsaufkommen voll für alle Schadensfälle zur Verfügung zu stellen, in denen sich das Berufsrisiko realisiert, nicht aber den deutschen Fiskus zu entlasten S.234.

9 MüKo/Papier, aaO., § 839 Rn. 195; BGHZ 47, S.196; 50, S.271; haftet der Beamte doch, weil anderweitige Ersatzansprüche nicht realisiert werden können, so hat er gegen einen Mitschädiger einen Ausgleichsanspruch aus § 426 Abs. 1 S. 1 BGB. Ist der Beamte freigestellt, so kommt es zu einer gestörten Gesamtschuld, bei der der Mitschädiger keinen Ausgleich beim Beamten suchen kann. Vgl. auch Jürgens aaO., S.40.

10 MüKo/Papier, aaO., § 839 Rn. 192; ablehnend Selb, aaO., (Mehrheiten) S.209 f.; zum Ganzen kritisch Wachsmuth, aaO., S.107 ff.

11 Vgl. Münchbach, aaO., S.53.

12 Jürgens, aaO., S.40; Münchbach, aaO., S.53; Karrer, aaO., S.3 spricht von "Subsidiärversicherungen" und "Subsidiärhaftpflichten".

bigerinteresse nach außen, das den Regreß nach innen erforderlich macht, nicht existiert. Dieser strukturelle Unterschied erlaubt es und macht es zugleich notwendig, diese Konstellation von der weiteren Untersuchung konkurrierender Ansprüche auszuschließen[13].

2. *Subsidiäre Haftung innerhalb des Systems konkurrierender Ersatzansprüche*

Innerhalb des Systems konkurrierender Ersatzansprüche spielt die subsidiäre Einstandspflicht des Versorgungsträgers keine Rolle[14]. Im Schadensfall müssen Versorgungsträger und Dritter nach außen den Schaden voll regulieren. Der Versorgungsträger (Versicherung und Sozialversicherungsträger) ist als Entgelt für die Prämie bzw. den Sozialversicherungsbeitrag verpflichtet, dem Verletzten im Versicherungsfall den Schaden nach Maßgabe des versicherten Risikos bzw. der gesetzlichen Vorschriften des 5. Teils des SGB zu ersetzen, ohne daß er diese Versicherungsleistung von dem Vorhandensein (und Übergang) haftpflichtrechtlicher Ansprüche abhängig machen kann[15]. So kalkulieren die Versicherungen die Prämie auch ausschließlich auf statistischer Grundlage ohne Berücksichtigung von Regreßerlösen[16].

Gegen eine subsidiäre Ersatzpflicht spricht überhaupt, daß der Gläubiger umständlich und langwierig versuchen müßte, den extern vorrangig verpflichteten Schuldner in Anspruch zu nehmen und gegebenenfalls solange ohne jede Leistung stünde[17]. Daß dies trotz erheblicher eigener Beitrags- bzw. Prämienleistung unbillig wäre, liegt auf der Hand.

II. Die Kumulation und Anrechnung: Zwei Wege zur Lösung des Konkurrenzproblems

Nachdem die Subsidiarität von vornherein aus der Untersuchung ausscheidet, sind die anderen 3 Lösungsansätze kurz zu skizzieren.

Durch die Möglichkeit, den vertraglichen oder gesetzlichen Anspruch gegen den Versorgungsträger zu realisieren und daneben den Schadensersatzanspruch gegen den Dritten geltend zu machen, wird der Weg zu einer doppelten Entschädigung des Verletzten eröffnet.

---

[13] Die Nachteile, die die Subsidiarität für den Gläubiger mit sich bringt, liegen auf der Hand (Umständlichkeit, Prozeßrisiko, Dauer). Er muß ggfs. nacheinander zuerst gegen den primären und erst nach fruchtlosem Versuch gegen den sekundären Schuldner vorgehen. Vgl. Münchbach, aaO., S.53.

[14] Jürgens, aaO., S.40; Mössinger, aaO., S.1 Fn 1.

[15] So richtig Müller, aaO., VersR 1989, S.317 ff.; Ausnahme: § 158c Abs.4 VVG, § 3 Ziff. 6 PflVG bei "krankem" Deckungsverhältnis; (vgl. oben Fn. 5).

[16] 1. Teil A. III.

[17] So insbesondere für das französische Recht: Groutel, aaO. (Recours), S.2; in Deutschland: Münchbach, aaO., S. 53.

Diametral verschieden zu diesem Lösungsansatz ist die Anrechnung, in Deutschland als Vorteilsausgleichung bekannt. Die Leistung des Versicherungsträgers wird auf den Schadensersatzanspruch gegen den Dritten angerechnet, so daß dieser insoweit befreit wird.

Für beide Lösungen der Anspruchskonkurrenz lassen sich Beispiele in anderen Rechtsordnungen finden.

1. Die Kumulation von Schadensersatzleistungen in US-amerikanischem Recht

Nach der in den meisten Einzelstaaten der USA geltenden Rechtslage stehen dem Verletzten grundsätzlich Versorgungs- und Schadensersatzanspruch nebeneinander zu[18]. Das gilt jedenfalls für den Bereich der Unfall- und Krankenversicherung[19]. Hauptargument für die Kumulation ist die sog. "collateral source rule". Danach ist eine Anrechnung von anderweitigen Ersatzleistungen grundsätzlich ausgeschlossen[20]. Die Versorgungsleistung ist durch die Prämie bzw. Beitragszahlung verdient, geht den Schädiger nichts an und soll ihn jedenfalls nicht entlasten.

In den USA wird dieses Grundprinzip allerdings nicht einheitlich durchgehalten.

Eine in der Praxis wichtige Ausnahme ergibt sich aus der im einzelnen allerdings sehr unterschiedlichen Gesetzgebung der Einzelstaaten auf dem Bereich der Workers' Compensation[21]. Für diesen Bereich der obligatorischen Arbeitsunfallversicherung sehen nahezu alle amerikanischen Einzelstaaten den Übergang des Schadensersatzanspruchs des Verletzten auf den Arbeitgeber bzw. den Workers' Compensation Carrier vor, wenn der Arbeitsunfall von einem betriebsfremden Dritten mitverursacht wurde[22]. Dies spielt insbesondere bei Produkthaftpflichtklagen eine große Rolle.

Ohne auf die Details der "subrogation" nach den Vorstellungen der verschiedenen Rechtsordnungen der Einzelstaaten einzugehen, sei hier nur kurz auf die folgenden Konstellationen hingewiesen.

Nach den meisten "Workers' Compensation" Regelungen ist der Rückgriffsanspruch des Arbeitgebers bzw. dessen Versicherung als vorrangig zu befriedigender Teil (lien) des einheitlichen Anspruchs des Verletzten anzusehen (dingliche Wirkung ähnlich eines Pfandrechts). Dieser Teil des An-

---

18 Mössinger, aaO., S.1; v.Hippel, aaO., S.35 f.; Gitter, aaO., S.206 f.

19 Marschall v. Bieberstein, aaO. (Reflexschäden), S.206 f. mwN. in Fn. 517.

20 Marschall v. Bieberstein, aaO. (Reflexschäden), S.117 f.

21 Vgl. v.Hippel, S.49 ff. zur geschichtlichen Entwicklung der Workers' Compensation Gesetzgebung in den USA als Schutz vor Arbeitsunfällen; Darling-Hammond/Kniesner, aaO., S.7; Eichenhofer, aaO. (Soziale Sicherheit), S.173.

22 Darling-Hammond/Kniesner, aaO., S.XVI und 38 ff. (42).

spruchs steht dann dem Verletzten nicht zu. Obergrenze des Anspruchs des Arbeitgebers ist nicht die Höhe der von ihm erbrachten Leistung[23]. In einigen Staaten, so z.B. in Massachusetts, wird der Arbeitgeber ermuntert, den Anspruch in voller Höhe geltend zu machen und kann dann einen Teil des eigentlich dem Verletzten zustehenden Anteils als "Provision" einbehalten.

Einige Staaten geben dem Verletzten ein Wahlrecht zwischen der Entschädigungsleistung aufgrund Workers' Compensation oder der Realisierung des eigenen Schadensersatzanspruchs ("election of remedies")[24].

Der Anspruch gegen den Arbeitgeber als Schädiger wird nur dann von Interesse sein, wenn dem Arbeitgeber Vorsatz oder grobe Fahrlässigkeit zur Last fällt. Dann kann der Verletzte gegebenenfalls "punitive damages"[25] realisieren. Schadenersatz und Leistungen auf Grund Workers' Compensation kann der Verletzte aber nicht nebeneinander fordern[26].

Den Ausnahmecharakter der Subrogation vom Grundsatz der Anspruchskumulation zeigt sich in der starken Kritik gegen jede Regreßkonstruktion in den USA. So finden sich weniger Argumente zur Rechtfertigung der Anspruchskumulation (collateral source rule), die man für selbstverständlich hält[27], als vielmehr zahlreiche Argumente gegen die Alternative der Subrogation.

Diese Gegenargumente werden exemplarisch für den Bereich der Arbeitsunfälle vorgetragen, weil dort (ausnahmsweise) auch in den USA die "subrogation" vorgesehen ist. Es werden insbesondere zwei Gegenargumente gegen die Subrogation vorgebracht.

Für den Fall, daß der Arbeitsunfall sowohl auf eine fehlerhafte Maschine (Produkthaftpflicht eines Dritten) als auch auf ein Mitverschulden des Arbeitgebers zurückzuführen ist, führt der Anspruchsübergang zu unbilligen Ergebnissen.

Geht der Arbeitgeber aufgrund seines "lien" gegen den Produkthersteller vor, so muß sich der Arbeitgeber wegen der "contribution and indemnification rules"[28] zahlreicher Staaten und der verschuldensunabhängigen

---

[23] Vgl. dazu auch Gitter, aaO., S.209; Verbot des "splitting of actions", wonach in der Regel ein Anspruch nur in toto übergeben bzw. geltend gemacht werden kann; Rinderknecht, aaO., Trend 1991, S.14 ff.

[24] Vgl. dazu Gitter, aaO., S.208; Darling-Hammond/Kniesner, aaO., S.39 Fn 62 unter Hinweis auf die statutes von Kentucky, Maryland, Washington und West-Virginia; Eichenhofer, aaO. (Soziale Sicherheit), S.173.

[25] Vgl. dazu Otte, aaO., RIW 1990, S.299.

[26] Böhmer, aaO., NJW 1990, S.3049 ff.

[27] Weyers, aaO., Rn. 601 hält dagegen die Kumulation für positiv "nicht leicht begründbar".

[28] D.h. das Mitverschulden des Arbeitgebers kommt idR. gar nicht, bzw nur ab einem bestimmten Haftungsgrad nahe des Vorsatzes zum Tragen.

Haftung aus strict liability des Produzenten sein Mitverschulden nicht anrechnen lassen. Der Arbeitgeber kann also vollen Regreß nehmen, ohne daß sein Mitverschuldensanteil bzw. der des Verletzten Berücksichtigung findet[29]. Daneben wird darauf verwiesen, daß der Regreß zur Vermehrung von Prozessen führt und bei Arbeitsunfällen dadurch die Verantwortung für die Arbeitsplatzsicherheit vom Arbeitgeber auf den Dritten verlagert wird[30].

Aber auch über den Bereich der speziellen Probleme im Arbeitsunfallrecht hinaus, stößt die Subrogation in den USA auf Ablehnung. Aufgrund empirisch statistischer Untersuchungen erscheint es den pragmatisch denkenden Amerikanern wirtschaftlich unsinnig, das Schadensaufkommen letztlich zwischen Versicherern (sowohl der Arbeitgeber als auch der Dritte sind in der Regel versichert) hin und her zu schieben. Man nennt dies "loss-shifting"[31] (Schadensverschiebung). Die dadurch entstehenden Kosten stünden in keinem Verhältnis zum Ertrag.

2. Die Anrechnung der Versorgungsleistung auf den Schadensersatzanspruch nach den skandinavischen Rechtsordnungen und den rechtspolitischen Vorschlägen zum englischen Recht

Die skandinavischen Rechtsordnungen erreichen die Kumulationsabwehr, vermeiden aber das komplizierte Verfahren des Anspruchsübergangs[32].

Erreicht wird dieses Ergebnis einfach durch Anrechnung, nach deutscher Terminologie durch Vorteilsausgleichung[33].

Diesen Lösungsweg hat sich auch der in Großbritannien zur Reform des Unfallrechts vorgelegte Bericht der Pearson Commission zu eigen gemacht, der allerdings bisher nicht in positives Recht umgesetzt worden ist[34].

Der zugrunde liegende Gedanke folgt nicht aus dogmatischer Deduktion, sondern ist der Rechtspraxis entnommen. In der Regel gehören der Verletzte, genau wie der Verletzer, jeweils sowohl der Gemeinschaft der Versicherten an, die hinter der regreßnehmenden als auch der regreßbelasteten Versicherung steht, so daß es letzlich zu "In-sich Prozessen" jenseits der Wirtschaftlichkeit kommt.

---

29 Darling-Hammond/Kniesner, aaO., S.43.

30 Darling-Hammond/Kniesner, aaO., S.43; Schulz aaO., VersR 1984, S.608 ff.

31 Vgl. Wachsmuth, aaO., S.154 ff.; Gärtner, aaO., S.168 ff.; Kimball/Davis, aaO., Michigan Law Review 60 (1962), S.841-872 (870 f.).

32 Hippel, aaO., S.36; Wachsmuth, aaO., S.158; Hellner, aaO., S.215 für das schwedische Recht; vgl. auch § 25 dänisches VVG; § 25 norwegisches VVG; § 25 finnisches VVG.

33 2. Teil A. III. 2., 3.

34 Vgl. dazu Kötz, aaO., VersR 1979, S.585 ff. (588); Tunc, aaO., Rev.int.dr.comp. 30 (1978) S.508 ff. (515).

Der Regreß wird zum kostspieligen Transfermechanismus.

Besonders deutlich ist das bei Unfällen im Straßenverkehr. Die Gemeinschaft der Autohalter und die Gemeinschaft der Sozialversicherten ist nahezu personenidentisch. Die Beiträge zu beiden "Versicherungen" werden nicht freiwillig, sondern kraft gesetzlichen Zwangs erbracht.

In Skandinavien ist der Regreß daher auf vorsätzliche, z.T. auf grob fahrlässige Herbeiführung des Schadensfalles beschränkt, teilweise aber auch ganz ausgeschlossen[35].

Nach der dortigen Vorstellung reicht diese Beschränkung aus, um verhaltenssteuernd auf den potentiellen Schädiger einzuwirken.

III. Die rechtspolitische Diskussion in Deutschland

Die oben dargestellten Lösungen anderer Rechtsordnungen haben auch in Deutschland die rechtspolitische Diskussion angeregt[36].

Die Kumulation von Versorgungs- und Schadensersatzansprüchen scheitert für die Schadensversicherung an dem fast zum Dogma erhobenen "Bereicherungsverbot" und der damit im Zusammenhang stehenden Regreßvorschrift des § 67 VVG[37].

Da die Kumulation in der Summenversicherung aber grundsätzlich erlaubt ist, kommt es zu erheblichen Wertungswidersprüchen[38].

In der Sozialversicherung kommt es nach § 116 SGB X gerade nicht zu einer Aufspaltung nach Schadensgesichtspunkten und schadensunabhängigen Leistungen. So findet ein Anspruchsübergang für das Krankengeld statt, das sich nach der Lohnhöhe bemißt und in der Regel nicht den konkreten Erwerbsausfallschaden deckt und damit der Summenversicherung gleicht. Ob § 67 Abs. 1 VVG auf die private Krankentagegeldversicherung angewendet werden kann, ist umstritten.

Zum Teil wird vertreten, die vom Gesetzgeber 1908 im Versicherungsgesetz getroffene Unterscheidung zwischen Schadens- und

---

[35] Vgl. den Überblick bei Wachsmuth, aaO., S.158.

[36] Gärtner, aaO., Bereicherungsverbot S. 20 ff.; dazu Besprechung von Schmidt/Koch, aaO., AcP 173, S.553 ff.; Marschall von Bieberstein, aaO. (Reflexschäden), S.30 ff.; Karrer, aaO., S.3 ff.; Gitter, aaO., S.205 ff.; Baumann, aaO. S.15 ff.

[37] Prölss/Martin, aaO., § 67 Anm. 1A, § 1 Anm. 2A, § 55 Anm. 1; Weyers, aaO., Rn. 448; abweichend Gärtner, aaO., S.20-84; Wachsmuth, aaO., S.171 "dogmatische Zwangsjacke".

[38] Frick, aaO., S.282 ff.; Gärtner, aaO., S.138 ff. ist der Auffassung, alle Arten von Versicherungsverträgen ließen sich auf einen einheitlichen rechtlichen Grundtatbestand zurückführen und seien auch hinsichtlich der Bereicherungsfrage gleich zu behandeln.

Summenversicherung würde dadurch verwischt[39]. Der Versicherungsnehmer dürfe darauf vertrauen, daß ihm neben der mit einer höheren Prämie erkauften Versicherungsleistung auch der Schadensersatz für Verdienstausfall gegen den Schädiger erhalten bleibe[40]. Diese Auffassung wird zutreffenderweise von der h. M. abgelehnt, soweit die Versicherungsleistung den wirklichen Schaden ersetzt hat[41]. Der Verweis auf die Unterscheidung des Gesetzgebers überzeugt nicht, da 1908 die private Krankenversicherung nur ganz geringe wirtschaftliche Bedeutung hatte. Heute ist sie jedoch zu einem Substitut der gesetzlichen Sozialversicherung für weite Teile der gutverdienenden Gesellschaft geworden[42]. Eine Gleichbehandung mit dem Krankengeld der gesetzlichen Krankenversicherungen ist daher ein Gebot sozialer Gerechtigkeit.

Als dogmatische Lösungskonstruktion kann einerseits die analoge Anwendung von § 67 VVG erwogen werden[43]. Andererseits ist zu berücksichtigen, daß die Tagegeldversicherung eine Verdienstausfallversicherung ist, bei der die einstweilige Erfüllung des Schadensersatzinteresses zur Befriedigung des Gläubigers führt. Insofern führt die hier im weiteren entwickelte "Gesamtschuldtheorie" zu einem Regreß nach § 426 Abs. 2 BGB und damit dogmatisch konstruktiv zu einem billigen Ergebnis[44].

In der Schadensversicherung selbst stellen die Neuwertversicherung und die Versicherung nach Taxe ebenfalls schwer zu erklärende Ausnahmen dar, wenn man von einem Grundprinzip sprechen will.

Ob das Bereicherungsverbot tatsächlich das subjektive Risiko vermindert[45], muß bezweifelt werden, gilt es doch gerade für den insoweit besonders "anfälligen" Bereich der Unfallsummenversicherung nicht. Gegen das in Skandinavien praktizierte Prinzip der Anrechnung wird das wenig überzeugende psychologische Argument vorgebracht, daß der potentielle Schädiger durch die Sanktion der Haftung für Fehlverhalten zu angemessener Vorsicht angehalten werden soll. Insbesondere im Bereich des Straßenverkehrs mit verschuldensunabhängiger Haftung einerseits, Pflichtversicherung andererseits, so daß ohnehin ein Versicherer die Kosten trägt, zeigt sich die Vordergründigkeit dieses Arguments[46]. Die Rechtsprechung hat sowohl die

---

39 OLG Nürnberg VersR 1986, S.589.

40 Hartung, Anm. zu LG Regensburg, VersR 1986, S.671.

41 Prölss/Martin, aaO., § 67 VVG Anm. 1B mwN.; LG Regensburg VersR 1986, S.481; Wilmes/Müller-Frank, aaO., VersR 1990, S.345 ff. (354); OLG Köln r+s 1987 S.111 f.

42 Ende 1989: 1,5 Mio Versicherte in der privaten Krankentagegeldversicherung; Quelle: Schirmer, aaO. VersR 1991 S. 512.

43 So OLG Köln VersR 1979, S.1094 f. (1094).

44 3. Teil A. III. 5.

45 So Schmidt/Koch, aaO., AcP 173 S.557.

46 A.A. Selb, aaO. (Regreßmethoden), S.66.

Bereicherung zugelassen als auch eine Anrechnung ohne ausdrückliche gesetzliche Regelung vorgenommen, ohne grundlegende Probleme hinsichtlich des Bereicherungsverbots zu sehen. So läßt sie die Doppelentschädigung bei Versorgungsleistungen ausländischer Rechtsträger ohne weiteres zu[47]. Erstaunlich ist an dieser Entscheidung des OLG München, daß nicht allein auf den international privatrechtlich korrekten Gesichtspunkt des Art. 33 II EGBGB[48], sondern darauf hingewiesen wird, daß eine Abtretung entsprechend § 255 BGB nicht dargetan sei.

Die Rechtsprechung ist aber umgekehrt auch den Weg der Anrechnung in Einzelfällen bereits gegangen, nämlich dann, wenn der Schädiger vermögenslos, der Geschädigte dagegen ausreichend abgesichert ist:

> "Wie das Eintreten einer Haftpflichtversicherung für den Schaden bei richtiger Betrachtung der Interessenlage einer Haftungsbegrenzung entgegenstehen kann, so kann andererseits, wenn ein Versicherungsschutz für den verantwortlichen Schädiger fehlt, ein ausreichender anderer Ausgleich, insbesondere durch Lebens- oder Unfallversicherung, dazu führen, einen vermögenslosen Schädiger freizustellen, jedenfalls dann, wenn nur von leichter Fahrlässigkeit auszugehen ist."[49]

Die Verfechter einer Anrechnung verweisen vor allem darauf, daß die Lösung der Konkurrenzproblematik durch den Regreß rechtspolitisch nicht überzeugen könne. Es wird immer wieder versucht darzulegen, daß die in Deutschland praktizierte Vermeidung der Bereicherung durch den Regreß genauso kostenintensiv wie ungerecht sei[50].

Die Regreßerlöse sind vom Zufall abhängige ("windfall"), am Gesamtprämienaufkommen mit je nach Versicherungsart von 0,08% (Angestelltenversicherung) bis ca. 3% (gewerbliche Berufsgenossenschaften)[51] verschwindend gering und steigerten insbesondere bei den Versicherungsgesellschaften den Gewinn (Bereicherung des Reichsten). Die Erlöse senkten entgegen landläufiger Meinungen nicht die Prämie[52]. Diese wird

---

47 OLG München VersR 1985, S.482 für Leistungen der Veterans Administration; vgl. Speiser, aaO., VersR 1983, S.108 ff.; Thümmel, aaO., VersR 1986, S.415 ff.

48 Anknüpfung nach dem Zessionsgrundstatut, das heißt Wertung nach den Vorstellungen US-amerikanischen Rechts; dazu Reitmann/Martiny, aaO., Rn. 225 ff.; für den Bereich der EG vgl. Art. 93 der EWG-Verordnung Nr. 1408/71, dt. Text z.B. in Sartorius II Nr. 185 und Anhang IV.

49 BGH VersR 1961, S.846 (847).

50 Gärtner, aaO., JuS 1972, S.69 (72); Wachsmuth, aaO., S.162 ff. und Tabellen des statistischen Anhangs; bzgl. der Regreßerlöse: Rother, aaO., S.230; Meyer, aaO., ZRP 1990, S.424 ff.

51 Zahlenmaterial bei Wachsmuth, aaO., S.305 ff.

52 A.A. z.B. Selb, aaO. (Regreßmethoden), S.66.

nach statistischen Methoden ermittelt, die von Zufallsregressen unabhängig sind[53].

Bei der Rückversicherung wird auch auf jeden Regreß verzichtet. Um die erhebliche Verwaltungs- und Kostenbelastung bei der Durchsetzung der Regresse zu senken, haben die Versicherungen zahlreiche Teilungs- und Regreßverzichtsabkommen mit den Sozialversicherungsträgern und untereinander abgeschlossen[54]. Alles dies belegt, daß Regreßaufwand und Erlös wirtschaftlich unverhältnismäßig sind.

Die Kritik am geltenden Regreßsystem mag daher berechtigt sein. Für eine rechtsvergleichende Arbeit ist aber an der lex lata festzuhalten, zumal sowohl in Deutschland als auch in Frankreich der Gesetzgeber nicht den Weg der Verringerung, sondern vielmehr der Vermehrung der Regreßvorschriften in der Form der Legalzession geht[55].

Dadurch bringen beide Rechtsordnungen zum Ausdruck, daß sie weiterhin auf das allgemeine Prinzip eines Vorrangs der Verantwortlichkeit nach zivilrechtlichem Haftungs- und Schadensersatzrecht vor den Leistungen und Schadenstragungspflichten kollektiver Systeme setzen.

IV. Der Regreß

Bisher wurde dargelegt, daß die Konkurrenzproblematik im Mehrpersonenverhältnis in erster Linie nach einer rechtspolitischen Wertung verlangt, wer den Schaden letztendlich zu tragen hat. Sowohl die abweichenden Ergebnisse der verschiedenen Rechtsordnungen als auch die rechtspolitische Diskussion in Deutschland selbst belegen, daß keine der Lösungen per se als die einzig "gerechte" gelten kann.

Dennoch ist es kein Geheimnis, daß sowohl in Deutschland als auch in Frankreich der Gesetzgeber die Wertung in der Weise vorgenommen hat, daß er den Regreß anordnet.

Regreß bedeutet "Rückgriff eines Schuldners, der das Interesse seines Gläubigers ganz oder teilweise befriedigt hat, gegen einen anderen Schuldner dieses Gläubigers, der für dasselbe Interesse einstehen muß"[56].

Nicht nur die rechtspolitische Grundentscheidung der Lösung des Mehrpersonenverhältnisses durch Regreß, sondern auch die Regreßmethoden sind unterschiedlichen Konzeptionen zugänglich.

---

[53] Wachsmuth, aaO., S.163; Baumann, aaO., S.36.

[54] 2. Teil B. V.; vgl. auch Prölss/Martin, aaO., § 67 Anm. 10.

[55] § 4 LohnfortzG, § 119 SGB X; vgl. Schlegel, aaO., S.2; in Frankreich: loi Badinter.

[56] Hüffer, aaO., S.9.

In Deutschland wie in Frankreich hat der Gesetzgeber auch insofern eine ausdrückliche Regelung getroffen, als er die Legalzession bzw. die Subrogation als vorrangige Regreßmethode angeordnet hat[57].

Der Gedanke der Legalzession hat sich demnach durchgesetzt, sogar einen "Siegeszug" angetreten[58]. Auf diesen ausdrücklich geregelten Bereich muß sich auch die vorliegende rechtsvergleichende Arbeit konzentrieren.

---

[57] Vgl. oben §§ 67 VVG, 116 SGB X; 4 LohnfortzG; Art. 30 loi Badinter.

[58] BGHZ 22, S.75; Bruck/Möller(Sieg), aaO., § 67 Rn. 15; Hüffer, aaO., S.110 (Tendenz).

Zweiter Teil

Das deutsche Recht

A. Regreßmethoden im deutschen Recht; die Legalzession als vorrangiges Regreßinstrument

Unter den Begriff der Legalzession werden verschiedene Regelungen gefaßt, die sich z.T. aber in wesentlichen Punkten unterscheiden.

Die Vorschriften, die die Legalzession anordnen, lassen sich nicht alle unter dem Schlagwort "Regreß" fassen[1]. Selbst wenn sie vergleichbaren Zwecken dienen, weisen die gesetzlichen Regelungen erhebliche Widersprüche auf[2]. Dadurch beginnt der Begriff der Legalzession zu schillern, so daß eine einheitliche dogmatische Grundlage nicht mehr besteht. Vielleicht liegt darin der Grund, daß ihre Einordnung in die Zivilrechtsdogmatik bis heute höchst umstritten ist.

Schwierigkeiten bereitet Rechtsprechung und Literatur der Umstand, daß das materielle Ergebnis der Legalzession auch durch andere Rechtsinstrumente erreicht werden kann, die Legalzession nur eine von verschiedenen Methoden zur Lösung des Mehrpersonenverhältnisses darstellt[3].

So hat der Gesetzgeber in § 116 SGB X zwischen Sozialversicherungsträgern und Dritten die Legalzession als Regreßmethode angeordnet, dagegen für den gleichgelagerten Sachverhalt zwischen Sozialversicherungsträgern, die zueinander kongruente Sozialleistungen zu erbringen haben, einen Ausgleich durch originäre Erstattungsansprüche nach §§ 103-105 SGB X vorgesehen. Diese sichern aber genau wie die Legalzession

---

[1] Ausnahme z.B.: § 23 GüKG.

[2] Nach Hübener, aaO., S.2 "scheint der Gesetzgeber vielfach den Überblick über die Fälle verloren zu haben, in denen er den gesetzlichen Forderungsübergang vorgesehen hat".

[3] Weyers, aaO., Rn. 604; Marschall von Bieberstein, aaO. (Reflexschäden), S.195.

das Interesse des Vorleistenden auf Abschöpfung des Vorteils, der dem letztlich Verpflichteten infolge der Vorleistung entstanden ist[4].

Das belegt bereits die These, daß die Legalzession vor allem eine der möglichen Methoden zur Erzielung des gewünschten Ergebnisses, d.h. der Belastung des letztlich Verantwortlichen mit dem Schaden, ist.

Die rechtspolitische Grundentscheidung zwischen den Extremen der Kumulation und Anrechnung ist, wie bereits dargelegt wurde, gedanklich vorrangig. Sie beschäftigt sich allein mit der Frage, bei wem die Schadenslast verbleibt, ist aber hinsichtlich der rechtstechnischen Methode wertneutral.

Beide Ebenen sind hinsichtlich der sie tragenden Argumente strikt zu trennen. Daß die Leistung des Versorgungsträgers durch eigene Beitragsleistungen verdient ist und den Dritten nichts angeht, vermag sowohl die Kumulation als auch der Regreß zu begründen und ist allenfalls ein Argument gegen die Anrechnung. Für die Frage, ob der Regreß durch Legalzession oder Gesamtschuldnerausgleich erfolgen soll, ist dieses Argument aber untauglich, weil beide Regreßmethoden i.E. dieser Feststellung gerecht werden[5].

I. Unterschiede der in § 67 VVG und § 116 SGB X angeordneten Legalzession im Hinblick auf den Zeitpunkt des Anspruchsübergangs

Im vorliegend zu untersuchenden Zusammenhang sind wesentliche Bereiche des Zusammentreffens von Versorgungs- und Schadensersatzleistungen durch Legalzessionsvorschriften geregelt. Vor allem die §§ 67 VVG und 116 SGB X sind zu untersuchen.

§ 67 VVG betrifft unmittelbar den Bereich der Schadensversicherung, wohingegen für die Summenversicherung eine ausdrückliche Regelung fehlt[6].

Der Übergang findet nach der jeweiligen Leistung statt, was der Gesetzgeber mit der Formulierung "soweit dieser ... den Schaden ersetzt" zum Ausdruck gebracht hat[7].

§ 116 SGB X enthält die wesentliche Besonderheit, daß der Schadensersatzanspruch nach allgemeiner Meinung bereits im Zeitpunkt seiner Entstehung auf den Versorgungsträger übergeht[8].

---

[4] Eichenhofer, aaO., SGb 1990, S.177 (184) "konstruktiv unterschiedliche Wege mit sachlich gleichem Ergebnis".

[5] So auch Frotz, aaO., JZ 1964, S.665 (669), trotzdem berufen sich Selb, aaO. (Regreßmethoden), und Jürgens, aaO., S.119 entscheidend auf dieses Argument. Diese Autoren verkennen, daß die rechtspolitischen Argumente gegenüber der Frage der Regreßmethode wertneutral sind.

[6] Zur Abgrenzung schulmäßig LG Frankfurt VersR 1964, S.955; BGHZ 48, S.188; BGH VersR 1977, S.739.

[7] Bruck/Möller(Sieg), aaO., § 67 Rn. 47.

[8] Zuletzt BGH NJW 1990, S.2933 ff. mwN.; NJW RR 1990 S.343.

Dadurch löst sich das Sozialrecht entscheidend von der bürgerlich rechtlichen Vorstellung des Anspruchsübergangs durch Leistung[9].

Zuzugeben ist allerdings, daß § 412 BGB auf die Fälle der Legalzession die Abtretungsvorschriften zur Anwendung bringt. So ist auch die Vorausabtretung einer zukünftigen Forderung heute anerkannt[10]. Entscheidend ist, daß der Übergang nicht an einen Abtretungsvertrag, sondern unmittelbar an die Erfüllung eines gesetzlichen Tatbestandes geknüpft ist[11].

Daher verliert nach allgemeiner Auffassung der Geschädigte im Sozialversicherungsrecht seine Ansprüche gegen den Schädiger im Zeitpunkt des Eintritts des Versorgungsfalles durch Übergang auf den Versorgungsträger. Nach § 116 SGB X kommt es zum "Durchgangserwerb" beim Sozialversicherungsträger[12].

Dadurch wird der Sozialversicherte gegenüber dem Privatversicherten benachteiligt und dessen Privatinitiative gelähmt[13]. Durch den frühen Zeitpunkt des Anspruchsübergangs werden Abfindungsvergleiche erschwert und Wert sowie Verwertbarkeit des Restanspruchs gemindert, was der BGH ausdrücklich in Kauf nimmt[14]. Die Gefahr von Veränderungen (z.B. in der Höhe der Rentenleistungen) wird den Schädiger häufig davon abhalten, großzügige Abfindungen an den Verletzten zu zahlen. Eine einfache Abwicklung des Verfahrens wird erschwert.

Der Gesetzgeber wollte diese ständige Rechtsprechung durch die Formulierung ("... geht auf den Versicherungsträger oder Träger der Sozialhilfe über, soweit dieser auf Grund des Schadensereignisses Sozialleistungen zu erbringen hat, ...") übernehmen und hat dadurch die Entstehung einer Gesamtschuld von vornherein ausgeschlossen[15]. Der Gesetzeswortlaut bringt dies allerdings nicht mit letzter Deutlichkeit zum Ausdruck[16]. Dies geschah im Hinblick auf die Furcht, der Verletzte könnte zum Nachteil des Versorgungsträ-

---

[9] Kritisch zum vom Gesetzgeber gewählten Weg des Forderungsübergangs im Zeitpunkt des Verletzungsereignisses Hübener, aaO., S.64 ff.

[10] Erman/Westermann, aaO., § 398 Rn. 11 ff.

[11] Erman/Westermann, aaO., § 412 Rn. 3.

[12] Brackmann, aaO., S.971 d.

[13] Möller, aaO. (Schadensersatz), JuS 1961, S.10; a.A. Reinhardt/Schulz, aaO., JuS 1961 S.2 ff., die darauf verweisen, daß nur dann, wenn der Schadensersatz im gleichen Augenblick, wie er zur Entstehung gelangt auf den Sozialversicherungsträger übergeht, sichergestellt wird, daß die notwendigen Maßnahmen zur Wiedergesundung ergriffen werden und nicht in etwa erlangtes Geld für andere Zwecke verwendet wird. Diese Aufassung verkennt, daß dieselbe Gefahr bei Geldleistungen, die die Krankenversicherung erbringt (z. B. Krankengeld) ebenfalls besteht.

[14] BGH NJW 1990, S.2933 ff. (2935).

[15] Insoweit richtig Palandt/Heinrichs, aaO., § 421 Rn. 6, so auch Wernecke, aaO., S. 69 Fn. 115.

[16] Gk/v.Maydell, aaO., § 116 Rn. 194.

gers über die Ansprüche verfügen. Damit ist der Gesetzgeber, der zunächst als Notlösung wegen des Fehlens einer dem § 67 Abs. 1 Satz 3 VVG entsprechenden Regelung von der Rechtsprechung zu § 1542 RVO enwickelten Lösung gefolgt und hat zugleich eine einheitliche dogmatische Grundlage der Legalzession verlassen[17].

Wenn man auch zugestehen muß, daß ein wirtschaftliches Interesse der Sozialversicherungsträger im Hinblick auf die praktisch häufigen Abfindungsvergleiche zwischen Geschädigtem und Schädiger besteht, so sind die Voraussetzungen an die Bestimmbarkeit des übergehenden Anspruchs denkbar gering. Für den Rechtsübergang reicht es schon aus, wenn eine weit entfernte Möglichkeit des Eintritts von Leistungspflichten besteht; es darf nur nicht die Entstehung völlig unwahrscheinlich, also geradezu ausgeschlossen erscheinen[18]. Nach Heinrichs[19] besteht für den Verletzten insofern nicht das dem Privatversicherungsrecht bekannte Wahlrecht des Gläubigers, ob er gegen den Versicherer oder den Schädiger vorgehen will, da er von vornherein nicht aktivlegitimiert ist. Daraus wird das entscheidende Argument gegen die Annahme einer Gesamtschuld zwischen Schädiger und Versorgungsträger gezogen[20]. Die Argumentation von Heinrichs verkennt allerdings die nach § 47 Abs. 1 SGB I bestehende Möglichkeit des Verzichts auf Sozialversicherungsleistungen. Der Hinweis auf die fehlende Aktivlegitimation geht dann aber fehl, was einmal mehr belegt, daß der Begriff der Aktivlegitimation eine bloße Hülse ist, der nicht die inhaltliche Auseinandersetzung mit den Voraussetzungen der materiellen Anspruchsinhaberschaft ersetzen kann. Nach von Maydell[21] findet bei einem solchen Verzicht kein Übergang nach § 116 SGB X statt. Es kommt zu der Situation, daß der im Zeitpunkt des Schadensereignisses grundsätzlich bereits übergegangene Anspruch bei späterem Verzicht wohl mit ex tunc Wirkung an den Verletzten zurückfällt.

Durch den in § 116 SGB X gewählten frühen Zeitpunkt des Anspruchsübergangs hat der Gesetzgeber, der ständigen Rechtsprechung des BGH zu § 1542 RVO folgend, weitere Schwierigkeiten geschaffen. Soweit es zu Spätschäden kommt und ein Sozialverhältnis erst nach dem Zeitpunkt der Verletzung, aber vor der Leistungserbringung zur Entstehung gelangt, bzw. dasjenige, das bei der Verletzung bestand, nicht "nahtlos" in das zur Zeit der Leistungserbringung bestehende übergegangen ist, ist unklar, welche Person zu welchem Zeitpunkt anspruchsberechtigt ist[22]. Soll der Geschädigte für Vergleichsverhandlungen mit dem Schädiger nicht aktivlegitimiert sein, ob-

---

[17] RGZ 60 S.200; 76 S.215 (219); BGH NJW 1960 S.1452.

[18] BGHZ 48, S.181 (184); BGH NJW RR 1990, S.344 (345).

[19] Palandt/Heinrichs, aaO., Vor § 249 Rn. 143 ff.

[20] Palandt/Heinrichs, aaO., § 421 Rn. 6.

[21] GK/v. Maydell, aaO., § 116 Rn. 305.

[22] BGH NJW RR 1990, S.343 ff.; NJW 1990, S.2933 ff.

wohl ein Sozialverhältnis noch gar nicht besteht, nur im Hinblick auf ein später unter Umständen entstehendes? Welche Konsequenzen soll es auf den Anspruchsübergang haben, wenn der Verletzte sich später privat krankenversichert und der Krankenversicherer mangels Leistungsausschluß Leistungen erbringt, die zu Schadensersatzansprüchen des Versicherten gegen den Schädiger kongruent sind? Hier könnte der Krankenversicherer nach erbrachter Leistung Rückgriff gemäß § 67 VVG nehmen, was voraussetzt, daß der Anspruch nicht auf den Sozialversicherungsträger übergegangen ist. Ist der Anspruchsübergang dann auflösend bedingt? Zeitliche und sachliche Kongruenz besteht zu den Leistungen des Privatversicherers, während diejenigen des Sozialversicherers reine Fiktion waren. Man wird daher den Anspruchsübergang auf den Sozialversicherungsträger für vorhersehbare und nicht vorhersehbare Spätschäden als durch die tatsächliche Erbringung von Sozialversicherungsleistungen aufschiebend bedingt ansehen müssen, um zu sachgerechten Ergebnissen zu gelangen.

Erstaunlicherweise scheint der BGH auch einen späteren Übergang der Ansprüche auf den Sozialversicherer in Einzelfällen in Erwägung zu ziehen, wenn ein Sozialverhältnis nach dem Schadensereignis begründet wird. So prüft der BGH, ob der Anspruchsübergang "an die Gewährung von Sozialleistungen zu knüpfen" sei[23]. Welche dogmatische Konstruktion einem solchen Anspruchsübergang zugrunde liegen soll, läßt der BGH offen. Auf § 116 Abs. 1 SGB X läßt sich der an die konkrete Leistung geknüpfte Übergang nicht stützen. In Betracht käme eine analoge Anwendung der §§ 67 VVG und 116 SGB X bzw. die hier zu entwickelnde "Gesamtschuldtheorie"[24]. Nach v.Maydell kommt es in diesem Fall zum Anspruchsübergang zum Zeitpunkt "der Begründung des Sozialleistungsverhältnisses"[25].

Mit zivilrechtlichen Kriterien ist der Anspruchsübergang im Sozialrecht nur noch als Vorausabtretung einer zukünftigen Forderung zu fassen, wobei die geringen Anforderungen an die Bestimmbarkeit des Anspruchs mit dem sachenrechtlichen Bestimmtheitsgebot in Kollision treten[26]. Die dogmatische Konstruktion der h. M., die den Schadensersatzanspruch mit der Argumentation über die versagte Vorteilsausgleichung erhält, damit er übergehen kann, überzeugt nicht, da ein Vorteil doch durch den frühzeitigen Übergang im Zeitpunkt der Verletzung in der Hand der Verletzten von vornherein nicht entsteht[27]. Der Gesetzgeber hat versucht, in § 116 Abs. 7 SGB X die Probleme z.T. selbst zu lösen, indem er Erstattungsansprüche für den Fall

---

[23] BGH Urt. v. 9. Januar 1990 VI ZR 86/99 S.13 des Urteilstextes, auszugsweise abgedruckt in NJW RR 1990, S.343.

[24] 2. Teil A. III. 4.,5.

[25] GK/v.Maydell, aaO., § 116 Rn. 211 ff.

[26] Dazu Erman/Westermann, aaO., § 398 Rn. 11 ff.

[27] Die Hilfsargumentation mit der "logischen Sekunde" setzt die Hilflosigkeit der Argumentation nur auf höherem Abstraktionsniveau fort.

angeordnet hat, daß trotz Anspruchsübergangs mit befreiender Wirkung geleistet wurde, weil ihm das Instrumentarium der §§ 407 ff. BGB nicht ausreichend erschien. Gelungen ist dies nicht[28].

Der klassischen Legalzession, die den Anspruchsübergang nach der Leistung des Zessionars anordnet, entspricht § 116 SGB X damit nicht mehr.

Die Regreßmethode der Legalzession ist von folgenden Rechtsinstituten, die materiell zu identischen Ergebnissen zu führen vermögen, zu trennen:

- Vorteilausgleichung

- § 255 BGB

- Gesamtschuldnerausgleich

- Geschäftsführung ohne Auftrag und ungerechtfertigte Bereicherung

- originärer deliktischer Schadensersatzanspruch

Insbesondere das Verhältnis der ersten drei Institute zueinander ist umstritten.

Man mag die Frage nach dem konstruktiven Weg des Regreses für zweitrangig halten, solange der Weg mit gleicher Sicherheit zum Ziel führt[29].

Die entstehenden Abgrenzungsprobleme fordern aber die wissenschaftliche Diskussion geradezu heraus[30].

Für die Rechtsvergleichung ist es unerläßlich, den Regelungskomplex, der die Lösung des zu vergleichenden Sachverhalts enthält, in das Gesamtsystem der nationalen Rechtsordnung einzuordnen.

Auch haben sich Rechtsprechung und Lehre zum Teil vorschnell darauf eingelassen, daß Fragen der Regreßdogmatik irrelevant seien, weil sie sich im Ergebnis nicht auswirkten. In Randbereichen ergeben sich aufgrund der verschiedenen Meinungen sehr wohl abweichende Ergebnisse. Auf ungelöste Probleme wurde eben hingewisen. Ganz wesentlich ist es beim Familienprivileg nach § 67 Abs. 2 VVG, § 116 Abs. 6 SGB X für die Frage, ob das verletzte Familienmitglied seinen Schadensersatzanspruch behält, der Anspruch erlischt oder eine Abtretungsverpflichtung an den leistenden Versorgungsträger besteht. Die praktischen Auswirkungen, je nach dem, welcher Konzeption der Legalzession man folgt, sind beachtlich[31]. Ein dogmatisches System, das

---

[28] Kritisch auch Ebel, aaO. (Bereicherungsansprüche), VersR 1985, S.897 f.

[29] Frotz, aaO., JZ 1964, S.665 (669); Bruck/Möller (Sieg), aaO., § 67 Rn. 7; Hübner, aaO., S.24 ff.

[30] Zuletzt Jürgens, aaO., S.9 ff.

[31] Einerseits: Ebel, aaO., VersR 1978, S.1083; Raiser, aaO., VersR 1951, S.1 ff. (§421 Gesamtschuld); andererseits: Deinhardt, aaO., VersR 1985, S.685; Bayer,

nicht für alle Einzelfälle stringente Lösungen bereithält, bedarf gerade deshalb der weiteren Ausformung.

Dieser Umstand rechtfertigt es bereits allein, die dogmatische Grundkonzeption näher zu beleuchten.

II. Sinn und Zweck der Legalzession

Einigkeit in den Stellungnahmen zur Legalzession besteht nur insoweit, als Sinn und Zweck zu definieren sind. Bereits die amtliche Begründung zu § 67 VVG macht deutlich, wozu die Legalzession im Rahmen der Schadensversicherung dient.

> "Weder soll der Dritte infolge der Leistung des Versorgungsträgers von seiner Verbindlichkeit befreit werden, noch soll die Leistung des Versorgungsträgers zu einer Bereicherung des Geschädigten führen."[32]

Die in § 116 SGB X angeordnete Legalzession findet ihren ersten Vorläufer in § 48 des Entwurfes eines Unfallversicherungsgesetzes der Arbeiter, der am 8.3.1881 dem Reichstag vorgelegt wurde[33]. Allerdings sagt die amtliche Begründung wenig über den Zweck der Vorschrift aus:

> "Ebenso bleibt sein Anspruch gegen einen Dritten, welcher den Unfall verschuldet hat, aufrecht erhalten. Da er aber auch in diesem Falle die gesetzliche Entschädigung vom Reichsversicherungsamt erhält, so soll sein Anspruch gegen den Dritten in tantum auf diesen übergehen."[34]

Von den übrigen Vorläufervorschriften des § 116 SGB X ist die amtliche Begründung zu § 28 des Entwurfes eines Invaliditäts- und Altenversicherungsgesetzes am aufschlußreichsten:

> "Der Gesetzentwurf will es bei dieser civilrechtlichen Verpflichtung zum Schadensersatz grundsätzlich belassen und nur durch eine cessio legis Vorsorge dafür treffen, daß dem Berechtigten derjenige Betrag seines Schadens, den er aufgrund dieses Entwurfes in Gestalt von Invalidenrente erhält, nicht noch einmal von dem civilrechtlich Verpflichteten, also nicht *doppelt* zu gewähren ist. Der

---

aaO. VersR 1989, S.1123 ff. (Abtretungspflicht nach § 255, was wohl im Privatversicherungsrecht nicht mit § 68a VVG vereinbar ist); Soergel/Mertens, aaO., vor § 249 Rn. 189 (keine Abtretungsverpflichtung mangels gesetzlicher Anordnung); Geigel/Plagemann, aaO., Kap 30 Rn. 84 (Vorteilsanrechnung); Ruland, aaO., Mitt LVA Oberfranken 1984, S.548.

[32] Begründung zu den Entwürfen eines Gesetzes über den Versicherungsvertrag, Reichstagsvorlage nebst Abdruck der beiden veröffentlichten Gesetzentwürfe, Berlin 1906, S.75; siehe auch Entwurf zum Invaliditätsgesetz aaO.

[33] Sten. Ber. über die Verh. des Reichstages, 4. Leg.Per., IV. Session 1881 3.Band (Anlagen), Aktenstück Nr. 41 (S.222 f.).

[34] AaO., S.224.

Entwurf lehnt sich hierbei an die analoge Bestimmung des § 98 des Unfallversicherungsgesetzes an."[35]

Die Begründung der Bundesregierung zu § 116 Abs. 1 SGB X (im Entwurf § 122 Abs. 1) schließt an diese Motive an und lautet demnach nur noch:

"Die Vorschrift legt für den Bereich der Sozialversicherung fest, wem im Falle einer Schädigung die Ansprüche gegen den Schädiger zustehen, wenn ein Versicherungsträger Sozialleistungen dem Geschädigten zu erbringen hat. § 122 geht von § 1542 RVO aus, wobei allerdings der inhaltlichen Ausformung der Vorschrift, die sie durch ständige höchstrichterliche Rechtsprechung erhalten hat, Rechnung getragen wird. Aufgetretene Zweifelsfragen werden entschieden."[36]

Die zweifache Zielsetzung, d.h. sowohl die Bereicherung des Geschädigten als auch die Entlastung des Schädigers auszuschließen, wird auch in Rechtsprechung und Literatur allgemein als Grundlage der Legalzession angesehen[37].

III. Die Einordnung der Legalzession in die Zivilrechtsdogmatik

Umstritten ist aber die Frage, was mit dem Anspruch des Geschädigten gegen den Schädiger geschieht, nachdem der Versorgungsträger Schadensersatz geleistet hat. Die Anordnung des Anspruchsübergangs hat zunächst nur eine Transportfunktion, sagt aber nichts darüber aus, ob eine Tilgung (Anrechnung) des Komplementäranspruchs stattfindet, oder ob eine Anrechnung unterbleibt. Die Frage ist eng mit den Stellungnahmen zur Schadenstheorie, insbesondere der Vorteilsausgleichung, des Gesamtschuldnerregreß nach § 426 Abs. 2 S. 1 BGB und dem Zessionsregreß nach § 255 BGB verbunden.

1. Die versicherungsrechtliche Sichtweise

Die speziell versicherungsrechtlichen Aussagen zum versicherungsrechtlichen Schadensbegriff bringen nicht weiter.

---

[35] Sten. Ber., 7. Leg.Per., IV. Session 1888/89, 1. Anlagenband, Aktenstück Nr. 10 (S.76).

[36] BT-Drucksache 9/95, S.27/28 zu § 122.

[37] Zu § 67: BGHZ 13, S.28 (30); Bruck/Möller (Sieg), aaO., § 67 Anm. 5; Prölls/Martin, aaO., § 67 Anm. 1; Müller, aaO., VersR 1989, S.317 ff. unter Betonung der Bedeutung von § 67 VVG zur "Abschöpfung" einer Bereicherung; Theda, aaO., DAR 1984, S.201 ff.; zu § 116: BGHZ 9, S.179, 184 f.; Hauck/Haines, aaO., § 116 Rn. 1; Marschall v. Bieberstein, aaO. (Neuregelung), ZfgesVw 1983, S.99 ff., der zu Recht beklagt, daß weder die Begründung des Regierungsentwurfs noch die Stellungnahmen der Ausschüsse auf die Gründe für das den Leistungsträgern eingeräumte Regreßrecht eingegangen sind, obwohl dies in Anbetracht der offenen Diskussion naheliegend gewesen wäre S.101; zu § 1542 RVO: BGHZ 9, S.179 (185 f.); BGHZ 27, S.107 ff.; zum allgemeinen Gedanken: Palandt/Heinrichs, aaO., vor § 249 Rn. 122; Gk/v.Maydell, aaO., § 116 Rn. 3, 24; Müller, aaO. (Rechtspolitische Zwecksetzung), SGb 1971 S.302 ff.

Ob man § 67 VVG als "Reflex des Bereicherungsverbots"[38] oder "als positive Zuweisung durch Überleitung des Anspruchs auf den Versorgungsträger"[39] charakterisiert, macht im Ergebnis keinen Unterschied. Unklar ist auch, inwieweit sich die beiden Gesichtspunkte gegenseitig ausschließen sollten[40].

Zum Teil wird der gesetzliche Forderungsübergang als eines der verschiedenen Mittel der versicherungsrechtlichen Vorteilsausgleichung, die als notwendige Folge des Bereicherungsverbots erscheine, verstanden. Dieser Begriff ist von der bürgerlich-rechtlichen Vorteilsausgleichung zu unterscheiden. Die Abgrenzung zur bürgerlich-rechtlichen Vorteilsausgleichung, die ja ebenfalls der "Gewinnabwehr" dient[41], ist unscharf. Die Begriffswahl ist schon allein deshalb unglücklich, weil es Rechtsprechung und Literatur bis heute nicht gelungen ist, die Problematik der bürgerlich-rechtlichen Vorteilsausgleichung mit Hilfe eines konkreten, konsequent durchgeführten Grundgedankens zu bewältigen[42].

Der Begriff der versicherungsrechtlichen Vorteilausgleichung umfaßt den gesetzlichen Forderungsübergang durch Legalzession ebenso wie die anderen Methoden zur Erzielung des Regreßergebnisses (d.h. Belastung des Letztverantwortlichen), also auch die bürgerlich-rechtliche Vorteilsausgleichung und die normative Schadenstheorie[43]. Darin liegt der begriffliche Unterschied zur bürgerlich-rechtlichen Vorteilsausgleichung, die nichts anderes als eine Anrechnung auf den Schadensersatzanspruch nach wertenden Gesichtspunkten ist[44].

Der Begriff der versicherungsrechtlichen Vorteilsausgleichung erbringt daher für die hier zu erörternde Frage keine scharfen Kriterien, sondern verwirrt mehr als er nutzt.

2. *Die Legalzession nach der Regreßkonstruktion der herrschenden Meinung; ein Problem versagter Vorteilsausgleichung*

Zur dogmatischen Einordnung der Legalzession in das Regreßsystem ist eine Stellungnahme zu den anderen Regreßtechniken und zur Schadenstheorie unabdingbar.

---

[38] So Theda, aaO., DAR 1984, S.201; Bruck/Möller (Sieg), aaO., § 67 Rn. 17.

[39] So Prölls/Martin, aaO., § 67 Anm. 1; Honsell aaO., VersR 1985, S.301.

[40] Bruck/Möller (Sieg), aaO., § 67 Rn. 6; Frick, aaO., S. 77.

[41] MüKo/Grunsky, aaO., vor § 249 Rn. 96.

[42] Lange, aaO., Kap. 9 III 3 S.491.

[43] Möller, aaO., A.I.D.A. Landesref. Deutschland S.8.

[44] Dazu unten Thiele, aaO., AcP 167, S.200; Cantzler, aaO., AcP 156, S.31.

Für die herrschende Meinung, die insbesondere auf Selb und Larenz zurückgeht, ist die Legalzession zunächst ein Fall versagter Vorteilsausgleichung, so daß eine Anrechnung der Versorgungsleistung (Mittilgung) auf den Anspruch des Geschädigten gegen den Schädiger unterbleibt[45]. Darin soll der Unterschied zur freiwilligen Drittleistung, die grundsätzlich angerechnet wird, liegen. Dies ergäbe sich aus einer gewandelten, modernen Auffassung zum Schadensbegriff.

Tragendes Argument für diese Auffassung ist, daß nach formallogischen Gesichtspunkten nur ein Anspruch im Rahmen der Legalzession übergehen kann, der noch besteht, wenn auch nur eine "logische Sekunde lang"[46]. Davon müßten alle Regreßkonstruktionen ausgehen, so daß sie im Rahmen der Vorteilsausgleichung gleichwertig seien[47].

Daneben wird auf den wertenden Gesichtspunkt hingewiesen, daß die Anrechnung im Rahmen der Vorteilsausgleichung davon abhänge, ob die Leistung den Zweck habe, den Schädiger zu entlasten[48]. Eine Anrechnung der Leistung des Versorgungsträgers auf den Schadensersatzanspruch würde dazu führen, daß der Schädiger in genereller Voraussicht der zu erwartenden Vorteile, zu der schädigenden Handlung regelrecht ermuntert werde. Die durch die Sanktion der Schadensersatzpflicht beabsichtigte verhaltenssteuernde Wirkung auf den potentiellen Schädiger werde nur durch die Versagung der Vorteilsausgleichung erreicht[49], weil der Schädiger andernfalls quasi zu ge-

---

[45] Insbesondere Jürgens, aaO., S.115 f. (132), der behauptet "erstmals in strikter Konsequenz die Bedeutung der Vorteilsausgleichung für die Gesamtschuld herausgestellt" zu haben; MüKo/Grunsky, aaO., § 249 Rn. 92 ff. (103); MüKo/Selb, aaO., § 421 Rn. 28; Staudinger/Medicus, aaO., § 249 Rn. 140; Staudinger/Selb, aaO., § 255 Rn. 5 u. 6; Medicus, aaO. (Bürgerl. Recht), Rn. 921; Soergel/Mertens, aaO., vor § 249 Rn. 170, widersprüchlich hinsichtlich § 67 II VVG; dort Vorteilsausgleichung; zweifelnd auch Soergel/Mertens, aaO., § 255 Rn. 3; anders Soergel/Wolf, aaO., § 426 Rn. 7, § 421 Rn. 10; Geigel/Rixecker, aaO., § 9 Rn. 9; Geigel/Plagemann, aaO., § 30 Rn. 1 und 84 widersprüchlich hinsichtlich § 116 Abs. 1 SGB X, dort soll die Vorteilsausgleichung eine doppelte Entschädigung verhindern; Larenz aaO. (Schuldrecht AT), § 30 IIc und § 37 I; Palandt/Heinrichs, aaO., § 421 Rn. 6; vor § 249 Rn. 122; Prölss/Martin, aaO., § 67 Anm. 1 ; Bruck/Möller (Sieg), aaO., § 67 Rn. 7, zweifelnd wegen der entgegengesetzten Gesetzesbegründung zu § 67 VVG; Marschall v. Bieberstein, aaO. (Reflexschäden), S.203 f. unter Hinweis darauf, daß nur ein entstandener Schadensersatzanspruch übergehen kann; Rotter, aaO., S.230 f., 237 f.; Oertmann, aaO. (Vorteilsausgleichung), S.293; Lange, aaO., § 9 VIII 1; Bayer, aaO., VersR 1989, S.1123 ff.; unklar RGRK/Alff, aaO., vor § 249 Rn. 34 f.

[46] Jürgens, aaO., S.70, S.115, der darin einen Unterschied zu Regelung des § 421 S. 1 BGB erblickt; Lange, aaO., § 9 III 4 S.492; Quast, aaO., S.41 ff., S.80; die doppelte Intention der Legalzession stünde sonst im Verhältnis logischer Negation, denn bereichert könne der Geschädigte doch nur werden, wenn der Schadensersatzanspruch gegen den Schädiger noch bestünde nachdem der Versorgungsträger geleistet hat.

[47] MüKo/Grunsky, aaO., vor § 249 Rn. 104.

[48] MüKo/Grunsky, aaO., vor § 249 Rn. 101, unter Hinweis auf Rechtsprechung zur Vorteilsausgleichung.

[49] Vgl. Rother, aaO., S.232; Cantzler, AcP aaO., 156, S.29 ff., (43 ff.).

fährlichem Verhalten herausgefordert werde. Es könne kein Zweifel daran bestehen, daß die Versorgungsleistung nicht den Zweck habe, den Schädiger zu entlasten.

Der Gedanke versagter Vorteilsausgleichung wird von der herrschenden Meinung insbesondere im Zusammenhang mit der Ablehnung einer Gesamtschuld zwischen Versorgungsträger und Drittem gesehen und eine Einordnung der Legalzession als Unterfall des Gesamtschuldnerausgleichs nach § 426 abgelehnt[50].

Nach herrschender Meinung sind der Gesamtschudnerausgleich nach § 426 BGB und die Legalzession alternative Regreßwege, die sich gegenseitig ausschließen. Die h.M. meint, § 421 BGB enthalte nur eine unvollkommene Umschreibung der tatbestandlichen Voraussetzungen der Gesamtschuld. Zur Abgrenzung der Gesamtschuld von der Teilschuld und der gemeinschaftlichen Schuld seien weitere Kriterien erforderlich.

Entscheidendes Kriterium für das Vorliegen einer Gesamtschuld soll nach Selb das Bestehen einer Erfüllungsgemeinschaft sein. Der in § 422 BGB festgelegte Grundsatz der wechselseitigen Tilgungswirkung könne nicht zur Anwendung kommen. Es käme nur zur "einseitigen Gesamtwirkung" nach wertenden Gesichtspunkten über die Tilgung der Anspruchsvoraussetzung des Schadens, da durch Erfüllung der vorrangigen Verpflichtung, die nachrangige Verpflichtung, die ja nur eine Verpflichtung zur "Vorlage" sei, in ihren Voraussetzungen entfalle[51]. Die durch die Schadensersatzpflicht beabsichtigte verhaltenssteuernde Wirkung auf den potentiellen Schädiger werde nur durch die Versagung der Vorteilsausgleichung erreicht[52]. Der Versorgungsträger übernehme insofern nur das Liquiditätsrisiko. Da dieses nicht in einem Geldbetrag abzuschätzen sei, werde es technisch eben durch den vollen Ausgleich gegen Zession der riskanten Forderung übernommen[53]. Selb sieht in der Legalzession die Regelung einer Schuldnermehrheit mit abgestufter Leistungspflicht genau wie § 255 BGB[54].

Nach Larenz wird eine Gesamtschuld immer dann abgelehnt, wenn mehrere Schuldner abgestuft nebeneinander in der Weise haften, daß der eine für den anderen nur in Vorlage tritt, d.h. dem Gläubiger das Risiko der

---

50 MüKo/Selb, aaO., § 421 Rn. 7, 28; Staudinger/Selb, aaO., § 255 Rn. 5, 6; Selb, aaO. (Schadensbegriff und Regreßmethoden), S.15, wonach insbesondere die veränderte Auffassung zur Vorteilsausgleichung zur Entwicklung der "modernen" Regreßlehre führte; Selb, aaO. (Mehrheiten), S.147; Larenz, aaO. (Schuldrecht I), § 32 I; Palandt/Heinrichs, aaO., § 255 Rn. 6; Medicus, aaO. (Bürgerliches Recht), Rn. 921; RGRK/Weber, aaO., § 421 Rn. 8 und 10.

51 Selb, aaO. (Mehrheiten), S.175; Jürgens, aaO., S.115, 131 f.

52 Rother, aaO., S.232; Cantzler, aaO., AcP 156, S.29 ff. (43).

53 MüKo/Selb, aaO., § 421 Rn. 28.

54 Mehrheiten aaO., S.8.

Zahlungsfähigkeit des anderen Schuldners abnimmt. Die Schuldner stünden nicht wie bei der Gesamtschuld nebeneinander, sondern der Letztverpflichtete sei, "näher daran, die Verpflichtung zu tragen"[55]. Bei "ungleichstufigen Verpflichtungen" sei die Anwendung der §§ 421 ff. BGB aber unbillig[56].

Nach Lange[57] ziehen die Vorschriften über die Legalzession "den potentiellen Schadensersatzanspruch des Ersatzberechtigten in das zwischen diesem und dem Legalzessionar bestehende Rechtsverhältnis hinein, indem sie den aus dieser Beziehung entspringenden Anspruch von vornherein um den abzutretenden, gegen den Ersatzpflichtigen gerichteten Schadensersatzanspruch verringern".

Die Rechtsprechung stellte über einen langen Zeitraum in ihren Entscheidungen auf das Merkmal der Zweckgemeinschaft ab, um die Gesamtschuld zu umschreiben (etwa von 1911 [58] bis 1965 [59]). Dort wird allerdings bereits ausdrücklich offengelassen, ob an dem Merkmal der Zweckgemeinschaft festgehalten wird. Heute läßt es der BGH offen, ob er am Merkmal der Zweckgemeinschaft festhalten möchte[60]. Mithin hat auch die Rechtsprechung den wissenschaftlichen Streit noch nicht entschieden[61].

3. Die Mittelmeinung; die Legalzession läßt ein Problem der Vorteilsausgleichung gar nicht erst entstehen

Eine andere Auffassung lehnt es ab, die Legalzession als Problem versagter Vorteilsausgleichung zu sehen, gibt aber keine klare Stellungnahme zum Verhältnis von Legalzession und Gesamtschuldnerausgleich nach § 426 Abs. 2 BGB ab[62].

---

55 Larenz, aaO., § 32 I.

56 Larenz, aaO., § 37 I.

57 AaO., S.493.

58 RGZ 77, S.317 (323).

59 BGHZ 43, S.227 (229).

60 BGHZ 52, S.39 (44 f.) ; 59, S.97 (99).

61 So auch Wernecke, aaO., S.23.

62 Thiele, aaO., AcP 167, S.193 ff. zum Gesamtschuldnerausgleich im Zusammenhang mit der Konkurrenz von Schadensersatz- und Unterhaltsansprüchen auf S.223, Fn. 93 wohl ablehnend; hier ist die Legalzession aber gerade nicht angeordnet, sondern wird ggfs. über § 255 BGB in analoger Anwendung erwogen; Erman/Sirp, aaO., § 249 Rn. 112; Esser/Schmidt, aaO., § 33 V S.549; Hüffer, aaO., S.113, wendet sich gegen die unmittelbare oder analoge Anwendung des Gesamtschuldregresses, weil damit der Ausgangspunkt des Regresses kraft abgeleiteten Ersatzanspruchs, nämlich die Entscheidung der Regreßfrage nach dem Rechtsverhältnis zwischen Verletztem und Deckungspflichtigem, wieder aufgegeben werde; denn beim Gesamtschuldregreß entscheide sich abweichend vom Surrogationsregreß, ob und inwieweit die Gläubigerforderung auf den zahlenden Schuldner übergehe, nach dem Verhältnis der Schuldner untereinander (S.114). Jedenfalls solange die Legalzession ausdrücklich angeordnet ist, überzeugt diese Argumentation nicht; die "soweit" Regel in § 426 Abs. 1 S. 1 BGB läßt diese enge

Diese Auffassung lehnt insbesondere die schadensrechtliche Einordnung der Legalzession durch die h.M. ab. Dabei ist die differenzierte Meinung von Thiele hervorzuheben, den fälschlicherweise die h.M. für sich vereinnahmt.

Insbesondere beruft sich Staudinger/Medicus[63] ausdrücklich auf Thiele (AcP 167, 193 (216)) für die These, die Vorschrift der Legalzession ergäbe die Verneinung der Vorteilsausgleichung:

> "Indem sie den Ersatzanspruch des Geschädigten gegen den Schädiger auf den Dritten überleiten, setzen sie nämlich voraus, daß dieser Anspruch noch besteht. Folglich können die Leistung oder die Pflicht zur Leistung dieses Dritten an den Geschädigten keinen auf den Ersatzanspruch anrechenbaren Vorteil darstellen: Sonst wäre die Überleitung sinnlos".

Bei Thiele heißt es aber:[64]

> "Überall dort, wo eine cessio legis oder eine Verpflichtung zur Abtretung der Schadensersatzansprüche angeordnet ist, ist danach das Problem der Vorteilsausgleichung erledigt. Es ist nicht so, daß die Anwendung der eine Zession oder eine Abtretungspflicht anordnenden Vorschriften voraussetzt, daß der Schadensersatzanspruch unter Berücksichtigung der Grundsätze über die Vorteilsausgleichung erhalten geblieben ist. Vielmehr verhindern jene gesetzlichen Bestimmungen, daß dem Geschädigten durch die Leistung des Dritten überhaupt ein anrechenbarer "Vorteil" zufällt."

Denn die Frage, ob ein Vorteil im Verhältnis zum Schädiger auf den Schaden anzurechnen ist, setzt voraus, daß dieser Vorteil - isoliert betrachtet - dem Geschädigten endgültig verbleibt[65]. Die Anordnung der Legalzession stellt aber eine "Ausgleichsklausel" dar, die von vornherein die Schadensersatzforderung in das Rechtsverhältnis des Verletzten zum Dritten einbezieht und verhindert dadurch, daß umgekehrt der aus dem Vermögen des Dritten stammende Vorteil in die Differenzrechnung eingesetzt werden kann[66].

D.h., die Anordnung der Legalzession läßt die Voraussetzungen der Vorteilsausgleichung gar nicht erst entstehen. Soweit die Legalzession angeordnet ist, hat der Gesetzgeber die Frage nach der vermögensrechtlichen Zuordnung des Vorteils geklärt und das Problem der Vorteilsausgleichung erledigt.

Auslegung nicht zwingend erscheinen; im übrigen macht gerade das Mehrpersonenverhältnis eine Loslösung von schematischen Lösungsansätzen notwendig.

63 § 249, Rn. 140.

64 AaO., S.216.

65 Thiele, aaO., S.201.

66 Thiele, aaO., S.213 f.; Erman/Sirp, aaO., § 249 Rn.. 112; Esser/Schmidt, aaO., § 33 S.549.

Da diese Auffassung keine Stellungnahme dazu abgibt, was mit dem Anspruch des Verletzten über den bloßen Anspruchsübergang hinaus geschieht, wenn der Versorgungsträger Ersatz leistet, läßt sie insoweit Fragen offen. Angedeutet wird eine Lösung mit dem Bild des Forderungskaufs[67]. Danach ist für den Verletzten die Hingabe des Schadensersatzanspruchs an den Versorgungsträger Gegenleistung oder Äquivalent für den Empfang der Leistung[68]. Ob dies als Erfüllungssurrogat anzusehen ist, bleibt offen.

Für die "Gesamtschuldlösung" tritt Thiele[69] nicht ein, wenn er ausdrücklich feststellt:

> "Die Suche nach einem einheitlichen Gesamtschuldbegriff, mit dessen Hilfe die Anwendungsprobleme unmittelbar gelöst werden können, sollte endlich aufgegeben werden."

4. Die Mindermeinung; Gesamtschuld als zentrales Abwicklungsmodell für Schuldnermehrheiten

Eine M.M. tritt dafür ein, die Gesamtschuld als umfassendes Abwicklungsmodell für Schuldnermehrheiten zur Anwendung zu bringen[70].

Die Vorschriften über die Legalzession gingen zwar im Gegensatz zu § 426 Abs. 1 S.1 BGB grundsätzlich von der gänzlich einseitigen Leistungsfreiheit im Innenverhältnis aus, seien aber dennoch mit den Grundregeln der Gesamtschuld vereinbar und gingen als Spezialregelungen dem gesetzlichen Forderungsübergang nach § 426 Abs. 2 BGB vor[71].

Einigkeit besteht insoweit, als die auf Beseitigung des Schadens gerichtete Verpflichtung des Versorgungsträgers und des Schädigers die in § 421 BGB umschriebenen Voraussetzungen der Gesamtschuld erfüllen. Beide haben den

---

[67] Thiele, aaO., S.214.

[68] Dazu Ehmann, aaO., S.87 f.; Siber, aaO., S.239.

[69] JuS 1968, S.149 (150).

[70] Alternativkommentar/Rüßmann, aaO., vor § 420, § 421 Rn. 5; Soergel/Wolf, aaO., § 426 Rn. 8, § 421 Rn. 10 mit der berechtigten Beschränkung auf die Legalzession nach erbrachter Leistung, wobei offensichtlich § 116 SGB X ausgenommen wird, wonach der Anspruchsübergang schon zum Zeitpunkt des Schadensereignisses erfolgt. Dadurch entstehen Sonderprobleme, die § 116 z.T. selbst wieder zu lösen versucht (eig. Erstattungsansprüche nach § 116 Abs. 7 dazu vgl. Ebel, aaO., VersR 1985, S.897 f. und oben 2. Teil A. I). Eine Mehrheit von Forderungen in der Person des Berechtigten entsteht dann von vornherein nicht (Rn. 14); Ehmann, aaO., S.68; Münchbach, aaO., S.32 ff.; Ebel, aaO., VersR 1978, S.1083 ff.; Raiser, aaO., VersR 1951, S.1 ff., der § 426 BGB auch für die unechte Gesamtschuld als Normallösung des Regresses ansieht, die der Gesetzgeber durch § 67 VVG i.S. des einseitigen Regresses überlagert hat; Rudolf Schmidt, aaO., AcP 163, S.530 f.; Reimer Schmidt/Peter Koch, aaO., AcP 173, S.555 ff.; Wernecke, aaO., S.69 insbesondere Fn. 115; Theda, aaO., DAR 1984, S.201 ff. "unechte Gesamtschuld".

[71] Soergel/Wolf, aaO., § 426 Rn. 8; Ehman, aaO., S.235.

Schaden in voller Höhe zu ersetzen (Ausnahme: Unterversicherung, Mitverschulden); der Verletzte soll die Leistung aber nur einmal erhalten.

Übereinstimmung besteht auch insofern mit der h.M., daß der Schaden letztlich von dem Letztverpflichteten getragen werden soll. Das führt nach h.M. aber zur Ablehnung der Gesamtschuld, weil die Rechtsfolgen der Gesamtschuld, insbesondere §§ 422, 426 BGB, d.h. die wechselseitige Befreiung des Mitverpflichteten unter Sanktionsgesichtspunkten nicht hingenommen werden soll, soweit eine gestufte Haftung in der Art vorliegt, daß der Deliktschuldner "näher dran" ist, den Schaden zu tragen[72].

Diesen Versuch, die Rechtsfolgen der Gesamtschuld zu deren Voraussetzungen zu erheben und dadurch deren Anwendung einzuschränken, hat Ehmann zu Recht als "die Angst vor dem falschen Regreß" bezeichnet[73], da bei sinnvoller Anwendung der Gesamtschuldregeln der Schädiger gerade nicht endgültig befreit wird. Bei Ehmann heißt es:

> "Am Anfang war die Angst, der Gläubiger könnte von den mehreren Schuldnern das doppelt erhalten, was ihm nur einmal gebührt; davor schützt richtig verstanden die Regel des § 422 BGB. Dann war es die Angst, der eigentlich letztlich nicht Verantwortliche könnte "auf dem Schaden sitzen bleiben". Davor schützt richtig verstanden die Regel des § 426 Abs. 1 BGB. Aber durch diese Regel sind neue Ängste geschaffen worden, welche die Diskussion der neueren Literatur beherrschen und in einer doppelten Gefahr begründet sind.
>
> (1) Die Leistung des im Innenverhältnis letztlich nicht Verpflichteten könnte auch den anderen letztlich Verpflichteten befreien (§ 422 BGB);
>
> (2) Der im Innenverhältnis letztlich Verpflichtete könnte einen Ausgleichsanspruch auf den gleichen Anteil (§ 426 Abs. 1 BGB) gegen den anderen im Innenverhältnis freizustellenden Schuldner erwerben"[74].

Diese Furcht ist aber unbegründet. Die Vertreter der "Gesamtschuldtheorie" sehen §§ 422, 426 Abs. 2 BGB als kommunizierendes System an[75]. Versorgungsträger und deliktischer Schädiger stehen als Schutzzweckgesamtschuldner nebeneinander[76].

§ 422 BGB normiere keinen Erfüllungstatbestand i.S. des § 362 BGB, sondern die doppelt relativierte - erstens gegenüber dem Gläubiger und zweitens

---

[72] So Selb, aaO., 2. Teil A. III. 2.

[73] Ehmann, aaO., S.25, 102; so auch Münchbach, aaO., S.32; Wernecke, aaO., S.23.

[74] Ehmann, aaO., S.25.

[75] Ehmann, aaO., S.102; Münchbach, aaO., S.52; Alternativkommentar/Rüßmann, aaO., vor § 420 bis 421 Rn. 4.

[76] Ehmann, aaO. S.233; dort auch zur Einteilung in die drei verschiedenen Gesamtschuldsysteme.

insoweit der Mitschuldner nicht ausgleichspflichtig ist - Mitbefreiung. Sie sei eine Wirkung des objektiven Rechts, die ohne weiteres aus dem Zusammentreffen mehrerer Schutzansprüche folge, weil eben der Geschädigte nicht mehrfach entschädigt werden solle. Die §§ 422, 426 BGB bildeten ein einfaches kommunizierendes System, das von der "Soweit-Regel" des § 426 BGB beherrscht werde. Nur der Teil der Forderung erlösche endgültig, der dem Anteil des Leistenden im Innenverhältnis entspreche. Bei der Legalzession sei dieser Anteil eben Null[77]. Soweit der Versorgungsträger Regreß nehmen könne, werde der Schädiger nicht endgültig, sondern nur gegenüber dem Verletzten (relativ) frei[78].

§ 426 Abs. 1 BGB bestimmt nur als allgemeine Auslegungsregel, daß der Anspruch zu gleichen Teilen zu tragen ist, soweit nichts anderes bestimmt ist. Die Vorschriften der Legalzession füllten diese "Soweit-Regel" mit der gesetzlichen Bestimmung des einseitigen Regresses aus. Das Erlöschen des Forderungsrechts des Verletzten gegenüber dem Schädiger nach Leistung des Versorgungsträgers sei keine Erfüllung i.S. des § 362 BGB auf rechtlicher Ebene, sondern tatsächliche Schadensbeseitigung, wodurch eine Anspruchsvoraussetzung des Schadensersatzanspruchs entfalle[79].

Zur Begründung wird auch auf den gemeinsamen Zweck von Schadensersatz und Versorgungsleistung verwiesen. Bei der Schadensversicherung verfolgen Versorgungsträger und Schädiger mit ihrer Leistung identische Zwecke, nämlich die Schadensbeseitigung. Beseitigt aber einer von beiden den Schaden, so fällt die Anspruchsvoraussetzung für den Anspruch des Verletzten gegenüber dem anderen im Außenverhältnis weg, sein Interesse erlischt. Nichts anderes ergibt sich für den von der h.M. generell für richtig gehaltenen Weg über § 255 BGB den Regreß herbeizuführen, wenn die Legalzession nicht ausdrücklich angeordnet ist. Denn dies ist gegenüber der Legalzession nur ein technisch anderer Weg, der in der Sache gleichfalls nicht zu erklären vermag, weshalb der Deliktsanspruch trotz Zahlung in der Person des Geschädigten noch bestehen bleibt[80].

Rüßmann[81] bezeichnet die eben dargestellte Auffassung als Wiederbelebung der Differenzhypothese. Denn sie deckt sich mit der Auffassung des Gesetzgebers bei Schaffung des § 67 VVG. Der Gesetzgeber, der in erster Linie verhüten wollte, daß der Geschädigte einen doppelten Anspruch bekommt und der Schädiger durch die Leistung des Versorgungsträgers befreit wird, ging davon aus, daß die Leistung des Versicherers den Schaden

---

[77] Ehmann, aaO., S.102.

[78] Das gesteht selbst Selb, aaO. (Mehrheiten), S.67 zu.

[79] Ehmann, aaO., S.85; Alternativkommentar/Rüßmann, aaO., vor § 249 bis 253 Rn. 21.

[80] So auch Rudolf Schmidt, aaO., AcP 163 S.530 f.

[81] Alternativkommentar/Rüßmann, aaO., Vor § 249 bis 253 Rn. 21.

beseitige, mithin die Forderung gegen den Schädiger tilge, wie umgekehrt die Leistung des Schädigers den auf Schadensersatz gerichteten Anspruch des Versicherungsnehmers gegen den Schädiger befriedige. Dies ergibt sich aus der einfachen schadensrechtlichen Differenzrechnung und wird besonders deutlich bei der Argumentation zum Familienprivileg des § 67 Abs. 2 VVG, für dessen Begründung im Gesetzenwurf es heißt:

> "Daß in den Fällen, in denen nach § 67 Abs. 2 VVG der Übergang des Ersatzanspruchs auf den Versicherer ausgeschlossen ist, der Versicherungsnehmer, nachdem er von dem Versicherer Zahlung erlangt hat, nicht berechtigt ist, von dem Familienangehörigen nochmals Schadensersatz zu fordern, braucht im Gesetz nicht besonders ausgesprochen zu werden; denn wenn der Versicherungsnehmer von dem Versicherer befriedigt ist, besteht für ihn ein Schaden, dessen Ersatz er verlangen könnte, nicht mehr. Aus dem gleichen Grunde ist der Versicherungsnehmer, nachdem ihm der Familienangehörige oder ein sonstiger ersatzpflichtiger Dritter Ersatz geleistet hat, nicht mehr in der Lage, sich an den Versicherer zu halten."[82]

Das war auch die nahezu allgemeine Meinung der Lehre in der ersten Jahrhunderthälfte, nicht nur zur versicherungsrechtlichen Problematik, sondern für alle Fälle echter und unechter Gesamtschuld[83].

Abweichend von der dargestellten Konstruktion wurde das Verhältnis zwischen Schadensurheber und weiteren Deckungspflichtigen früher zum Teil als eine "unechte Gesamtschuld" bezeichnet[84]. Diese Auffassung geht auf die von Eisele begründete Unterscheidung zwischen Correalität und Solidarität zurück[85], wonach eine echte "Solidarität" nur bei Identität des Schuldgrundes der nebeneinander stehenden Forderung vorliegt.

Die Abweichung zu der oben dargestellten Meinung besteht darin, daß sie den in § 426 BGB vorgesehenen Teilregreß nicht über die "Soweit"-Klausel korrigiert, sondern § 426 BGB infolge der Anordnung des Teilregresses für unanwendbar hält. Sie schließt damit den zentralen Regreßweg nach § 426 BGB aus. Soweit die Legalzession angeordnet ist, ist das Regreßproblem

---

[82] Begründung zu den Entwürfen eines Gesetzes über den Versicherungsvertrag; Reichstagsvorlage nebst Abdruck der beiden veröffentlichten Gesetzesentwürfe, Berlin 1906 S.76 f.

[83] Rudolf Schmidt, aaO., S.51, 55; Klingmüller, aaO., S.58 ff.; Fritz Schulz, aaO., S.28; Leonhard, aaO., S.735 ff.; Heck, aaO., AcP 122, S.131; Titze, aaO., S.100; Kress, aaO., S.608; Maaß, aaO., S.13 und S.24 ff.; Rabel, aaO., RheinZ 10, S.89 ff.; Hagedorn, aaO., S.20 f.

[84] Zum Begriff der unechten Gesamtschuld Selb, aaO. (Schadensbegriff), 14 mwN.; Dilcher, aaO., JZ 1967, S.110 ff.; Korintenberg, aaO., Sächs. Archiv 1931, S.1 ff. (S.15); Oertmann, aaO., vor § 421 Vorbem. 5 c ; Enneccerus/Lehmann, aaO., § 90 II 2.

[85] Eisele, aaO., AcP 77, S.474; Eisele sieht die echte Gesamtschuld durch die Identität des obligatorischen Tatbestandes der mehreren Verbindlichkeiten gekennzeichnet.

dennoch gelöst, weil ein Rückgriff auf § 426 BGB unnötig ist. Für die Fälle ohne ausdrückliche Anordnung der Legalzession wird dann § 255, GoA und § 812 BGB als Regreßkonstruktion vorgeschlagen. Es bedarf insoweit aber keiner Erörterung der Streitfrage, inwieweit die auf das gemeine Recht zurückgehende Unterscheidung Eiseles tatsächlich Eingang in die Gesamtschuldregelung des BGB gefunden hat[86]. Die Anerkennung einer unechten Gesamtschuld hat sich jedenfalls nicht durchgesetzt.

5. Stellungnahme; "Gesamtschuldtheorie"

Allein die Einordnung der Legalzession unter die Regelungen der Gesamtschuld vermag für alle Streitfragen eine dogmatisch einheitliche, befriedigende Lösung zu ergeben.

In Mehrpersonenverhältnissen erweisen sich schematisch begriffliche Argumentationen häufig als pepitiones principi[87]. Die Probleme im Bereicherungsrecht geben dafür ein treffendes Beispiel ab. Für die weitaus meisten Anwendungsfälle kommen alle oben dargelegten Auffassungen zum gleichen Ergebnis, so daß es sich in der Tat z.T. um eine akademische Frage handelt. Das liegt vor allem daran, daß immer dann, wenn die Legalzession positiv angeordnet ist, dogmatische Konstruktionen in den Hintergrund treten. Allerdings zeigt sich bei mehreren gleichgelagerten Sachverhalten, wenn die Legalzession nicht angeordnet ist, daß auch im Ergebnis keine Einigkeit mehr besteht. Das gilt insbesondere für den Ausschluß des Anspruchsübergangs im Rahmen des sog. Familienprivilegs (§§ 67 Abs. 2 VVG, 116 Abs. 7 SGB X), aber auch für Fragen der Summenversicherung, der Insassenunfallversicherung und der gestörten Gesamtschuld zwischen Arbeitgeber und Dritten.

Während nach der hier vertretenen Meinung gemäß § 422 BGB die Forderung des Verletzten gegenüber dem Familienmitglied erlischt, wenn der Versorgungsträger geleistet hat (relative Erfüllungswirkung)[88], kann die h.M. keine widerspruchsfreie Erklärung dafür geben, was mit dem Anspruch des Versicherungsnehmers geschehen soll, wenn keine Legalzession angeordnet ist und der Versorgungsträger seine Leistung erbracht hat. Sonderprobleme bestehen im Sozialversicherungsrecht durch den Forderungsübergang im Zeitpunkt des Schadensfalles[89].

---

[86] Vgl. dazu Wernecke, aaO., S.30 ff., S.40, die unter Berufung auf Schubert, Vorentwürfe der Redaktoren, SchuldR Bd I S.55 f. (65) die Auffassung Eiseles grundsätzlich ablehnt; ablehnend auch RGZ 61, S.56 ff.

[87] So auch Ebel, aaO., VersR 1978, S.1084.

[88] So auch Wernecke, aaO., S.70 Fn. 117, nach Leistung eines Gesamtschuldners, kann der Gläubiger keine Rechte mehr gegen den anderen Gesamtschuldner geltend machen; Jürgens, aaO., der diese Wirkung allerdings nur für die Fälle der Gesamtschuld unter Ausschluß der Legalzession anerkennt.

[89] 2. Teil A. I.

Führt man die von der h.M. propagierte Versagung der Vorteilsausgleichung konsequent auch im Rahmen des Familienprivilegs fort, so muß der Schadens-ersatzanspruch gegen das privilegierte Familienmitglied bestehen bleiben. An dieser Einzelfrage exemplifiziert sich der konstruktive Mangel der Einordnung der Legalzession in das Schadensrecht als Fall versagter Vorteilsausgleichung und die Ablehnung der Gesamtschuld zwischen Schädiger und dem weiteren Deckungspflichtigen. Denn dem Geschädigten bleibt der Ersatzanspruch gegenüber dem Schädiger erhalten, obwohl sein Interesse vollständig befriedigt ist. Er kann doppelt liquidieren; ein Ergebnis, das abzulehnen ist. Dies belegt, daß alle Versuche, die Schuldverbindung der Gesamtschuld an weitere Voraussetzungen als an den Ausschluß der Kumulation der Verbindlichkeiten einerseits und den der Teil- oder gemeinschaftlichen Schuld andererseits zu knüpfen, zumindest für diese Fallkonstruktionen nicht überzeugen können[90].

Das Argument der h.M., daß es jeder Wertung unter Gesichtspunkten der Gerechtigkeit widerspreche, wenn der Schädiger als Gesamtschuldner neben dem Versorgungsträger stünde und durch dessen Leistung entlastet würde, weil die Versicherungsleistung Gegenwert für die eigene Prämienbelastung des Verletzten sei, die auf keinen Fall dem Schädiger zugute kommen solle, überzeugt nicht. Es handelt sich um eine vordergründige, rechtspolitische Argumentation, da Einigkeit besteht, daß es letztlich nicht zur Entlastung des Schädigers kommt. Der Regreßweg ist dabei wertneutral; wertende Argumentationen haben insoweit wenig Überzeugungskraft. Die Tilgungswirkung der §§ 422, 426 BGB ist lediglich ein gedanklicher Zwischenschritt zum Rückgriff, um zu erklären, daß der Versicherungsnehmer nach Leistung eines der Schuldner selbst nichts mehr fordern kann und ergibt sich als Wirkung objektiven Rechts. So kann die Gegenauffassung tatsächlich nur mit einer unbegründeten "Angst vor dem falschen Regreß" erklärt werden[91].

Auch § 255 BGB regelt den Fall einer vorläufigen Anspruchshäufung im Falle des Verlustes einer Sache aus eigentumsrechtlichen und schadensrechtlichen Gründen. Die häufig erwogene analoge Anwendung des § 255 BGB auf die Anspruchskonkurrenz zwischen Schädiger und Versorgungsträger verkennt aber den beschränkten sachenrechtlichen Anwendungsbereich der Vorschrift[92]. § 255 BGB ist notwendig, weil das Gesamtschuldrecht keine dingliche Rechtsänderung bewirken kann. Daher verhindert § 255 BGB eine Anspruchshäufung bei dem geschädigten Eigentümer, indem darüber entschieden wird, an wen und in welcher Weise das Eigentum an einer Sache zu übertragen ist, die der Berechtigte nicht zurückerlangt.

---

90 Wernecke, aaO., S.23.

91 Ehmann, aaO., S.25.

92 Wernecke, aaO., S.54 ff. (68, 90) mit ausführlicher Begründung und weiteren Nachweisen.

Der Gesetzgeber teilt die grundsätzlichen Bedenken der h.M. gegen die Gesamtschuldkonstruktion zwischen Schädiger und Versicherer jedenfalls nicht.

Für den vergleichbaren Fall der Haftung nach dem Pflichtversicherungsgesetz ordnet der Gesetzgeber nämlich die gesamtschuldnerische Haftung zwischen Kraftfahrzeughaftpflichtversicherer und Schädiger in § 3 Nr. 2 PflVersG an. Obwohl es sich hier im Gegensatz zur privaten Schadensversicherung bzw. Sozialversicherung, um die eigene Versicherung des Schädigers, nicht aber des Verletzten handelt, zeigt diese Anordnung doch eindeutig, daß der Gesetzgeber die Wertung der h.M., nach der Schädiger und Versicherung aus Gerechtigkeitsgründen nicht Gesamtschuldner sein können, gerade nicht nachvollzieht[93].

Gegen die Auffassung, die Legalzession setze logisch eine Versagung der Vorteilsausgleichung voraus, sprechen ebenfalls durchschlagende Argumente.

Die Vorteilsausgleichung will nach dem Grundsatz von Treu und Glauben eine Gewinnabwehr bei dem Geschädigten durch Anrechnung gewisser Vorteile erzielen. Es geht um die Frage, ob ein neben den Nachteilen erzielter Vorteil den zu ersetzenden Schaden verringert und dadurch den Schädiger entlastet, oder ob er dem Geschädigten als Gewinn verbleiben soll[94]. Angesichts enger Verbindungen zwischen Schadensbegriff (Differenzhypothese) und Vorteilsausgleichung sowie der Schwierigkeit, einfach zu handhabende Abgrenzungskriterien für die Vorteilsausgleichung zu finden, verzichtete der Gesetzgeber des BGB auf eine gesetzliche Regelung der Vorteilsausgleichung und überließ die Anrechnungsfrage bewußt der Praxis[95]. Diese hat bisher ein einheitliches Kriterium, nach dem über die Vorteilsausgleichung entschieden werden könnte, nicht gefunden. Es besteht nicht einmal Einigkeit darüber, ob die Anrechenbarkeit von Vorteilen die Regel oder die auf den Einzelfall zu begrenzende Ausnahme darstellt[96].

Die Grundfälle der Vorteilsausgleichung befassen sich mit solchen Vorteilen, die unmittelbar und ohne menschliches Zutun infolge des haftungsbegründenden Ereignisses entstehen[97]. Diese Fälle sind aber selten,

---

[93] So auch Reimer Schmidt/Koch, aaO., AcP 173, S.558.

[94] Insoweit besteht Einigkeit. Vgl. MüKo/Grunsky, aaO., vor § 249 Rn. 96; Erman/Sirp, aaO., § 249 Rn. 108.

[95] Motive II S. 18 f. "Der Versuch müßte zu einer weitgehenden Kasuistik führen, von welcher keine befriedigenden Resultate zu erwarten wären".

[96] Dafür, daß die Anrechnung die zu begründende Ausnahme ist: Staudinger/Medicus, aaO., § 249 Rn. 149; Soergel/Mertens, aaO., vor § 249 Rn. 207; Thiele, aaO., S.196 ; dafür, daß die Anrechnung von Vorteilen den Regelfall darstellt: MüKo/Grunsky, aaO., vor § 249 Rn. 96; Esser/Schmidt, aaO., § 33 V 1 S.545.

[97] Thiele, aaO., S.207.

so daß sich die Diskussion vor allem auf die Konkurrenzproblematik des Zusammentreffens von Sozialleistungen und Drittleistungen verlagert hat.

Dort führen die Regeln über die Vorteilsausgleichung aber eher zu Mißverständnissen und unfruchtbaren Erörterungen als zur Klärung. Bei der Legalzession entscheidet sich die Regreßfrage weder allein nach dem Verhältnis der ("Gesamt")-Schuldner untereinander[98], noch allein nach dem Rechtsverhältnis zwischen Verletztem und deckungspflichtigem Versorgungsträger. Maßstab der Vorteilsausgleichung für diese Fälle ist weder Sinn und Zweck der Schadens-ersatzpflicht[99], noch Sinn und Zweck der Drittleistung[100], weil dieser jeweils isolierte Ansatzpunkt im Mehrpersonenverhältnis zu kurz greift. Das schadensrechtliche Institut der Vorteilsausgleichung ist strukturell ungeeignet, das beim Zusammentreffen mehrerer Deckungspflichtiger auftretende Konkurrenzproblem zu lösen. Denn grundsätzlich ist die Sphäre des Geschädigten Maßstab der die Vorteilsausgleichung beinhaltenden Wertung, und gerade dieser Ansatzpunkt greift zu kurz[101]. Die gesetzliche Anordnung der Legalzession läßt für solche Wertungen keinen Raum. Der Anspruch gegen den Schädiger wird auf den Versorgungsträger übergeleitet, womit dem Bereicherungsverbot als "Prinzip ausgleichender Gerechtigkeit" Genüge getan wird. Weitere Begründungen für die positiv rechtliche Anordnung sind schlicht überflüssig.

Die h.M. will sich damit nicht abfinden und verwendet die Vorteilsausgleichung als Instrument, um im Interesse des Regreßberechtigten die Forderung zum Zwecke des Anspruchsübergangs zu erhalten[102]. Als Instrument der Regreßhilfe wird die Vorteilsausgleichung aber ihres eigentlichen Sinnes entkleidet, sogar in ihr Gegenteil verdreht. Wertungsgesichtspunkte hat der Gesetzgeber durch die Anordnung der Legalzession in Gesetzesform gegossen. Der Anspruch gegen den Schädiger wird auf den leistenden Versorgungsträger übergeleitet, wodurch sowohl die Bereicherung des Verletzten, als auch die Befreiung des Schädigers verhindert wird. Man kann die Legalzession als "gesetzlichen Fall der Vorteilsausgleichung" sehen, da identische Wertungen, nämlich die Bereicherung auszuschließen, zugrunde liegen. Es ist aber völlig überflüssig, auf die allgemeinen Grundsätze der Vorteilsausgleichung zurückzugreifen bzw. diese zu versagen. Darin liegt auch kein Zirkelschluß, weil das Gesetz dem Regreß den Vorrang einräumt und damit das Anrechnungsproblem des "Vorteils" löst, indem dieser eben nicht

---

[98] So aber Hüffer, aaO., S.114 für die Gesamtschuld.

[99] So aber RGRK/Alff, aaO., vor § 249 Rn. 33; RGRK/Boujong, aaO., § 843 Rn. 134, anders Rn. 152 (Sinn und Zweck der Versorgungsleistung).

[100] So aber Mertens, aaO., S.86; Schlegel, aaO., S.17.

[101] Inhaltlich Wernecke, aaO., S.76.

[102] Münchbach, aaO., S.56 Fn 149.

endgültig besteht[103]. Durch die Leistung eines der Deckungspflichtigen kommt es zur wechselseitigen relativen Tilgung des Anspruchs im Verhältnis zwischen dem Verletzten und den anderen Deckungspflichtigen über den Wegfall der Anspruchsvoraussetzung des Schadens[104]. Insofern ist es auch nicht überzeugend, wenn Grunsky[105] meint, die cessio legis setze ebenso wie eine Verpflichtung des Geschädigten zur Abtretung des Schadensersatzanspruchs (§§ 255, 281 BGB) oder ein Regreß nach den Gesamtschuldregeln voraus, daß der Anspruch des Geschädigten durch die Leistung des Dritten nicht betroffen werde, um zu beweisen, daß alle Regreßwege im Rahmen der Vorteilsausgleichung gleichwertig seien und sich eine Abgrenzung erübrige. Denn ein Blick auf § 422 Abs. 1 Satz 1 BGB ("Die Erfüllung durch einen Gesamtschuldner wirkt auch für die übrigen Schuldner") belegt, daß das Gesetz offensichtlich nicht diesen Weg gegangen ist, sondern eine relative Erfüllungswirkung statuiert hat. Gesamtschuld und die stringente Einordnung der Legalzession unter die Regeln der Gesamtschuld machen einen Rückgriff auf die Vorteilsausgleichung schlicht unnötig. Wenn demgegenüber Selb die Gesamtschuld vom Vorliegen einer Erfüllungsgemeinschaft abhängig macht, indem er ausführt, daß die Gesamtwirkung der Erfüllung die Kumulation der auf dasselbe Ziel gerichteten Obligationen verhindere[106], so erkennt er gerade selbst an, daß die Erfüllungswirkung notwendig ist und stört sich für die Fälle, für die er selbst Gesamtschuld annimmt, nicht an dem theoretischen Problem, daß die erfüllte Forderung trotz ihres Erlöschens übergeht. Daher überzeugt es nicht, den völlig gleichartig gelagerten Fall der Legalzession über die versagte Vorteilsausgleichung zu lösen und dabei eine Bereicherung des Gläubigers in Kauf zu nehmen.

Die Widersprüchlichkeit der Lösung der h.M. zeigt sich auch durch die Anerkennung der einseitigen Tilgungswirkung bei Leistung durch den letztlich Verpflichteten. Hier nimmt auch die h. M. Tilgung an, ohne daß eine gesetzliche Grundlage herangezogen würde, nur auf Grund einer rechtlichen Wertung.

Letztlich überzeugt auch die Behauptung, der Versorgungsträger decke lediglich das Liquiditätsinteresse des Verletzten an der Forderung gegen den Schädiger, nur als wirtschaftlich korrekte Betrachtungsweise, nicht aber dogmatisch konstruktiv.

Beim Schadenseintritt erhält der Geschädigte im Rahmen der kongruenten Deckung vollen Ersatz seines Schadens vom Versorgungsträger im Rahmen der Leistungspflicht, so daß die "Verringerung dieses Anspruchs um den

---

103 Thiele, aaO., S.126.

104 Dazu oben Ehmann, aaO., S.92.

105 MüKo/Grunsky, aaO., vor § 249 Rn. 103.

106 Selb, aaO. (Schadensbegriff), S.17; ders. in MüKo, aaO., § 421 Rn. 8; so auch Jürgens, aaO., S.70.

abzutretenden gegen den Verletzten gerichteten Schadensersatzanspruch"[107] eine Fiktion ist. Insbesondere bei der privaten Schadensversicherung wird voller Schadensersatz vom Versicherer geschuldet. Gerade die h.M. argumentiert so, als läge lediglich eine Forderungsversicherung vor[108].

Wenn schließlich tatsächlich allein das Liquiditätsrisiko versichert wäre, müßten die Regreßerlöse in die Prämienkalkulation einfließen, was sie nicht tun.

Auch die Regreßverzichts- und Teilungsabkommen belegen, daß die Regresse, gemessen am Verwaltungsaufwand und dem Gesamtprämienaufkommen von minderer Bedeutung sind.

Nach alledem erstaunt es, daß die h.M. der von Selb vehement vertretenen Lehre von der einseitigen Vorteilsausgleichung folgt, obwohl diese zunächst überwiegend ablehnend aufgenommen wurde[109].

Fruchtbar zu machen ist auch der dem deutschen Kollisionsrecht entnommene Gedanke der Gleichbehandlung von Legalzession und Gesamtschuldnerausgleich. In Art. 33 Abs 3 Satz 1 EGBGB wird die Legalzession nach dem Zessionsgrundsatz angeknüpft. Nach Art. 33 Abs 3 Satz 2 EGBGB ist die Anknüpfung des Anspruchsübergangs beim Gesamtschuldnerausgleich gleich zu behandeln[110]. Ein Indiz mehr dafür, daß der Gesetzgeber Legalzession und Gesamtschuld gleichbehandelt.

Ergebnis: Legalzession und Gesamtschuld dienen dem gleichen Interesse, nämlich dem Bereicherungsverbot als Grundsatz ausgeglichener Gerechtigkeit (iustitia commutativa)[111]. Demnach stellt sich § 67 VVG, der den Übergang der gegen den Schädiger gerichteten Forderung anordnet, als Spezialnorm zu § 426 II BGB dar[112]. Der Gesamtschuldgedanke ist auch für alle die Fälle heranzuziehen, für die der in § 116 SGB X angeordnete Anspruchsübergang im Augenblick der Verletzung keine überzeugende Lösung bietet[113].

---

[107] So Lange, aaO., S.493.

[108] A.A. Bruck/Möller (Sieg), aaO., § 67 Rn. 8, der behauptet, gerade die Einordnung unter die Gesamtschuld lasse den Charakter der Schadensversicherung "schillern".

[109] Frotz, aaO., JZ 1964, S.665 "Mir erscheint es zweifelhaft, ob Gleich- oder Verschiedenstufigkeit der Haftung überhaupt ein dem Gesetz entsprechendes Abgrenzungskriterium ist; die gesetzlichen Gesamtschuldfälle weisen eher auf das Gegenteil hin (S.669); Rudolf Schmidt, aaO., AcP 163, S.531 "Der Versuch des Verfassers, aus dem Wesen der Gesamtschuld, d.h. aus der Gemeinschaft der Gesamtschuldner zu beweisen, daß (...) keine Gesamtschuld vorliege, ist daher nicht gelungen" (Bespr. von Selbs "Schadensbegriff und Regreßmethoden").

[110] Vgl. dazu auch v. Bar, aaO. (Legalzession), RabelsZ 53 (1989 S.484).

[111] Vgl. Wernecke, aaO., S.90 Fn 68.

[112] So auch Wernecke, aaO., S.189; Ehmann, aaO., S.235.

[113] Siehe oben 2. Teil A. I.

IV. Ansprüche neben der Legalzession

Denkbar wäre es, daß neben dem durch Legalzession auf den Versorgungsträger übergegangenen Anspruch des Verletzten, dem Versorgungsträger auch originäre Ansprüche gegen den Schädiger aus Geschäftsführung ohne Auftrag (§ 683 BGB), Bereicherungsrecht (§§ 812 ff. BGB) und Delikt zustehen. Diese Ansprüche könnten konkurrierende Regreßwege begründen.

1. Ansprüche aus Geschäftsführung ohne Auftrag und Bereicherungsrecht

a) Geschäftsführung ohne Auftrag

Ein originärer Verwendungsersatzanspruch des Versorgungsträgers aus § 683 BGB als Aufwendungsersatz nach den Grundsätzen der Geschäftsführung ohne Auftrag wird allgemein abgelehnt[114].

Für die allgemeine Ablehnung eines originären Rückgriffsanspruchs des Versorgungsträgers gegen den Schädiger nach den Grundsätzen der Geschäftsführung ohne Auftrag werden zwei Gründe genannt:

Zum einen sind nach heute allgemeiner Auffassung die Voraussetzungen der Geschäftsführung ohne Auftrag nicht erfüllt. Der Versorgungsträger hat nicht den Willen, für den Verletzer zu handeln (und vice versa) und es fehlt an dem erklärten oder vermuteten Einverständnis des Dritten. In der Regel haben die Beteiligten zumindest zum Zeitpunkt, zu dem die Leistung erbracht wird, keine Kenntnis voneinander. Besonders deutlich ist dies auch bei der Sozialversicherung, wo der Anspruchsübergang schon bei der Entstehung des Schadens erfolgt. Der Versorgungsträger erbringt Leistungen, zu denen er auf Grund eines Vertrages oder kraft Gesetzes verpflichtet ist, nicht aber um etwas für den Schädiger zu tun. Die Ansicht, daß jemand zugleich ein eigenes und ein fremdes Geschäft führen kann, hat sich nicht durchzusetzen vermocht[115]. Die Anwendung der Geschäftsführung ohne Auftrag ist auf die Fälle der "altruistischen Fürsorge" begrenzt, kann das Mehrpersonenverhältnis, das das moderne "versicherte" Leben mit sich bringt, aber nicht lösen[116].

---

[114] Prölss/Martin, aaO., § 67 Anm. 8 B; Bruck/Möller (Sieg), aaO., § 67 Rn. 156; BGHZ 32, S.331 (337); Stiefel/Hofmann, aaO., nach §§ 10-13 AKB Rn. 93, 39; Frotz, aaO., JZ 1964, S.665 (669); Raiser, aaO., VersR 1951, S.1 f.; Marschall v. Bieberstein, aaO. (Reflexschäden), S.152; Ehmann, aaO., S.92 ff.; Selb, aaO. (Mehrheiten), § 8 V, S.176 ff.; abweichend noch, d.h. für Lösung über GoA , RGZ 82, S.213 ff., bei dem berühmten Fuldaer Dombrandfall war das Verhältnis konkurrierender Ansprüche ohne Anordnung einer Legalzession zu lösen (zu diesem höchst umstrittenen Fall vgl. auch Ehmann, aaO., S.95, der für eine Lösung nach den Regeln des Gesamtschuldnerausgleichs als lex specialis eintritt).

[115] Vgl. Sieg, aaO., JZ 1964, S.14 ff. (16).

[116] So auch Frotz, aaO., JZ 1964, S.665 (669).

Zum anderen sind die Vorschriften über die Legalzession Spezialvorschriften, die andere Normen verdrängen[117].

b) Bereicherungsrecht

Nach ganz h.M. sind auch Kondiktionsansprüche aus bereicherungsrechtlichen Anspruchsgrundlagen ausgeschlossen, soweit die Vorschriften der Legalzession den Rückgriff als Sonderregelungen abschließend anordnen[118]. Es kommt nicht zur Entstehung eines originären Rückgriffsanspruchs, selbst wenn die Legalzession im Einzelfall nicht eingreift.

Nach der hier vertretenen Meinung ergibt sich das aus dem folgenden Gedankengang.

Der Gesetzgeber hat das Verhältnis von Versorgungsträger und Schädiger auf der Grundlage des Gesamtschuldnerausgleichs nach § 426 Abs. 2 BGB mit dem modifizierenden Vorbehalt des § 67 VVG ("Soweit"-Klausel) abschließend regeln wollen[119]. Diese gesetzgeberische Wertung ist mit einer eindeutigen Stellungnahme gegen einen originären Regreßanspruch oder eine dem § 255 BGB entsprechende Regelung verbunden.

> "In jedem Falle ist das, was der Gesetzgeber in diesem Punkte ausspricht, sein Werturteil darüber, inwieweit der Schädiger gegenüber dem Versicherten durch die Leistung des Versicherers mit oder ohne rechtlichen Grund befreit ist. Indem er den Regreßbedarf des Versicherers, den er anerkennt, durch Subrogation in den Ersatzanspruch des Versicherungsnehmers befriedigt, entscheidet er sich - vorbehaltlich der Fälle des § 826 BGB - gegen das direkte Regreßrecht."[120]

Darüber hinaus ist die Anordnung des Familienprivilegs (§ 67 Abs. 2 VVG, § 116 Abs. 6 SGBX) wiederum Testfall für die dogmatische Stringenz der Gesetzeskonzeption. Die Befreiung des Familienmitgliedes vom Rückgriff muß endgültig sein. Dies läßt sich nur erzielen, wenn der Ausschluß des Forderungsübergangs bei Erlöschen des Anspruchs des Geschädigten gegen den Schädiger durch Leistung des Versorgungsträgers endgültig ist, und nicht durch andere Regreßwege umgangen werden kann; denn:

> "Wenn das Gesetz den zur Familie und Hausgemeinschaft des Versicherten gehörigen Dritten, sofern er nicht Vorsatztäter ist, für schutzwürdiger hält als den Versicherer, so will diese Sonderabwägung endgültig sein und nicht durch eine

---

[117] So Raiser, aaO., JZ 1951, S.1 ff.; ihm folgend BGHZ 32, S.331 (338); dazu unten b) Bereicherungsrecht.

[118] Vgl. nur BGHZ 32, S.331 (338).

[119] A.A. ist dazu, wie oben ausführlich dargelegt, die h.M.; vgl. 2. Teil A. III. 2.

[120] Raiser, aaO., VersR 1951,S.1 ff. (S.3).

Allgemeinregel, wie etwa, daß der Kontraktschuldner leistungsfrei werden dürfe, verdrängt werden."[121]

Nur durch Anerkennung der doppelten Tilgungswirkung beim Vorliegen des Familienprivilegs wird auch die Doppelentschädigung des Verletzten verhindert[122].

Auch die M.M. kommt mit abweichender Argumentation zur Ablehnung von Bereicherungsansprüchen.

Für Selb[123] ergibt sich die Ablehnung des Bereicherungsanspruchs daraus, daß wegen der von ihm vertretenen Lehre von der einseitigen Vorteilsausgleichung die Leistung des Versorgungsträgers den Schädiger nicht bereichere, weil dessen Leistungspflicht nach wie vor bestehe. Diese Auffasssung weist aber dann ein Begründungsdefizit auf, wenn der Schädiger leistet, was ja zur einseitigen Tilgung führt und formell dann einen Bereicherungsanspruch auslösen müßte, wenn man nicht bereit ist, das Spezialitätsverhältnis zwischen Legalzession und Bereicherungsrecht zu akzeptieren[124].

Sieg[125] und Frotz[126] wollen dagegen Kondiktionsansprüche des weiteren Deckungspflichtigen gegen den Schädiger neben der Legalzession zulassen.

In Betracht käme die Eingriffskondiktion mit ihrem Unterfall der Rückgriffskondiktion[127].

Nach dieser Auffassung enthalten die Vorschriften über die Legalzession keine Anhaltspunkte dafür, daß sie andere Anspruchsgrundlagen verdrängen wollten. Es sei inkonsequent, wenn Raiser originäre Ansprüche ablehne, einen Anspruch aus § 826 BGB aber zulasse. Widersprüchlich sei auch, daß ein Bereicherungsanspruch gegeben sein solle, wenn der Versorgungsträger Leistungen aufgrund eines Teilungsabkommens erbracht habe, zu denen er aufgrund seines Verhältnisses zum Verletzten nicht verpflichtet gewesen sei[128]. Dem Familienprivileg des § 67 Abs. 2 VVG könne man auch dadurch gerecht werden, daß im Wege des Bereicherungsausgleiches dem Versicherten nicht der Vorteil des § 67 Abs. 2 VVG entzogen werden dürfe[129].

---

121 Raiser, aaO., VersR 1951, S.1 ff. (S.3); ohne auf Raiser einzugehen in diese Richtung tendierend auch Ebel, aaO., VersR 1978, S.1083 ff. (1086).

122 2. Teil B. III. 2. e).

123 (Mehrheiten), aaO., S.182.

124 Ebel, aaO., VersR 1978, S.1083 ff. (1088).

125 Bruck/Möller (Sieg), aaO., § 67 Rn. 157 f.

126 Frotz, aaO., JZ 1964, S.665 (669).

127 Frotz, aaO.

128 BGH, VersR 1969, S.641 ff.; LG Bochum, VersR 1966, S.1131; a.A. OLG Nürnberg, VersR 1969, S.718 ohne überzeugende Begründung.

129 Bruck/Möller (Sieg), aaO., § 67 Rn. 158.

Diese M.M. überzeugt nicht.

§ 826 BGB wird regelmäßig von speziellen Ansprüchen nicht ausgeschlossen, so daß sich daraus kein Argument gegen die Spezialität schlechthin ergibt[130]. Der sittenwidrig vorsätzliche Schädiger soll aus allen Anspruchsgrundlagen haften. Da § 67 Abs. 2 VVG das vorsätzlich handelnde Familienmitglied nicht privilegiert, sind Wertungswidersprüche ausgeschlossen.

Sieg gibt selbst zu, daß Bereicherungsansprüche "nicht notwendig" sind[131].

Da Bereicherungsansprüche darüber hinaus der Wertung des Gesetzgebers zur Abwicklung des komplexen Mehrpersonenverhältnisses im Einzelfall widersprechen können, ist ihre Anwendbarkeit von vornherein auszuschließen, um nicht erst im Einzelfall durch Wertungsgesichtspunkte sachgerechte Lösungen herbeiführen zu können.

2. *Originärer deliktischer Schadensersatzanspruch des Versorgungsträgers gegen den Schädiger*

a) Vorsätzliche sittenwidrige Schädigung

Ein Anspruch des Versorgungsträgers auf Erstattung der Entschädigungskosten einschließlich der aufgewendeten Regulierungskosten gemäß § 826 BGB besteht unproblematisch dann, wenn ein Dritter zu Gunsten des Versicherungsnehmers den Schaden des Versicherungsnehmers betrügerisch gestiftet hat[132]. Regelmäßig dürfte ein Anspruch auf Ersatz der Kosten des Versorgungsträgers auch in den anderen Fällen vorsätzlicher Schadensverursachung bestehen.

Selbst wenn man nicht nur verlangt, daß dem Schädiger allgemein die Schädlichkeit seiner Tat bekannt war, sondern darüber hinaus, daß die Tat zumindest eventual in der Absicht begangen wurde, die Leistungspflicht des Versorgungsträgers auszulösen, so wird doch in aller Regel dem Täter die Möglichkeit des Bestehens einer Versicherung bewußt gewesen sein. Immerhin unterliegen die große Mehrheit der Bürger der Bundesrepublik der Sozialversicherungspflicht. Nach dem ausdrücklichen Wortlaut des § 826 BGB sind nämlich auch mittelbar Geschädigte ersatzberechtigt, soweit sich Bewußtsein und Wille der Schädigung mindestens eventual auch gegen diesen richtete[133].

---

[130] Vgl. anstatt aller Palandt/Thomas, aaO., § 826 Rn. 19.

[131] AaO., § 67 Rn. 159.

[132] Raiser, aaO., VersR 51, S.1 ff.

[133] Vgl. Palandt/Thomas, aaO., § 826 Rn. 13.

b) Fahrlässige Schädigung

Der in § 826 BGB enthaltene Schadensersatzanspruch des mittelbar Geschädigten für Vermögensschäden ist aber die Ausnahme im deutschen Deliktsrecht. Grundsätzlich gewährt das Deliktsrecht nur dem unmittelbar an den in § 823 Abs. 1 BGB aufgeführten Rechtsgütern Verletzten oder bei Verstoß gegen ein Schutzgesetz nach § 823 Abs. 2 BGB dem vom Schutzbereich Erfaßten einen Schadensersatzanspruch.

Dementsprechend meint der große Zivilsenat des BGH, auslösend für die Regreßproblematik sei,

> "daß das Bürgerliche Gesetzbuch grundsätzlich dem Drittgeschädigten einen Schadensersatzanspruch versagt, dafür aber dem im Sinne des § 823 BGB Geschädigten Ersatzansprüche gewährt, obwohl die Auswirkungen des angerichteten Schadens wirtschaftlich einen anderen treffen"[134].

Man nennt dies auch Dogma vom Gläubigerinteresse oder Tatbestandsprinzip[135]. Hätte der Versorgungsträger, der dem Verletzten zur Schadensdeckung verpflichtet ist ohne ihn angerichtet zu haben (ohne letztlich haften zu müssen), einen originären deliktischen Anspruch gegen den Schädiger, kraft dessen er von diesem den Ersatz für die an den Verletzten erbrachten Leistung erlangen könnte, so wäre das Regreßproblem in seiner jetzigen Gestaltung vermieden[136]. Konsequenterweise wäre dann die Obergrenze des Entschädigungsanspruchs des Versorgungsträgers nicht der Schadensersatzanspruch des Verletzten, sondern der Versorgungsträger könnte gegebenenfalls versuchen, auch seine Regulierungskosten, ja sogar allgemeine Verwaltungskosten zu fordern.

Grundlage so weiter deliktischer Haftung kann aber nur eine umfassende deliktische Generalklausel, wie z.B. Art. 1382 C.C. (Frankreich), OR 41 (Schweiz) oder Art. 1295 AGBG (Österreich) sein[137].

Da das deutsche Recht den Weg einer umfassenden deliktischen Generalklausel nicht gegangen ist, scheidet ein originärer deliktischer Schadensersatzanspruch des Versorgungsträgers für seine erlittenen Reflexschäden aus.

---

[134] BGHZ 13, S.360 ff. (365).

[135] Staudinger/Medicus, aaO., § 249 Rn. 181 f.; Hagen, aaO., S.96 ff.; Schlegel, aaO., S.12.

[136] Hüffer, aaO., S. 9; im französischen Recht gibt es allerdings ebenfalls Regreßansprüche, obwohl die deliktische Generalklausel z.T. auch mittelbare Schäden umfaßt.

[137] Karrer, aaO., S.17; für den linksrheinischen Teil des Deutschen Reichs, für den bis 1900 der Code Civil (Napoléon) galt, weist Marschall von Bieberstein, aaO. (Reflexschäden), S.148, Urteile nach, die auf Art. 1382 C.Civ. gestützt werden, erstaunlicherweise aber gleichfalls eine Regreßkonstruktion durch Abtretung enthalten; zum französischen Recht vgl. 3. Teil.

B. Einzelprobleme der Legalzession

Grundsätzlich geht jeder Anspruch über, der dem Ausgleich der die Versorgungsleistung auslösenden Vermögenseinbuße dient[138]. Insbesondere zu nennen sind Ansprüche aus unerlaubter Handlung §§ 823 ff. BGB, Gefährdungshaftung nach BGB, StVG, HaftPflG, LuftVG oder dem Atomgesetz, vertragliche Ersatzansprüche sowie Ansprüche aus Besatzungs- und Stationierungsschäden nach dem NATO-Truppenstatut. Eine enumerative Aufzählung, wie die loi Badinter, kennt das deutsche Recht nicht.

Auch Ansprüche, die ausländischem Recht unterliegen, können übergehen. Dabei kommt es zu kollissionsrechtlichen Fragestellungen, die vorliegend nur kurz zusammengefaßt werden können.

I. Legalzession und Internationales Privatrecht

Für den Schadensersatzanspruch gegen den Schädiger ist nach dem Grundsatz der lex loci delicti commissi das Recht des Begehungsortes maßgeblich. Dies läßt sich Art. 38 EGBGB entnehmen.

Die zahlreichen Auflockerungen, die dieser Grundsatz durch die Rechtsprechung und Lehre erfahren hat, sind auch hier zu berücksichtigen[139].

Eine andere Frage ist dagegen, nach welchem Recht sich der Eintritt des Forderungsübergangs richtet.

Seit der Neuregelung in Art. 33 Abs. 3 EGBGB wird kaum mehr bestritten, daß sich der Forderungsübergang nach dem Zessionsgrundstatut richtet[140].

Für die Berechtigung des Versorgungsträgers zur Geltendmachung der Forderung ist nach Art. 33 Abs. 3 S. 1 EGBGB die Rechtsordnung maßgeblich, der die Verpflichtung des Versorgungsträgers gegenüber dem ursprünglichen Gläubiger unterliegt. Demnach ist ein gesetzlicher Forderungsübergang dann zu beachten, wenn er vom Zessionsgrundstatut angeordnet wird.

---

138 Prölss/Martin, aaO., § 67, Anm. 2; Bruck/Möller (Sieg), aaO., § 67, Rn. 26 ff.; Geigel/Plagemann, aaO., Kap. 30, Rn. 10 ff.

139 Vgl. dazu Müller, aaO., JZ 1986, S.212 ff. (214); BGHZ 90, S.294; 93, S.214.

140 MüKo/Kreuzer, aaO., Art. 38 EGBGB, Rn. 293; Reitmann/Martiny, aaO., X, Rn. 225; Roth, aaO., § 17 II 2; v. Bar, aaO. (Legalzession), RabelsZ 53 (1989) S.462 ff. (476); Böhner, aaO., IPrax 1985, S.15 f.; OHG v. 1.3.1988 mit Anm. Ehnicke, für das österreichische Recht, ZfRV 1990, S.125.

Ob die Schuldnerschutzvorschriften nach dem Forderungsstatut zu berücksichtigen sind, obwohl davon in Art. 33 Abs. 3 EGBGB nicht die Rede ist, ist bisher noch nicht abschließend geklärt[141].

Für den Forderungsübergang nach Leistungen im Zusammenhang mit der sozialen Sicherung im Bereich der Europäischen Gemeinschaft ist Art. 93 der EG-Verordnung "VO (EWG) Nr. 1408/71 über die Anwendung der Systeme der sozialen Sicherheit auf Arbeitnehmer und Selbständige sowie deren Familienangehörige, die innerhalb der Gemeinschaft zu- und abwandern", zu beachten. Die Verordnung wurde mehrfach geändert. Der z.Zt. gültige Wortlaut ist als Anh. I zur VO Nr. 2001/83 v. 2.6.1983 abgedruckt[142].

II. Der Umfang des Anspruchsübergangs und das Quotenvorrecht

1. Kongruenzgrundsatz

Bereits oben wurde auf den wesentlichen Strukturunterschied zwischen § 67 VVG und § 116 SGB X hingewiesen, der bezüglich des Zeitpunktes des Anspruchsübergangs besteht[143].

Gemeinsam ist aber beiden Vorschriften, daß der Versorgungsträger nur Forderungsinhaber wird, wenn die Versorgungsleistung einen Schaden gleicher Art beheben soll, wie die Ersatzpflicht des Schädigers. Man nennt dieses Erfordernis sachliche und zeitliche Kongruenz[144].

Das Erfordernis sachlicher und zeitlicher Kongruenz wurde zunächst von der Rechtsprechung entwickelt[145]. Danach erstreckt sich der Übergang nicht auf alle Schadensersatzansprüche des Geschädigten schlechthin, sondern nur

---

141 Vgl. dazu Reitmann/Martiny, aaO., Rn. 225; MüKo/Kreuzer, aaO., Art. 38 EGBGB, Rn. 293.

142 ABl. EG 1983 L 230/8, Wortlaut vgl. auch Satorius II Nr. 185 und Anhang IV; vgl. dazu Reitmann/Martiny, aaO., Rn. 226; MüKo/Kreuzer, aaO., Art. 38 EGBGB, Rn. 293.

143 Bei § 67 VVG findet der Anspruchsübergang jeweils erst nach der Leistung des Versicherers statt, wohingegen nach § 116 SGB X der Übergang aller vorhersehbaren Ansprüche bereits zum Zeitpunkt des Schadensereignisses auf den Sozialversicherungsträger erfolgt, wenn eine künftige Leistungspflicht mit gewisser Sicherheit besteht; vgl. 2. Teil A. I.

144 Zu § 116 SGB X: Hauck/Haines, aaO., § 116 Rn. 11; Küppersbusch, aaO., VersR 1983, S.191 ff.; Grüner, aaO., § 116 Anm. 4 und I 1; Marschall von Bieberstein, aaO. (Neuregelung), ZfvglVersWiss. 1983, S.99 ff. (103); GK/v. Maydell, aaO., § 116 Rn. 90 ff.; Geigel/Plagemann, aaO., Kap. 30, Rn. 8 und 22 ff.; umfangreiche historische Nachweise zur Entwicklung der Konkurrenzlehre bei Mössinger, aaO., S.15 ff.; zu § 67 VVG: Prölss/Martin, aaO., § 67 VVG, Anm. 2 b; Bruck/Möller (Sieg), aaO., § 67 Rn. 59 ff.; Theda, aaO., DAR 1984, S.201 ff.; Müller, aaO. (Quotenvorrecht), VersR 1989, S.317 f.

145 Vgl. nur BGH, VersR 81, S.477.

auf diejenigen, für deren Ausgleich zweckgleiche Versorgunsleistungen zu erbringen sind, bzw. erbracht wurden.

Der Gesetzgeber hat diese Beschränkung durch das Merkmal "soweit" zum Ausdruck gebracht. In § 67 VVG ließ man es dabei bewenden. In § 116 SGB X hielt der Gesetzgeber nochmals eine Klarstellung für notwendig, indem er eine Formulierung wählte, nach der der Anspruch übergeht, soweit die Sozialleistungen "der Behebung eines Schadens der gleichen Art dient und sich auf denselben Zeitraum wie der vom Schädiger zu leistende Schadensersatz bezieht". Damit ist zum Ausdruck gebracht, daß den Ansprüchen des Geschädigten gegen den Versorgungsträger und den Schädiger nicht notwendig der gleiche Schadensumfang zugrunde liegen muß[146].

Die Beantwortung der Frage, welche Leistungen der gleichen Art sind bzw. dem gleichen Zweck dienen wie der Schadensersatzanspruch gegen den Schädiger, ist von zentraler Bedeutung für die Festlegung des Umfangs des Anspruchsübergangs. Auch die Bestimmung des Quotenvorrechts ist erst möglich, wenn die kongruenten Ersatzleistungen umrissen sind, auf die die Beteiligten gegebenenfalls im Zugriff konkurrieren. Im Privatversicherungsrecht kommt dies durch den Grundsatz der "Kongruenz vor Differenz" zum Ausdruck[147].

Die Kongruenz zwingt grundsätzlich dazu, den globalen Schaden aufzuspalten in eine Reihe von einzelnen Schadensarten[148].

So kommt man im Versicherungsrecht zum Begriff des sogenannten Einzelschadens. Für den Geschädigten ist es im Hinblick auf das Quotenvorrecht günstig, den Bereich der Kongruenz weit zu ziehen[149]. Im Privatversicherungsrecht und Sozialversicherungsrecht hat die Rechtsprechung nunmehr verschiedene Fallgruppen entwickelt. Für die Einzelheiten muß an dieser Stelle auf die Kommentare verwiesen werden[150].

Hervorgehoben werden soll lediglich, daß in jedem Fall ein Anspruchsübergang bezüglich des Schmerzensgeldes ausgeschlossen ist, da ihm niemals eine kongruente Versorgungsleistung gegenüberstehen kann[151].

---

[146] GK/v. Maydell, aaO., § 116 Rn. 92.

[147] Vgl. dazu Prölss/Martin, aaO., § 67 VVG, Anm. 2 b.

[148] Möller, aaO., S.9 ; Bruck/Möller (Sieg), aaO., § 67 Rn. 63.

[149] Prölss/Martin, aaO., § 67 VVG, Anm. 2 b.

[150] Zu § 67 VVG: Prölss/Martin, aaO., § 67 VVG, Anm. 2 b; Bruck/Möller (Sieg), aaO., § 67 Rn. 60 ff.; zur Kaskoversicherung: Müller, aaO. (Quotenvorrecht), VersR 1989, S.317 ff.; zu § 116 SGB X: GK/v.Maydell, aaO., § 116 Rn. 93, 109 ff.; Geigel/Plagemann, aaO., Kap. 30, Rn. 22 ff.

[151] GK/v.Maydell, aaO. § 116 Rn. 94; ständige Rechtsprechung seit RG DAR 1929, Sp. 65 (Nr. 29).

Soweit früher vertreten wurde, daß sich dies bereits aus §§ 399, 400 BGB ergebe, die auf die Legalzession analog anzuwenden sind, und nach § 847 S. 2 BGB der Schmerzensgeldanspruch nicht übertragbar ist, ist dies nach dem Wegfall von § 847 S. 2 BGB nicht mehr vertretbar. An der fehlenden Kongruenz des Schmerzensgeldanspruchs zu Personen oder Sachschäden ersetzenden Leistungen des Versorgungsträgers hat sich dadurch aber nichts geändert.

In der Privatversicherung sind Ansprüche auf Ersatz von Sachschäden jeweils nur mit einer Versicherungsleistung aus einer Sachschadensversicherung des konkret beschädigten Gegenstandes kongruent. Eine Austauschbarkeit hinsichtlich Körperschäden ist ausgeschlossen[152]. Zur Ermittlung des Umfangs des Anspruchsübergangs ist nach den verschiedenen Versicherungssparten zu differenzieren.

Auf den Sozialversicherungsträger gehen Ansprüche auf Sachschäden, abgesehen von Körperersatzstücken, von vornherein nicht über[153]. Es fehlt an dem Merkmal der Kongruenz.

Dort werden die Ansprüche des Geschädigten üblicherweise in folgende Untergruppen aufgeteilt: Sachschaden, (Körpersatzstücke), Schmerzensgeld, Heilungskosten, Erwerbsschaden, vermehrte Bedürfnisse, Unterhaltsschaden, Beerdigungskosten[154].

Für sachliche Kongruenz spricht es, wenn der mit einer bestimmten Sozialleistung verfolgte Zweck einer Schadensgruppe zugeordnet werden kann (z.B. Zweck der Verletztenrente; Ausgleich des unfallbedingten Verdienstausfalls = Fallgruppe: Erwerbsschaden).

Ist nunmehr der Umfang des Anspruchsübergangs festgelegt, können weitere Probleme entstehen.

2. *Quotenvorrecht*

Ausgestaltung und Grenzen des Regreßrechts werden häufig unter dem Schlagwort "Quotenvorrecht" diskutiert.

Es geht dabei um die Frage nach dem Umfang des Regresses, wenn die Drittleistung des regreßberechtigten den Schaden nicht deckt *und* wenn die Schadensersatzforderung gegen den Schädiger aus rechtlichen Gründen hinter

---

[152] Bruck/Möller (Sieg), aaO., § 67 Rn. 59.

[153] GK/v.Maydell, aaO., § 116 Rn. 94.

[154] GK/v.Maydell, aaO., § 116 Rn. 12 ff.; Geigel/Plagemann, aaO., Kap. 30, Rn. 22; Hauck/Haines, aaO., § 116 Rn. 12 ff.

dem Schaden des Verletzten zurückbleibt, zur Deckung also ebenfalls nicht ausreicht[155].

Zu nennen sind dabei die Fälle der beschränkten Deckungspflicht (Haftungshöchstgrenzen, Unterversicherung), der Selbstbeteiligung und des Mitverschuldens.

Der Begriff des Quotenvorrechts tauchte erstmals im Jahre 1916 auf[156] und wird nach dem 2. Weltkrieg allgemein verwendet. Er ist ungenau, da er sich zu stark an die quotale Haftungsverminderung des § 254 BGB anlehnt, die summenmäßige Beschränkung (z.B. § 12 StVG) aber nicht berücksichtigt. Der vom Landgericht Berlin[157] für den letzteren Fall vorgeschlagene Begriff des Ausschöpfungsvorrechts ist allerdings auch nicht gerade glücklich gewählt und hat sich nicht durchzusetzen vermocht[158].

Als Lösungsmöglichkeiten für eine Ordnung der Verhältnisse der Ansprüche des Verletzten und des Drittleistenden werden als Lösungstypen meist drei "Theorien" angeführt.

Diese sollen hier in aller Kürze skizziert werden:

- Steht dem Versicherungsträger ein Vorrecht in der Weise zu, daß zunächst ein seiner Leistungspflicht entsprechender Anteil der begrenzten Schadensersatzforderung auf ihn übergeht und der Geschädigte lediglich nach diesem Übergang den noch verbliebenen Teil des Ersatzanspruchs geltend machen kann, so spricht man von der "absoluten Theorie".

- Steht umgekehrt dem Verletzten ein Quotenvorrecht zu, d.h. steht ihm der Schadensersatzanspruch bis zum vollen Ausgleich des durch die Drittleistung nicht gedeckten Schadens zu und nur ein noch verbleibender Anspruchsteil geht auf den Versorgungsträger über, so spricht man von der "Differenztheorie".

- Nach einer Zwischenlösung wird die begrenzte Schadensersatzforderung entsprechend der Haftungsquote des Schädigers verteilt. Bei einer Haftung in Höhe der Hälfte des Schadens geht die Forderung anteilig in Höhe der Hälfte der Drittleistung bzw. der Hälfte des Restschadens über. Man spricht dann von der "relativen Theorie"[159].

---

[155] Marschall von Bieberstein, aaO. (Neuregelung), ZfvglVersWiss. 1983, S.99 ff. (109).

[156] X RVPrax 1916, S.178 f.

[157] VersR 1968, S.251.

[158] Vgl. zur Problemstellung Mössinger, aaO., S.33 ff.

[159] Vgl. zum ganzen Mössinger, aaO., S.33 ff.; Marschall von Bieberstein, aaO. (Neuregelung), ZfvglVersWiss. 1983, S.99 ff. (109); Küppersbusch, aaO., VersR 1983, S.193 ff.; v.Maydell/Breuer, aaO., NJW 1984, S.23 ff.

Hinsichtlich des Quotenvorrechts gingen die Entwicklungen im Privatversicherungsrecht und im Sozialversicherungsrecht seit jeher verschiedene Wege. Bei der Neufassung des Regresses des Sozialversicherungsträgers hat der Gesetzgeber in § 116 Abs. 2 - 5 SGB X dezidierte Neuregelungen geschaffen, so daß der Meinungsstreit zur Vorgängervorschrift des § 1542 RVO nunmehr überholt ist. Einerseits wird der Privatversicherte privilegiert, da das Quotenvorrecht ihm gegenüber dem Versicherer zusteht, andererseits wird aber der Sozialversicherungsträger zu Lasten des Sozialversicherten privilegiert, weil das Qotenvorrecht dort grundsätzlich beim Versicherer liegt. Mit den Grundsätzen sozialer Gerechtigkeit ist das nur schwer vereinbar[160].

Es ist notwendig, die Lösungen für das Privatversicherungsrecht und das Sozialversicherungsrecht kurz getrennt aufzuzeigen, ohne allerdings zu allen damit verbundenen Streitfragen Stellung zu beziehen.

a) Das Quotenvorrecht im Privatversicherungsrecht

Im Privatversicherungsrecht kommt nach allgemeiner Ansicht die Differenztheorie zur Anwendung, so daß auf den Versicherer ein Schadensersatzanspruch des Versicherungsnehmers (Geschädigten) nur in Höhe der Differenz übergeht, die zwischen der Summe von Schadensersatzleistungen des Versicherers und Haftpflichtansprüchen des Versicherungsnehmers und dessen Schaden besteht[161].

Der Verletzte ist also in jedem Fall bis zur Deckung seines kongruenten Schadens gegenüber dem leistenden Versicherer bevorrechtigt.

Für die Begründung der Differenztheorie im Privatversicherungsrecht werden verschiedene Argumentationen angeführt.

Einerseits ist Prölss der Auffassung, daß sich das Quotenvorrecht des Versicherungsnehmers bereits aus dem dem § 67 Abs. 1 Satz 2 VVG zugrundeliegenden Gedanken ergebe, wonach der Übergang nicht zum Nachteil des Versicherungsnehmers geltend gemacht werden kann[162].

Demgegenüber verweist Sieg darauf, daß die Begründung der Differenztheorie nicht dem § 67 Abs. 1 S. 2 VVG entnommen werden könne, da sich dieser nicht mit dem Umfang des Übergangs befasse, sondern zwei Gläubiger voraussetze, die deshalb nicht voll zum Zuge kommen könnten,

---

[160] Vgl. auch 2. Teil A. III. zum vergleichbaren Fall der Privilegierung des Empfängers von Krankentagegeld.

[161] BGHZ 13, S.28 f.; BGH VersR 1958, S.13; 58, S.161; Prölss/Martin, aaO., § 67 VVG, Anm. 4 B; Bruck/Möller (Sieg), aaO., § 67 Rn. 67; Müller, aaO. (Quotenvorrecht), VersR 1989, S.317 f.

[162] Prölss/Martin, aaO., § 67 VVG, Anm. 4 B; so auch Theda, aaO. (Quotenvorrecht), VersR 1981, S.412 ff.; ders. (Forderungsübergang), aaO., DAR 1984, S.201.

weil das Vermögen des Schädigers hierfür nicht ausreicht[163]. § 67 Abs. 1 S. 2 VVG befasse sich lediglich mit dem Befriedigungsvorrecht als Wirkung des Übergangs, setze diesen aber voraus.

Der Unterschied zwischen den Meinungen ist aber letztlich kaum von Bedeutung, da Einigkeit darüber besteht, daß das Quotenvorrecht jedenfalls aus der Natur des Versicherungsvertrages folgt und auch § 67 Abs. 1 S. 2 VVG nach seiner Gesamtkonzeption dem Interesse des Versicherungsnehmers an der Deckung seines Schadens den Vorrang vor dem Interesse des Versicherers einräumt.

Der Forderungsübergang nach § 67 VVG soll als Ausprägung des Bereicherungsverbots die doppelte Entschädigung des Versicherungsnehmers vermeiden, nicht aber den Versicherer selbst begünstigen. Als Entgelt für die Prämie hat dieser den Schaden innerhalb der Vereinbarungen des Versicherungsvertrags (versichertes Risiko) zu decken, ohne einen Anspruch auf den Erwerb von Schadensersatzansprüchen für die geleisteten Versicherungsleistungen erheben zu können.

Daß der den Verletzten bevorzugende Schutzgedanke der Differenztheorie zwingend ist, zeigt sich an seinem Eingang in das öffentliche Dienstrecht. Nach §§ 87 a BBG, 52 BRRG hat der Beamte, der von seinem Dienstherrn nicht voll entschädigt worden ist, für seinen kongruenten Schaden das Vorrecht vor dem Dienstherrn auf die Ersatzleistung.

b) Das Quotenvorrecht in der Sozialversicherung

Zu § 1542 RVO stand das Quotenvorrecht nach ständiger Rechtsprechung dem Sozialversicherungsträger zu[164].

Durch die Neuregelung des Jahres 1983 sind im SGB X die Fragen des Quotenvorrechts im Sozialversicherungsrecht nun in § 116 Abs. 2, 3 und 5 SGB X dezidiert geregelt. Der Gesetzgeber hat sich dafür entschieden, hinsichtlich der Bevorrechtigung nach dem Grund der nicht ausreichenden Deckung zu differenzieren (Mitverschulden, Mitverursachung, gesetzliche Höchstsummenbegrenzung). Das Befriedigungsvorrecht ist in Abs. 4 geregelt.

§ 116 Abs. 2 SGB X normiert ein Quotenvorrecht zugunsten des Verletzten, wenn der Umfang des Schadensersatzanspruchs durch eine gesetzliche Regelung in der Höhe begrenzt wird. Hauptanwendungsfall ist die Gefährdungshaftung nach § 12 StVG. Das entspricht der Differenztheorie[165].

---

[163] Bruck/Möller (Sieg), aaO., § 67 Rn. 66

[164] BGH NJW 1954, S.1113; Mössinger, aaO., S.33 ff.; GK/v. Maydell, aaO., § 116 Rn. 335.

[165] GK/v. Maydell, aaO., § 116 Rn. 349 ff.; Hauck/Haines, aaO., § 116 Rn. 28 ff.

Nach § 116 Abs. 3 SGB X kommt die relative Theorie zur Anwendung, wenn der nach Abs. 1 übergehende Schadensersatzanspruch durch mitwirkendes Verschulden oder mitwirkende Verantwortlichkeit begrenzt, bzw. nach Abs. 3 S. 2 zusätzlich auch noch in der Höhe limitiert ist und die Sozialleistung nicht ausreicht, um den Gesamtschaden zu decken.

Das Mitverschulden bemißt sich nach § 254 BGB, die Mitverantwortlichkeit erfaßt insbesondere die anzurechnende Betriebsgefahr im Rahmen der Gefährdungshaftung nach dem StVG[166]. Auf den Sozialversicherungs- bzw. Sozialhilfeträger geht der Teil der Schadensersatzforderung über, der der Haftungsquote des Schädigers entspricht[167].

§ 116 Abs. 5 SGB X regelt das Quotenvorrecht für den Fall, daß der Sozialversicherungsträger durch das Schadensereignis im Ergebnis finanziell nicht belastet wird. Früher wurde als Paradebeispiel für diese Konstellation der sog. "Rentnertod" diskutiert[168].

Bei fehlender Mehrbelastung steht nunmehr das Quotenvorrecht dem Versicherten zu, wobei der Gesetzgeber inzidenter davon ausgeht, daß ein Forderungsübergang stattfindet[169].

Schließlich regelt § 116 Abs. 4 SGB X noch das Befriedigungsvorrecht zugunsten des Versicherten. Das Befriedigungsvorrecht[170] kann der Geschädigte für alle seine Forderungen geltend machen. Es regelt den Vorrang des Versicherten, wenn er vollen Schadensausgleich aus tatsächlichen Gründen nicht erreichen kann und setzt voraus, daß konkurrierende Ansprüche bereits übergegangen sind[171]. Abs. 4 entspricht damit dem Rechtsgedanken, der im Privatversicherungsrecht aus § 67 Abs. 1 S. 2 VVG gefolgert wird.

III. Ausschluß des Anspruchsübergangs

Der Anspruchsübergang ist ausgeschlossen, soweit der Schädiger aufgrund einer gesetzlichen Privilegierung dem Verletzten gegenüber nicht haftpflichtig ist (z.B. §§ 636 ff. RVO). Für den Fall, daß es wegen eines besonderen Näheverhältnisses zwischen Schädiger und Geschädigtem in der Regel nicht zur Geltendmachung von Schadensersatzansprüchen kommt, enthalten § 67

---

[166] Künnell, aaO., SozVers 1984, S.71 ff.; Hauck/Haines, aaO., § 116 Rn. 33.

[167] Weitere Einzelheiten bei Hauck/Haines, aaO., § 116 Rn. 34 ff.; GK/v.Maydell, aaO., § 116 Rn. 370 ff.

[168] Zum Streitstand bezüglich des alten § 1542 RVO vgl. Müller, aaO. (Rentnertod), SGb 1971, S.333 ff., zugleich Bspr. von BGH SGb 1971, S.369.

[169] GK/v.Maydell, aaO., § 116 Rn. 387.

[170] Zum Begriff Hauck/Haines, aaO., § 116 Rn. 40; GK/v.Maydell, aaO., § 116 Rn. 397 ff.

[171] Geigel/Plagemann, aaO., Kap. 30, Rn. 72.

Abs. 2 VVG und § 116 Abs. 6 SGB X den Ausschluß des Anspruchsübergangs als Ausnahme vom Grundsatz der Legalzession.

1. Arbeitsunfälle

Bei Arbeitsunfällen einschließlich Wegeunfällen schließt das Haftungsprivileg der §§ 636, 637 RVO den Regreß der Versorgungsträger gegen den privilegierten Schädiger bzw. dessen Haftpflichtversicherung aus[172]. Der Rückgriff ist auch dann ausgeschlossen, wenn sich der Unfall bei der "Teilnahme am allgemeinen Verkehr" ereignet hat oder vorsätzlich verursacht wurde[173]. Für letzteren Fall bemißt sich die Haftung des Schädigers allenfalls nach § 640 RVO.

Haftet neben dem privilegierten Schuldner dem Geschädigten ein Dritter, so kann dieser zweite Schädiger nur in Höhe der Quote, die bei der Durchführung des Innenausgleichs der Gesamtschuldner auf diesen Schädiger entfallen würde, in Anspruch genommen werden[174]. Es kommt zu einer sogenannten "gestörten Gesamtschuld", weil wegen §§ 636, 637 RVO dem Geschädigten selbst kein Anspruch gegen den Arbeitgeber zusteht[175]. Nur in diesem Umfang kann dann der Anspruch auf den Versorgungsträger übergehen.

2. Das Familienprivileg

Nach § 67 Abs. 2 VVG, § 116 Abs. 6 SGB X ist der Anspruchsübergang auf den Versorgungsträger ausgeschlossen, wenn Verletzter und Schädiger Familienangehörige sind und miteinander in häuslicher Gemeinschaft leben. Ein Regreß würde im Widerspruch zum wirtschaftlichen und rechtlichen Schutzbereich der Familie stehen[176].

Die Vorschriften betreffen eigentlich nur einen schmalen, als Ausnahme gekennzeichneten Anwendungsbereich. Sie sind dogmatisch aber außerordent-

---

172 BGH NJW 1971, S.194; für Wegeunfälle § 550 RVO vgl. BSG VersR 1983, S.391; Geigel/Plagemann, aaO., Kap. 30, Rn. 18; Kasseler Kommentar/Ricke, aaO., § 640 Rn. 2.

173 BGH NJW 1975, S.337.

174 BGH VersR 1974, S.888; 1987, S.781.

175 Geigel/Kolb, aaO., Kap. 31, Rn. 97.

176 GK/v.Maydell, aaO., § 116 Rn. 418; zu den Motiven des Gesetzgebers vgl. beispielsweise zu § 116 Abs. 6 SGB X BT- Drucksachen 9/95 S.27, 28 zu § 122: "Absatz 6 basiert auf der zu § 1542 RVO ergangenen Rechtsprechung. Sowohl im Interesse des häuslichen Familienfriedens und damit zum Schutze der Familiengemeinschaft, als auch angesichts des Zwecks von Sozialleistungen ist nach Absatz 6 Satz 1 der Anspruchsübergang ausgeschlossen, wenn ein Familienmitglied, das mit dem Geschädigten in häuslicher Gemeinschaft lebt, die Schädigung fahrlässig herbeigeführt hat. Die in häuslicher Gemeinschaft zusammenlebenden Familienangehörigen bilden meist eine wirtschaftliche Einheit. Bei einem Forderungsübergang müßte der Geschädigte andernfalls im Ergebnis das, was er mit der einen Hand erhalten hat, mit der anderen Hand wieder herausgeben."

lich interessant und wichtig, weil die positiv-rechtlich angeordnete Legalzession hier ausnahmsweise nicht eingreift und so die sonst eher theoretisch erörterten Fragen nach dem Fortbestand des Schadensersatzanspruchs bei bestehendem Anspruch auf Versorgungsleistung bzw. Leistung des Versicherers relevant werden[177].

Nachdem der Ausschluß des Anspruchsübergangs durch das Familienprivileg bereits im Zusammenhang mit der Einordnung der Legalzession in die Zivilrechtsdogmatik fruchtbar gemacht wurde (Vorteilsausgleichung, Zession analog § 255 BGB, bereicherungsrechtliche Rückabwicklung), sind nun einige Einzelheiten des Familienprivilegs darzulegen.

a) Familienangehörigkeit

Die Rechtsordnung kennt keine einheitliche Definition für den Begriff der Familienangehörigkeit. Zum Teil werden als Anhaltspunkte die Aufzählung für den Haftungsausschluß unter Familienangehörigen nach § 4 Abs. 2 Satz 2 AHB bzw. das Zeugnisverweigerungsrecht § 52 Abs. 1 StPO und die Regelungen in § 11 StGB, § 56 SGB I und § 8 2. WoBauG befürwortet[178], zum Teil wird dieser Ansatzpunkt als "willkürlich" abgelehnt[179].

Es entspricht lediglich einhelliger Meinung, daß unter Familienangehörige alle Personen fallen, die miteinander verwandt, verschwägert oder verheiratet sind, ohne daß auf den Grad der Verwandtschaft (Schwägerschaft) abzustellen ist und ohne daß es auf das Bestehen wechselseitiger Unterhaltsansprüche ankommt[180].

Somit kann von einem gegliederten Familienbegriff mit Auslegungsunterschieden in den einzelnen Bereichen gesprochen werden, wobei vorliegend alleine die Bereiche der §§ 67 Abs. 2 VVG, 116 Abs. 6 SGB X von Interesse sind[181].

aa) Die nichteheliche Lebensgemeinschaft

Umstritten ist, inwieweit die nichteheliche Lebensgemeinschaft in den Schutzzweck des Familienprivilegs einbezogen werden soll.

---

177 Ebel, aaO., VersR 1978, S.1083 ff.

178 So GK/v.Maydell, aaO., § 116 Rn. 419; Wussow, aaO. (Unfallhaftplichtrecht), Rn. 1462.

179 Bruck/Möller (Sieg), aaO., § 67 VVG, Rn. 105; Weber, aaO., DAR 1985, S.1 ff. (5).

180 BGH-Urteil v. 15.1.1980 in SGb 1981, S.189 (190) m. Anm. Müller; ders. in FS für Schickel, aaO., S.214; Prölss/Martin, aaO., § 67 VVG, Anm. 7 b; Hauck/Haines, aaO., § 116, Rn. 46.

181 Kohte, aaO., NVZ 1991, S.89 ff. (91).

Die nach wie vor h.M. lehnt es ab, die nichteheliche Lebensgemeinschaft unter den Begriff der Familienangehörigkeit zu subsumieren[182].

Die die Ehe begünstigenden Regelungen sollten nicht auf die nichteheliche Lebensgemeinschaft angewendet werden; deren Partner lehnten bewußt die gegenseitigen Verpflichtungen, die für Ehegatten gelten, ab und müßten daher in Kauf nehmen, daß sie die Vergünstigungen, die das Recht Ehegatten gewährt, nicht in Anspruch nehmen können. Zum Ausdruck komme dies in Art. 6 GG. Darüber hinaus könne nur an typisierende Merkmale angeknüpft werden, wolle man Lösungen erreichen, die der Rechtssicherheit genügen. Das Vorliegen einer nichtehelichen Lebensgemeinschaft sei aber im Einzelfall schwer festzustellen und leicht manipulierbar, d.h. für eine gesetzliche Regelung ungeeignet. Allerdings gleiten die Argumente auch ins Unsachliche ab, wenn Weber feststellt, der Gesetzgeber könne auch besorgen, mit solchem Gesetz das weitere Anwachsen der nichteheliche Lebensgemeinschaft, die nicht zuletzt ein vom überreichlichen sozialen Netz begünstigtes Wohlstandskind sei, zu fördern[183].

Eine im Vordringen befindliche m.M. ist dagegen zu Recht bereit, die nichteheliche Lebensgemeinschaft als soziales Faktum zu akzeptieren und beim Vorliegen einer echten nichtehelichen Lebensgemeinschaft das Familienprivileg der §§ 67 Abs. 2 VVG und 116 Abs. 6 SGB X zur Anwendung zu bringen, d.h. den Familienbegriff dementsprechend zu erweitern[184].

Die ablehnende h.M. überzeugt nicht, so daß der Regreßausschluß auch auf die nichteheliche Lebensgemeinschaft anzuwenden ist.

Als Familienangehörige werden solche Personen erfaßt, die nach der gesellschaftlichen Anschauung als "zur Familie gehörig" betrachtet werden können, unabhängig von der rechtlichen Qualifikation dieser menschlichen Beziehung[185]. Es ist wohl unbestreitbar, daß der Partner der stabilen nichtehelichen Lebensgemeinschaft von der ganz überwiegenden Anzahl der Familien als "zur Familie gehörig" angesehen wird, insbesondere beim Vorhandensein gemeinsamer Kinder. Das bedeutet, daß "Familie" in erster Linie ein so-

---

182 BGH NJW 1988, S.1091 = VersR 1988, S.253; Palandt/Diederichsen, aaO., vor § 1353, Rn. 33; Hauck/Haines, aaO., § 116 Rn. 46; Geigel/Plagemann, aaO., Kap. 30, Rn. 78; Prölss/Martin, aaO., § 67 VVG, Anm. 7; Bruck/Möller (Sieg), aaO., § 67 Rn. 105; GK/v.Maydell, aaO., § 116 Rn. 435; Weber, aaO., DAR 1985, S.1 ff.

183 Weber, aaO., DAR 1985, S.1 (9).

184 Empfehlung 15 b des 57. DJT. Mainz, NJW 1988, S.2993 (2998); AG München, DAR 1981, S.358; Quast, aaO., S.103 f.; Soergel/Mertens, aaO., vor § 249, Rn. 179; Künnell, aaO., VersR 1983, S.223 (226); Müller, aaO., Anm. zu BGH-Urt. v. 15.1.1980, SGb 1981, S.189 (192); Kohte, aaO., NVZ 1991, S.89 ff.; Grüner, aaO., § 116 Komm. VII 3 c; insofern übereinstimmend auch Schirmer, aaO., DAR 1988, S.289 ff.

185 Müller, aaO., FS für Schickel, S.215.

ziologischer und erst in zweiter Linie ein rechtlicher Begriff ist[186]. Für den Begriff des Wegeunfalls im Sinne des § 550 Abs. 3 RVO hat das Bundessozialgericht festgestellt, daß auch die Fahrt zur gemeinsamen Wohnung der nichtehelichen Lebensgemeinschaft ein Weg zur Familienwohnung sein kann[187]. Der österreichische Oberste Gerichtshof hat in Anerkennung der sozialen Bedeutung der nichtehelichen Lebensgemeinschaft die Anwendbarkeit des § 67 Abs. 2 ÖVVG auch auf den nichtehelichen Partner erstreckt[188].

Bei Manipulationen und nur ganz kurzem Zusammenleben mag es zwar berechtigt sein, den Regreßausschluß abzulehnen. Daraus ergibt sich aber kein Argument bei einer "ernst gemeinten" nichteheliche Lebensgemeinschaft die Privilegierung abzulehnen, obwohl Schutzzweck und Interessenlage es gebieten, das Familienprivileg zur Anwendung zu bringen[189]. Wann die Rechtsordnung heute von einer nichtehelichen Lebensgemeinschaft auszugehen hat, ist sozialwissenschaftlich ausreichend definiert. Art. 6 GG verbietet lediglich die Benachteiligung von Ehe und Familie, gebietet aber keineswegs die Diskriminierung der nichtehelichen Lebensgemeinschaft[190]. Wirtschaftlich und psychologisch sind die Beziehungen in der echten nichtehelichen Lebensgemeinschaft gerade so strukturiert, daß es angemessen ist, den Rückgriff zu versagen und den Schaden beim Versorgungsträger zu belassen. Zumindest ein Partner hat die Versicherungsleistung durch Prämienzahlung "erkauft". Es dürfte eine naheliegende Auslegung des Versicherungsvertrags zumindest in der Privatversicherung sein, daß bei der Abwägung, wer die Schadenslast letztlich zu tragen hat, der nichteheliche Partner vor dem Versicherer zu bevorzugen ist. Die Anwendbarkeit des Regreßauschlusses auf die nichteheliche Lebensgemeinschaft kann auch nicht mit dem Hinweis auf die "Versicherbarkeit" des fraglichen Risikos begründet werden[191]. Beim gestörten Haftpflichtversicherungsverhältnis sind trotz Versicherung Fälle denkbar, die zur Inanspruchnahme des nichtehelichen Partners führen können. Die Rückstufung in der Kraftfahrzeughaftpflichtversicherung führt gerade zu einer, wenn auch geringen wirtschaftlichen Inanspruchnahme der "aus einem Topf" wirtschaftenden nichtehelichen Lebensgemeinschaft. Insbesondere ist es widersprüchlich, wenn die h.M. zu Recht aus versicherungssystematischen Gründen im Rahmen der Ehe eine Haftpflichtversicherung für unbeachtlich

---

[186] Lieb, aaO., 57. DJT S. A 93 f.; Kohte, aaO., NVZ 1991, S.89 ff. (92).

[187] BSGE 25, S.93 ff. (96); vgl. auch BSGE 17, S.270 ff. (272).

[188] OHG ÖJZ 1989, S.215; = VersR 1989, S.830 ff. mit abl. Anm. Bosch.

[189] Müller, aaO., SGb 1981, S.189 (192).

[190] BVerfG NJW 1990, S.1666 ff. zur Frage der analogen Anwendbarkeit des § 569a Abs.2 BGB auf die nichteheliche Lebensgemeinschaft.

[191] So aber BGH NJW 1988, S.1091 f.

hält[192], den Regreß gegen den nichtehelichen Partner aber gerade mit diesem Argument begründen will[193].

Weber[194] dramatisiert unnötig, wenn er behauptet, die Anwendung des Familienprivilegs mache "das Risiko der Versicherer kaum kalkulierbar". Es wurde bereits dargelegt, daß die Regreßeinnahmen bei der Risikokalkulation auf statistischer Grundlage keine Rolle spielen[195]. Überhaupt sind die Regresse wirtschaftlich für die Versicherer unbedeutend.

Letztlich ist der Hauptanwendungsbereich in der Praxis der Straßenverkehr, wo in der Regel Sozialversicherung und Kfz-Haftpflichtversicherung aufeinanderstoßen, die sich über Teilungsabkommen auseinandersetzen[196].

Die Annahme, eine nichteheliche Lebensgemeinschaft könne manipuliert werden, nur um der "Hochstufung" in der Kfz-Haftpflichtversicherung zu entgehen, erscheint beinahe grotesk. Die Gerichtspraxis ist ohne weiteres in der Lage, solchen Versuchen im Rahmen der Beweisaufnahme entgegenzuwirken. Letztlich darf auch nicht vergessen werden, daß als zweites Merkmal für den Regreßausschluß eine häusliche Gemeinschaft bestehen muß.

b) Häusliche Gemeinschaft

Zweites, kumulativ erforderliches Merkmal für das Familienprivileg ist das Leben von Verletztem und Schädiger in häuslicher Gemeinschaft. Neben das personale Element der Familienangehörigkeit tritt damit das soziale und wirtschaftliche Element der tatsächlichen Hausgemeinschaft[197].

Diese Voraussetzung ist erfüllt, wenn die Familienangehörigen tatsächlich in einer gemeinsamen Wohnung bzw. einem gemeinsamen Haus wohnen, wobei noch der Aspekt des gemeinsamen Wirtschaftens hinzutreten muß. Die Dauer des Aufenthalts in der Wohnung ist nicht allein entscheidend, sondern die allgemeine Verkehrsauffassung, so daß berufsbedingte Abwesenheit während der Woche die häusliche Gemeinschaft nicht auflöst[198].

---

[192] 2. Teil B. III. 2. d).

[193] So auch Kohte, aaO., NVZ 1991, S.89 (92).

[194] AaO., DAR 1985, S.8.

[195] Sog. "windfalls" 1. Teil A. III.

[196] 2. Teil B. V.

[197] Vgl. anstatt aller GK/v.Maydell, aaO., § 116 Rn. 436; Bruck/Möller (Sieg), aaO., § 67 Rn. 106.

[198] Vgl. zu Einzelheiten die Kommentare, z.B. Prölss/Martin, aaO., § 67 Anm. 7.

c) Maßgeblicher Zeitpunkt für das Bestehen der häuslichen Gemeinschaft

Hinsichtlich des Zeitpunkts, an dem die häusliche Gemeinschaft bestehen muß, ist zwischen Sozialversicherung und Privatversicherung zu unterscheiden.

aa) § 116 Abs. 6 SGB X

Nach dem eindeutigen Wortlaut der Gesetzesnovelle in § 116 Abs. 6 SGB X müssen die privilegierenden Umstände "im Zeitpunkt des Schadensereignisses" vorliegen. Da bereits nach h.M. zu § 1542 RVO der Schadensersatzanspruch im Zeitpunkt des Schadensereignisses überging, ist dieser Anknüpfungspunkt konsequent. Es handelt sich zugleich um den frühest denkbaren, aber auch um den einzig möglichen Zeitpunkt, um einen Forderungsübergang auszuschließen, da vor dem Zeitpunkt noch kein Schadensersatzanspruch besteht und nach dem Schadensereignis der Anspruch bereits übergegangen wäre[199].

Nach § 116 Abs. 6 Satz 2 SGB X ist die Durchsetzung des Anspruchs der Sozialversicherungsträger ebenfalls endgültig gehemmt, wenn Verletzter und Schädiger nach dem Schadensereignis heiraten und eine häusliche Gemeinschaft begründen[200].

bb) § 67 Abs. 2 VVG

Umstritten ist dagegen, wann Familienangehörigkeit und häusliche Gemeinschaft im Rahmen des Privatversicherungsrechts vorliegen müssen, um den Anspruchsübergang auszuschließen.

(1) Zeitpunkt des Schadensereignisses

Die wohl h.M. stellt ähnlich wie im Sozialversicherungsrecht auf den Zeitpunkt des Schadensereignisses ab[201].

Begründet wird dies insbesondere damit, die Manipulationsgefahr zu unterbinden, was Sieg "weniger bei der Schaffung des Angehörigenverhältnisses, als bei der Herstellung der häuslichen Gemeinschaft" befürchtet[202].

---

199 GK/v.Maydell, aaO., § 116 Rn. 448; die vor der Novelle zu § 1542 RVO vertretenen abweichenden Meinungen sind nun unvertretbar.

200 GK/v.Maydell, aaO., § 116 Rn. 461 ff.; Breuer, aaO., VersR 1984, S.512 ff.; a.A. Fenn, aaO., ZfS 1983, S.107 (113), Wiederaufleben des Regreßanspruchs nach der Scheidung.

201 Bruck/Möller (Sieg), aaO., § 67 Rn. 107; BGH VersR 1971, S.901; VersR 1980, S.644; Hofmann/Stiefel, aaO., nach § 10 - 13 AKB Rn. 57.

202 Bruck/Möller (Sieg), aaO., Rn. 107.

Diese Differenzierung ist nicht nachvollziehbar, da § 67 Abs. 2 VVG ausdrücklich das kumulative Vorliegen beider Merkmale verlangt.

Darüber hinaus wird auf Gesichtspunkte der Rechtssicherheit verwiesen. Bei Rentenzahlungen gibt es keinen einheitlichen Leistungszeitpunkt, so daß nur ein sukzessiver Forderungsübergang möglich sei, welcher eine Rechtsunsicherheit hinsichtlich des Übergangs entstehen lasse[203].

(2) Zeitpunkt der Erbringung der Versicherungsleistung

Abzustellen ist vielmehr mit der M. M. auf den Zeitpunkt der Erbringung der Versicherungsleistung[204].

Es wurde bereits im Rahmen der nichtehelichen Lebensgemeinschaft dargelegt, daß die Manipulationsgefahr äußerst gering sein dürfte und im übrigen mit § 242 BGB entgegengewirkt werden kann.

Hervorzuheben ist, daß die finanziellen Folgen des Regresses unter Familienangehörigen verhindert werden sollen, was voraussetzt, daß auf den Eintritt dieser Folgen abgestellt wird. Zum Anspruchsübergang im Privatversicherungsrecht kommt es dem Subrogationsgedanken der Gesamtschuld folgend aber nach allgemeiner Auffassung, gerade erst zum Zeitpunkt der Leistung durch den Versicherer[205]. § 67 Abs. 2 VVG soll sicherstellen, daß dem Versicherungsnehmer der Versicherungsschutz wirtschaftlich nicht mittelbar oder unmittelbar durch den Regreß entzogen wird. Dazu kann es aber erst zum Zeitpunkt der Leistung kommen.

Bei Rentenleistungen kommt es zu dieser Zäsur zum Zeitpunkt der Eheschließung, der ohne Probleme mit der Rechtssicherheit zu ermitteln ist. Besteht vor der Eheschließung eine nichteheliche Lebensgemeinschaft, so war der Rückgriff nach der hier vertretenen Auffassung auch für diese Zeit ausgeschlossen. Im übrigen kommt es bei zeitlich versetzten Rentenleistungen auch zum entsprechend zeitlich versetzten Rückgriff.

Auch der innere Familienfrieden, das zweite ideelle Motiv des Gesetzgebers zum Ausschluß der Legalzession, wird erst durch die konkrete Inanspruchnahme, zu der der Versicherer erst nach der Leistung befugt ist, tangiert.

Letztlich hat Müller[206] zu Recht darauf hingewiesen, daß Familienangehörige, die in häuslicher Gemeinschaft wohnen, auch dann, wenn dies erst nach dem Schadensereignis geschieht, gerade den materiellen Tatbestand verwirklicht haben, der den Zielkonflikt nach dem

---

[203] So Hofmann/Stiefel aaO., nach § 13 AKB Rn. 57.

[204] Müller, aaO., FS f. Schickel, S.211; ders. Anm. SGb 1981, S.189 (192); Prölss/Martin, aaO., § 67 VVG Anm. 7; Quast, aaO., S.151, 168 ff.

[205] 2. Teil A. I.

[206] AaO., SGb 1981, S.193.

"Letztverantwortlichen" zu Lasten des Versicherers und zugunsten des Familienangehörigen löst und den Anspruchsübergang ausschließt. In § 116 Abs. 6 S. 2 SGB X hat der Gesetzgeber dies auch zum Ausdruck gebracht, allerdings seiner Konzeption hinsichtlich des frühen Zeitpunktes des Anspruchsüberganges folgend, durch ein Verbot der Geltendmachung. Welchen Rechtscharakter ein solches Verbot hat, ist dabei offen.

d) Regreßausschluß trotz Bestehens einer Haftpflichtversicherung?

In der Vergangenheit ist zum Teil angezweifelt worden, ob der Ausschluß des Anspruchsübergangs auch dann eingreifen soll, wenn der Angehörige Haftpflichtversicherungsschutz genießt. Denn, so wird argumentiert, in diesem Fall treffe der Regreß den Angehörigen wirtschaftlich nicht, so daß auch eine mittelbare Inanspruchnahme des Versicherungsnehmers ausgeschlossen sei.

Zunächst einmal ist festzuhalten, daß eine solche Haftpflichtversicherungsdeckung nur in der Kfz-Haftpflichtversicherung eine Rolle spielt. In allen anderen Haftpflichtversicherungen ist nach § 4 Abs. 2 Satz 2 AHB die Ersatzpflicht für Schäden, die auf Schädigungen von Familienangehörigen beruhen, ausgeschlossen[207].

Für den Fall des "gesunden" Kfz-Haftpflichtversicherungsverhältnisses hält Hanau den Regreß gegen die Haftpflichtversicherung für zulässig[208].

Begründet wird dies mit der rechtlichen Selbständigkeit des Direktanspruchs des Geschädigten gegen den Kfz-Haftpflichtversicherer nach § 3 Nr. 1 Pfl-VersG. Denn nach § 3 Nr. 2 PflVersG stehen der Versicherer und der schädigende Versicherungsnehmer als Gesamtschuldner nebeneinander, soweit der Versicherer einzutreten hat. Die grundsätzliche Abhängigkeit von Haftpflicht und Versicherungsanspruch sei dadurch gelockert worden. § 67 Abs. 2 VVG sei auf dem Direktanspruch weder wörtlich noch sinngemäß anzuwenden, so daß dem Anspruchsübergang des Direktanspruchs auf den Schadensversicherer nichts im Wege stehe. Die selbständige Zession des Anspruchs gegen einen Gesamtschuldner werde grundsätzlich anerkannt und müsse dann auch für die Legalzession möglich sein, so daß der sich direkt gegen den Versicherer richtende Anspruch auf den Schadensversicherer übergehen könne. Nach Quast[209] läßt sich dadurch das ihm als billig erscheinende Ergebnis erzielen, nach dem der Haftpflichtversicherer vorrangig und der Schadensversicherer nur nachrangig den Schaden zu tragen habe.

---

[207] BGH VersR 1979, S.256 ff.; GK/v.Maydell, aaO., § 116 Rn. 453; Marschall v. Bieberstein, aaO. (Schranken des Rückgriffs), SGb 1978, S.177 ff.

[208] AaO., BB 1968, S.1044 ff.; ders. VersR 1969, S.291 (297); ebenso mit ausführlicher Begründung Quast, aaO., S. 135 ff.; neuerdings Schirmer, aaO., DAR 1988, S.289 ff.

[209] AaO., S.141.

Die h.M.[210] bezieht den Regreßausschluß dagegen zu Recht auch auf den Haftpflichtanspruch. Zahlreiche Argumente können dafür vorgebracht werden.

Zunächst einmal ist der Haftpflichtversicherungsschutz durch die Prämienleistung als Vorsorgeleistung erkauft. Die Familie zahlt die Prämie in der Regel aus der gemeinsamen Kasse, weshalb der Versicherungsvertrag erkennbar auch den Schutz des Familienmitgliedes vor Regreßinanspruchnahme zum Zweck hat[211].

Die Familie hat auch ein legitimes wirtschaftliches Interesse daran, daß der Schaden beim Schadensversicherer verbleibt. Der Regreßausschluß soll die Familie als Institution vor der wirtschaftlichen, aber auch vor der psychologischen und ideellen Belastung schützen. Ein gerichtliches Verfahren belastet den Familienfrieden in der Regel sehr wohl, auch wenn die Familienmitglieder nur als Zeugen beteiligt sind und Zeugnisverweigerungsrechte haben[212]. Nicht außer acht gelassen werden darf auch, daß die Inanspruchnahme von Leistungen aus der Kfz-Haftpflichtversicherung in der Regel mit der Rückstufung in eine ungünstigere Schadensklasse verbunden ist, die sehr wohl eine wirtschaftliche Belastung der gemeinsam wirtschaftenden Familie darstellt[213].

Die Richtigkeit der h.M. ergibt sich auch aus der Systematik der Haftpflichtversicherung. Die Pflicht des Versicherers, den Versicherungsnehmer von einem gegen ihn gerichteten Schadensersatzanspruch zu befreien, setzt voraus, daß unabhängig vom Versicherungsschutz ein Schadensersatzanspruch besteht[214]. Das Pflichtversicherungsgesetz aus dem Jahre 1965 hat dem Geschädigten durch den Direktanspruch nach § 3 lediglich den Zugriff auf den Versicherer des Schädigers als einen zusätzlichen Gesamtschuldner ermöglicht, um - im Zuge der europäischen Rechtsvereinheitlichung der action direct des französischen Rechts folgend - den Schutz des Geschädigten zu stärken. Der Direktanspruch ist dennoch abhängig von der Begründung des Haftpflichtanspruchs, was der Gesetzgeber durch die Begrenzung "im Rahmen der Leistungspflicht" in § 3 Nr. 1 PflVersG zum Ausdruck gebracht hat[215]. Das kann nur heißen, daß die Haftpflichtdeckung weiterhin die Einstandspflicht des Versicherungsnehmers zur Voraussetzung hat.

---

[210] BGH VersR 1968, S.248; VersR 1979, S.256 ff.; VersR 1985, S.471; Bruck/Möller (Sieg), aaO., § 67 Rn. 109; Prölss/Martin, aaO., § 67 Anm. 7; Hauck/Haines, aaO., § 116 Rn. 44 ff.; GK/v.Maydell, aaO., § 116 Rn. 452 ff.; Müller, aaO., FS für Schickel, S.211; Lange, aaO., § 11 C 9; Geigel/Plagemann, aaO., Kap. 30, Rn. 77.

[211] BGHZ 41, S.84.

[212] Müller, aaO., SGb 1981, S.189 (192).

[213] Müller, aaO., SGb 1981, S. 189 (192); ders. in FS für Schickel, aaO., S.218.

[214] BGH VersR 1968, S.249.

[215] BGH VersR 1979, S.256 (258); Bruck/Möller (Sieg), aaO., § 67, Rn. 109 akzessorische Gesamtschuld; Prölss/Martin, aaO., § 67 VVG, Anm. 7.

Allerdings ist zuzugeben, daß die dogmatische Konzeption des BGH nicht ausreichend begründet ist, wenn ausgeführt wird:

> "Der Regelung des § 67 Abs. 2 VVG liegt der Gedanke zugrunde, daß der Verletzte den mit ihm zusammenlebenden Angehörigen, mag ihm rechtlich auch ein Ersatzanspruch zustehen, nicht in Anspruch genommen haben würde, so daß der Haftpflichtversicherer nicht einzutreten braucht"[216].

Diese Formulierung scheint die Begründung aus einer sittlichen Pflicht oder auf empirischer Grundlage zu folgern, wonach unter Familienangehörigen Schadensersatzansprüche nicht durchgesetzt werden.

Dogmatisch stringent und ohne Rückgriff auf diesen etwas unsicheren Anknüpfungspunkt ergibt sich die Lösung, wenn man, wie hier zumindest im Rahmen der Privatversicherung vertreten, Schädiger und Schadensversicherer als Gesamtschuldner ansieht[217]. Durch die Leistung des Schadensversicherers ist gemäß § 422 Abs. 1 S. 1 BGB der Anspruch gegen den Schädiger erloschen, ohne daß es, wegen der Ausnahmeregelung des § 67 Abs. 2 VVG, die im Rahmen des § 426 Abs. 2 BGB zu berücksichtigen ist, zum Anspruchsübergang auf den Schadensversicherer kommt. Diese "relative Miterfüllung" wirkt bei bestehender Haftpflichtversicherung auch zugunsten der Kfz-Haftflichtversicherung als weiteren Gesamtschuldner. Ein solches Ergebnis ergibt sich, das sei nochmals hervorgehoben, allein aufgrund konsequenter Gesetzesanwendung.

Das Ergebnis ist, entgegen Quast, auch gerecht. Bei der Anordnung des Familienprivilegs in § 67 Abs. 2 VVG hat der Gesetzgeber den Zielkonflikt bezüglich der Inanspruchnahme des Schädigers, der Familienmitglied ist, und der Inanspruchnahme der Schadensversicherung, eindeutig zugunsten der Familie gelöst. Die Wertung des Gesetzgebers ist endgültig, zumindest solange der Geschädigte Leistungen vom Versicherer und nicht vom schädigenden Familienmitglied verlangt.

Geht der Verletzte nicht gegen den Schadensversicherer vor, sondern fordert den Schadensersatz vom Familienmitglied bzw. dessen Haftpflichtversicherer, bevor der Schadensversicherer leistet, so tritt von vornherein keine Regreßlage ein, weil es an einem Dreiecksverhältnis fehlt. Die "Soweit"-Klausel des § 426 Abs. 2 BGB ist insoweit überlagert, als keine Ausgleichspflicht zwischen Versicherung und schädigendem Familienmitglied besteht.

Soweit der Schadensversicherer in Anspruch genommen wird, ist es aber falsch, wenn Quast[218] den Schadensversicherer für "nachrangig" verpflichtet

---

[216] BGH VersR 1979, S.256 (257); VersR 1977, S.149 (151).

[217] 2. Teil A. III. 5.

[218] AaO., S.141.

hält. Das ist zwar der Regelfall im Verhältnis zum Drittschädiger, aber § 67 Abs. 2 VVG stellt gerade die Ausnahme dar, die den Schadensversicherer vorrangig vor dem Familienmitglied verpflichtet. Daß dieses Verhältnis wiederum umzudrehen ist, wenn das Familienmitglied haftpflichtversichert ist, findet nicht nur keine Stütze im Gesetz, sondern widerspricht Wortlaut und Intention des § 67 Abs. 2 VVG.

Im Sozialversicherungsrecht läßt sich die "Gesamtschuldtheorie" wegen des Wortlautes von § 116 Abs. 1 SGB X kaum vertreten, da es bereits zum Zeitpunkt des Schadensereignisses zum Anspruchsübergang kommt[219].

Denkbar wäre, daß § 116 Abs. 6 SGB X wegen des Regreßausschlusses bereits im Schadenszeitpunkt als Reflex auch die Entstehung eines Schadensersatzanspruchs gegen das schädigende Familienmitglied in der Hand des verletzten Familienmitgliedes selbst ausschließt, soweit die Verpflichtung zur Erbringung von Sozialleistungen besteht[220]. Im Ergebnis entstünde hier von vornherein kein Haftpflichtanspruch gegen das Familienmitglied, so daß auch kein Direktanspruch aus § 3 Nr. 1 PflVersG eingreifen könnte. Für das sozialversicherte Familienmitglied wäre damit allerdings der Grundsatz, daß auch zwischen Familienmitgliedern zivilrechtliche Schadensersatzansprüche zur Entstehung gelangen, ausgeschlossen. Soweit die Leistungspflicht der Sozialversicherung besteht, ist diese Konsquenz m.E. der Gefahr einer doppelten Entschädigung vorzuziehen. Zur Begründung kann darauf verwiesen werden, daß soweit die Leistungen des Sozialversicherungsträgers ausreichend Entschädigung gewähren, der Ausschluß des Schadensersatzanspruchs gegenüber dem Familienmitglied quasi die Kehrseite der kostenlosen Familienmitversicherung nach § § 10 SGB V (früher § 205 RVO) ist. Letztlich kann der Verletzte auch gemäß § 47 Abs. 1 SGB I auf Sozialversicherungsleistungen verzichten, wodurch der Ausschluß seines Anspruchs auflösend bedingt wäre.

e) Das Schicksal des Schadensersatzanspruchs bei Anspruch auf oder nach Leistung der Versorgungsleistung

An der Frage nach dem Schicksal des Schadensersatzanspruchs gegen das Familienmitglied nach Leistung oder bei Bestehen einer Leistungspflicht des Versicherungsträgers exemplifiziert sich der konstruktive Mangel der dogmatischen Einordnung der Legalzession durch die h.M.

Nach der Grundkonzeption der h.M., die eine Gesamtschuld zwischen Schädiger und weiterem Deckungspflichtigen mit der Rechtsfolge der relativen Erfüllungswirkung des § 422 BGB ablehnt, muß auch in den Fällen des

---

219 2. Teil A. III.

220 GK/v.Maydell, aaO., § 116 Rn. 453; Breuer, aaO, ZfS 1982, S.198 sprechen davon, daß jedenfalls in der Hand des Sozialversicherungsträgers von vornherein kein Schadensersatzanspruch entsteht.

Ausschlusses des Anspruchsübergangs der Schadensersatzanspruch erhalten bleiben[221]. Der Verletzte ist also doppelt anspruchsberechtigt. Für den Fall, daß neben dem Familienmitglied nach § 3 Nr. 1 PflVersG ein Kfz-Haftpflichtversicherer haftet, dürfte der Verletzte auch wenig Skrupel haben, aus dem Direktanspruch gegen den Versicherer vorzugehen. Führt man die Konzeption der h.M. bis zu diesem Punkt konsequent fort, so kann der Verletzte doppelt liquidieren, was aber mit dem ebenfalls von der h.M. vertretenen versicherungsrechtlichen Bereicherungsverbot kollidiert[222].

Wer die Lösung an diesem Punkt abbricht, muß also die doppelte Entschädigung des verletzten Familienmitgliedes hinnehmen[223].

Von der gesetzlichen Zweckrichtung des Familienprivilegs läßt sich das Herbeiführen einer "Doppelentschädigung" der oben aufgezeigten Art nach der zu Recht ganz überwiegenden Meinung kaum rechtfertigen[224].

Das Problem wird selten erkannt, und daher finden sich auch nur ganz vereinzelt Lösungshinweise.

Die Autoren, die den Anspruchsübergang hinsichtlich des gegen den Kfz-Haftpflichtversicherer gerichteten Anspruch zulassen, nehmen dem Problem die Schärfe[225]. Denn in der Regel wird der Kfz-Haftpflichtversicherungsanspruch derjenige sein, der zur Bereicherung führt und die Durchsetzung des nicht übergegangenen Schadensersatzanspruchs gegen das mitversicherte Familienmitglied nur ganz selten vorkommen. Dennoch überzeugt diese Lösung wegen ihres Widerspruchs zur Struktur der Haftpflichtversicherung nicht[226].

Zum Teil wird vertreten, den Verletzten analog § 255 BGB zu verpflichten, den Schadensersatzanspruch im Umfang der Leistungskongruenz an den Versorgungsträger abzutreten[227]. Wie oben dargelegt, ist § 255 BGB auf seinen sachenrechtlichen Anwendungsbereich beschränkt. Für eine solche Pflicht fehlt jede gesetzliche Grundlage[228]. Über § 255 BGB wird gerade das erreicht, was der Gesetzgeber in § 67 Abs. 2 VVG, § 116 Abs. 6 SGB X verhindern wollte, nämlich die Regreßsituation in die Familie zu tragen. Nach §

---

221 2. Teil A. III. 2.

222 Ebel, aaO., VersR 1978, S.1083 (1085).

223 So wohl Soergel/Mertens, aaO., vor § 249 Rn. 190; Palandt/Heinrich, aaO., vor § 249 Rn. 134; Stiefel/Hofmann, aaO., nach § 13 AKB Rn. 61 unter Hinweis auf die unterschiedlichen "Rechtsquellen" der konkurrierenden Ansprüche.

224 Vgl. Motive des Gesetzgebers, s.o.; Deinhardt, aaO., VersR 1984, S.702.

225 Vgl. oben 2. Teil B III 2 d).

226 Vgl. dazu ausführlich 2. Teil B. III. 2. d).

227 Deinhardt, aaO., VersR 1984, S.702; Bruck/Möller (Sieg), aaO., § 67 Rn. 114; Bayer, aaO., VersR 1989 S.1123.

228 So Soergel/Mertens, aaO., vor § 249 Rn. 190; ablehnend auch Geigel/Plagemann, aaO., Kap. 30, Rn. 84, der die Vorteilsausgleichung zur Anwendung bringen will.

68a VVG sind aber zum Nachteil des Versicherungsnehmers abweichende Regelungen gerade ausgeschlossen, ein Rechtsgedanke der hier entsprechend zu berücksichtigen ist.

Sieg[229] befürwortet eine einseitige Tilgungswirkung, wenn der Verletzte gegen den Schädiger vorgeht. Hat er daneben noch die Versicherungsleistung erhalten, schlägt er einen Bereicherungsanspruch zwischen Versicherer und Versicherungsnehmer vor. Obwohl sich diese Auffassung im Ergebnis mit der hier vertretenen deckt, bleibt offen, warum aber gerade der Ausschluß der Legalzession eine einseitige Tilgungswirkung auslösen soll.

Da für § 116 SGB X die Gesamtschuldtheorie durch den Anspruchsübergang im Zeitpunkt des Schadensereignisses kaum vertretbar ist[230], ist eine Lösung schwierig.

Nach v.Maydell[231] schließt § 116 Abs. 6 SGB X bei nicht vorsätzlicher Schädigung eine Begründung der Haftung des Schädigers gegenüber dem Sozialversicherungsträger von vornherein aus, der grundsätzlich bestehende Schadensersatzanspruch des Geschädigten gegen den Schädiger kommt in der Hand des Sozialversicherers bzw. Sozialhilfeträgers erst gar nicht zum Entstehen. Da sich der Gesetzgeber entschlossen hat, allein das Bestehen der Sozialversicherung und die nicht auszuschließende Möglichkeit von Ersatzansprüchen für die Auslösung der Legalzession als ausreichend zu erachten, so muß man auch die Entstehung von kongruenten Ersatzansprüchen quasi in spiegelbildlicher Vorverlegung der Grenze auch in der Person des Geschädigten ausschließen, wenn der Anspruchsübergang ausgeschlossen ist. Der Verletzte hat allerdings die Möglichkeit nach § 47 Abs. 1 SGB I auf Sozialversicherungsleistungen zu verzichten und ist dann gegen den Schädiger anspruchsberechtigt. Nur so kann dem Bereicherungsverbot Geltung verschafft werden, das ja immerhin ein Gebot ausgleichender Gerechtigkeit darstellt[232]

Für das Familienprivileg im Rahmen des § 67 VVG gilt wiederum die Gesamtschuldregel. Die Leistung des Schadensversicherers bringt auch den Anspruch gegen das Familienmitglied nach § 422 Abs. 1 S. 1 BGB zum Erlöschen, so daß eine doppelte Befriedigung des Verletzten ausgeschlossen ist[233]. Damit wird nicht etwa der Schädiger privilegiert, sondern im Einklang mit der gesetzgeberischen Intention der Geschädigte. Denn dieser kann wählen, gegen wen er vorgehen will und daher alternativ auch den Anspruch gegen

229 Bruck/Möller (Sieg), aaO., § 67 Rn. 114.

230 Palandt/Heinrich, aaO., § 421 Rn. 6.

231 GK/v.Maydell, aaO., § 116 Rn. 453, vgl. auch Breuer, aaO., ZfS 1982, S.198.

232 Wernecke, aaO., S.90 Fn. 68.

233 So auch Karrer, aaO., S.61. Fn. 21.

sein Familienmitglied realisieren. Ausgeschlossen ist aber seine Bereicherung durch Kumulation.

IV. Teilungs- und Regreßverzichtsabkommen

Die Praxis der Regreßfälle wird von den zwischen den Haftpflichtversicherern (insbesondere Kfz-Haftpflichtversicherern) und den Sozialversicherungsträgern bestehenden Teilungsabkommen beherrscht[234].

Durch § 116 Abs. 9 SGB X ist nun der schon zuvor anerkannte Rechtszustand kodifiziert worden[235].

In Teilungsabkommen verpflichten sich Haftpflichtversicherer gegenüber Sozialversicherungsträgern bei künftig eintretenden Schadensfällen unabhängig von der Rechts- und Sachlage der Sozialversicherung eine bestimmte Quote ihrer Aufwendungen zu erstatten. Bei den Berufsgenossenschaften beträgt die Quote 50 % der tatsächlich aufgewendeten Leistungen. Im Verhältnis zu den Krankenkassen gilt z.Zt. eine Quote von 55 % im Bereich der Kfz-Haftpflicht und anderer Gefährdungshaftungsnormen, von 45 % in den übrigen Fällen der allgemeinen Haftpflicht[236].

Schadensteilungsabkommen werden rechtlich im allgemeinen als Rahmenvergleiche qualifiziert[237].

Zweck solcher Abkommen ist es, den Verwaltungsaufwand zu senken und kostentreibende Prozesse zu vermeiden. Die zwischen den Haftpflichtversicherungen und den Sozialversicherungsträgern zu verteilende Geldsumme wird auf statistischer Grundlage nach dem Gesetz der großen Zahl ermittelt und eine Kostenteilung für die Zukunft vereinbart[238].

Voraussetzung für die Anwendbarkeit im Einzelfall ist, daß ein innerer Zusammenhang zwischen dem Schadensereignis und dem versicherten Wagnis besteht. Ausdrücklich oder stillschweigend ausgeschlossen ist die Anwendbarkeit der Teilungsabkommen in den sogenannten "Groteskfällen", die dann vorliegen, wenn der Verletzte selbst bei günstigster Ausdeutung der Sach- und Rechtslage nicht auf den Gedanken käme, daß er Ansprüche gegen den Haftpflichtversicherer stellen könnte[239].

Von den Teilungsabkommen zu unterscheiden sind die Regreßverzichtsabkommen. Im Regreßverzichtsabkommen verzichtet der Sozi-

---

[234] Vgl. dazu eingehend mwN. Geigel/Plagemann, aaO., Kap. 30, Rn. 95 ff.

[235] GK/v.Maydell, aaO., § 116 Rn. 522.

[236] Geigel/Plagemann, aaO., Kap. 30, Rn. 95.

[237] Lange, aaO., § 11 C II 14; Hauck/Haines, § 116 Rn. 58 f.

[238] Geigel/Plagemann, aaO., Kap. 30, Rn. 95; Prölss/Martin, aaO., § 67 Anm. 10.

[239] BGHZ 30, S.385 (390).

alversicherungsträger gegen die Zahlung einer Jahrespauschale auf die Geltendmachung von bestimmten Regreßansprüchen[240].

Die Beziehungen nach den obengenannten Abkommen bestehen unmittelbar zwischen den an den Abkommen beteiligten Institutionen, d.h. nur zwischen zwei Personen. Das Teilungsabkommen "blockiert" den auf den Versorgungsträger übergegangenen Anspruch und schließt ihn für seinen Geltungsbereich aus[241]. Für die Darstellung der Regreßproblematik im Mehrpersonenverhältnis, die Gegenstand der vorliegenden Arbeit ist, müssen sie daher ausscheiden.

---

240 Lange, aaO., § 11 C II 14; Geigel/Plagemann, aaO., Kap. 30, Rn. 114.
241 Plagemann/Schafhausen, aaO., NVZ 1991, S.49 ff.

Dritter Teil

Das französische Recht

A. Regreßmethoden im französischen Recht; die Subrogation als vorrangiges Regreßinstrument

In Frankreich gibt es kaum eine Rechtsfrage, die seit Jahrzehnten, wenn nicht Jahrhunderten, in Rechtsprechung und Literatur so umstritten ist, wie die dogmatische Einordnung des Verhältnisses von Versorgungsträger, schadensverursachenden Dritten und Verletztem[1].

Im wesentlichen stehen sich das Rechtsinstitut der Subrogation gemäß Art. 1251-3 C.civ. als zentrales Regreßinstrument und ein eigener originärer Schadensersatzanspruch des mittelbar geschädigten Versorgungsträgers gegen den schadensverursachenden Dritten nach Art. 1382 C.civ. gegenüber[2].

Die Möglichkeit, den Anspruch des Versorgungsträgers auf die deliktische Generalklausel zu stützen, hat zu einer Unmenge von Prozessen geführt[3]. Eine unübersehbare Fülle von Entscheidungen hat die Anwendung des Art. 1382 C.civ. neben der Subrogation und auch für die Fälle vorgesehen, für die keine Subrogation angeordnet war. Die Einzelheiten sind umstritten und werden im folgenden dargestellt. Die dogmatische Begründung und Abgrenzung der Regreßwege blieb unscharf, weil die Möglichkeit letztlich einen Anspruch des Versorgungsträgers gegen den Dritten auf die Generalklausel zu stützen im Ergebnis eine Schadloshaltung beim Schädiger ermöglichte.

---

[1] Chabas aaO. (Accidents), no. 240, "... l'une des questions les plus complexes du droit privé; Marshall v. Bieberstein, aaO.(Reflexschäden), S.90, S.163 f.; Namgalies, aaO., S.173 f., insbes. Fn. 239; dort wird allerdings nur eine grobe Darstellung des Problemkreises gegeben, bei der ausdrücklich offengelassen wird, ob ein Regreß auf "subrogation" oder "droit propre" gestützt wird; Groutel, aaO. (Recours), no. 11; Hüffer, aaO., S.33 Fn. 110, stellt hinsichtlich der Ersatzansprüche des Staates in Abrede, daß die Frage umstritten ist.

[2] Biesalski, aaO., S.130 f.

[3] Lambert-Faivre, aaO. (Assurances), no. 357.

Diesen Zustand beendete die loi Badinter. Nach Art. 29, 30, 32 loi Badinter können die Ansprüche der Versorgungsträger ausschließlich auf die Subrogation gestützt werden. Der Rückgriff auf die Generalklausel des Art. 1382 C.civ. wird in Art. 33 mit Ausnahme des Anspruchs auf Ersatz der Arbeitgeberbeiträge zur Sozialversicherung ausdrücklich ausgeschlossen. Diese Änderung der Gesetzeslage hat die dogmatische Diskussion über die Regreßwege in Frankreich wiederbelebt und zu neuen Streitfragen geführt. Es besteht demnach aktueller Anlaß, sich mit der Frage auseinanderzusetzen.

Da der heutige Meinungsstand nur verständlich im Kontext der historischen Entwicklung ist, sollen nun die Regreßmethoden des französischen Rechts für den hier interessierenden Bereich aufgezeigt werden.

I. Gesamtschuldnerregreß

Auch das französische Recht kennt den Gesamtschuldnerregreß des leistenden Gesamtschuldners gegen die übrigen Gesamtschuldner. Der Gesamtschuldnerregreß nach Art. 1213, 1214 C.civ. steht als selbständiger Anspruch neben der Subrogation nach Art. 1251-3 C.civ. und ist von vorneherein auf den jeweils auf die übrigen Gesamtschuldner entfallenden Anteil beschränkt. Art. 1213 C.civ. gibt dem Gesamtschuldner, der geleistet hat, einen selbständigen Ausgleichsanspruch gegen den anderen Gesamtschuldner in Höhe des intern auf ihn entfallenden Anteils[4]

1. "Solidarité"

Der vom Gesetz allein geregelte Typus der Gesamtschuld ist in Art. 1200 C.civ. fast wörtlich dem § 421 BGB entsprechend umschrieben.

Eine "solidarité" im Sinne des Art. 1200 C.civ. zwischen Versorgungsträger und Dritten wird in Frankreich aber nicht angenommen, was sich aus der restriktiven Bestimmung des Art. 1202 C.civ. ergibt[5].

Solidarische Haftung kann nur dann eintreten, wenn sie sich aus Vertrag, letztwilliger Verfügung oder gesetzlicher Anordnung ergibt. Im Zweifelsfall ist sie nicht zu vermuten[6].

Eine Gesamtschuld, die sich aus der Natur der Rechtsbeziehungen ergibt, erkennt die französische Rechtsprechung nur dann an, soweit das kaufmännische Kreditsicherungsbedürfnis berührt ist[7].

---

[4] Ferid, aaO.; 2 E 83.

[5] Hüffer, aaO., S.17; Ferid, aaO. 2 E 57.

[6] Civ., 6. mars 1957, Gaz.Pal. 1957 S.2 (5); D. 1957 somm. S.135; Marty/Raynaud, aaO., no. 781; so auch der Entwurf 1878 zum BGB, vgl. dazu Wernecke aaO. S.28.

[7] Ferid, aaO., 2 E 58, mwN.

Es findet sich keine Vorschrift, die die solidarische Haftung zwischen Schadensurheber und Versorgungsträger anordnet, womit die Gesamtschuld im engen Sinne für das hier zu untersuchende Problem als Regreßfigur zunächst einmal ausscheidet[8].

2. *"Obligatio in solidum"*

Diese enge Auslegung der Gesamtschuld hat in Frankreich zur Entwicklung und überragenden Bedeutung der gesamtschuldähnlichen "obligatio in solidum" geführt, die in Art. 1251-3 C.civ. die zentrale Generalklausel des Subrogationsregresses enthält.

Der, wie oben dargelegt, enge Anwendungsbereich der Gesamtschuld (solidarité) nach Art. 1202 C.civ. hat bereits im 19. Jahrhundert zur Herausbildung einer weiteren Gesamtschuldfigur praeter legem geführt[9]. Das von der exegetischen Schule begründete Rechtsinstitut wurde zunächst "solidarité imparfaite" genannt[10], in Abgrenzung zur "solidarité parfaite" nach Art. 1200 C.civ. Die Herleitung aus dem System der Gesamtschuld konnte sich aber wegen des klar abweichenden Gesetzeswortlauts nicht durchsetzen[11]. Durchsetzen konnte sich dann eine Rechtsfigur, die sich aus der Natur der Rechtsbeziehungen der Beteiligten untereinander ergibt und sich auf die "indivisibilité de la cause", d.h. den Gedanken gründet, daß jeder Täter, der den Schaden mitverursacht hat, zum Ersatz des ganzen Schadens verpflichtet ist. Sie wird "obligatio in solidum" bzw. "responsabilité collective" genannt[12]. Die Haftung "in solidum" soll dem Verletzten ein Maximum an Chancen einräumen, daß sein Interesse letztlich befriedigt wird. Schulden mehrere eine Schuld in der Weise, daß einer die Schuld des anderen, wenn auch unbewußt, "garantiert", wie dies auch zwischen Schädiger und Versicherer der Fall ist, so liegt eine Haftung "in solidum" vor[13].

Die Unterscheidung der "obligatio in solidum" von der Gesamtschuld beschränkt sich auf die sog. Sekundärwirkungen. Wenn mehrere Schuldner "in solidum" haften, treten die sich durch die Repräsentanz des einen Schuldners durch den anderen bei der Gesamtschuld ergebenden Wirkungen für Verzug, Säumnis und andere Nebenwirkungen nicht ein.

---

[8] Hüffer, aaO., S.18; Almuth Larenz, aaO., S.31.

[9] Hartmann, aaO., ZSR XXVIII (1887), S.113 ff., 147 ff.

[10] Ferid, aaO., 2 E 88; Mourlon, aaO., no. 1258 f.

[11] Marty/Raynaud, aaO., no. 796.

[12] Ferid, aaO., 2 E 92; Hüffer, aaO., S.18; Almuth Larenz,aaO., S.25; Marty/Raynaud, aaO., no. 797; Jaubert, aaO., fasc. II, no. 11; Julliot de la Morandiere, aaO., no. 945; Planiol/Ripert, aaO., VII (Gabolde), no. 1089; Mazeaud/Tunc, aaO., II, no. 1961.

[13] Roland/Boyer/Starck aaO., no. 881.

Nur die Erfüllung und Erfüllungssurrogate haben "Gesamtwirkung", da die Einheit der Leistung die einzige Verbindung zwischen den einzelnen Verpflichtungen darstellt[14]. Der auf die Gesamtschuld zugeschnittene spezielle Ausgleichsanspruch des leistenden Schuldners gegen die Mitschuldner nach Art. 1213 f. C.civ. ist unmittelbar auf die "obligatio in solidum" nicht anwendbar[15].

Da der Rückgriff nach Art. 1213 f. C.civ. lediglich eine Verstärkung der allgemeinen Regel der Subrogation nach Art. 1251-3 C.civ. darstellt, wird der Rückgriff bei der Haftung "in solidum" auf Art. 1251-3 C.civ. allein gestützt[16].

Die Subrogation des leistenden Schuldners gegen die Mitschuldner ist die wesentliche Rechtsfolge der "obligatio in solidum". Denn ohne Regreßkonstruktion ist die "obligatio in solidum" eine leere Hülse[17]. Die Anwendung der Subrogation wurde bereits zu Beginn der Entwicklung aufgrund pragmatischer Überlegungen begrenzt. Wenn einer der Schuldner endgültig haften sollte, wurde die Subrogation zu dessen Gunsten ausgeschlossen, so daß der letztlich Verpflichtete keinen Regreß nehmen kann[18].

Die Subrogation hat sich heute zum eigenständigen Regreßinstitut verselbständigt, ohne daß die "obligatio in solidum" noch zu deren Begründung herangezogen wird[19]. Damit konzentriert sich die Diskussion in Frankreich darauf, ob die Rechtsfolge des Regresses durch Singularnachfolge in die Forderung eintreten soll. Das erscheint auch angemessen, weil wesentliche Rechtsfolge der "obligatio in solidum" die Subrogation und damit der Regreß ist. Dennoch spielt die Entwicklung der Subrogation aus der gesamtschuldähnlichen "obligatio in solidum" in der Argumentation nach wie vor eine nicht zu unterschätzende Rolle. Die eben skizzierte Entwicklung sollte bei der Gewichtung der Argumente stets berücksichtigt werden.

Die eigenständige im Vordringen befindliche Bedeutung der Subrogation nach Art. 1251-3 C.civ. in Frankreich ist in der rechtsvergleichenden Literatur bisher nicht ausreichend berücksichtigt worden. So wird ohne

---

14 Ferid, aaO., 2 E 94; Marty/Raynaud, aaO., no. 800.

15 Ferid, aaO., 2 E 95; Marty/Raynaud, aaO.; no. 800; Almuth Larenz, aaO., S.25.

16 Ferid, aaO., 2 E 84; Marty/Raynaud, no. 800; Civ. 27. nov. 1935, D. 1936, S.25 note Roust; Rev.trim.dr.civ., 1936 S. 153, observ. Lagarde.

17 Roland/Boyer/Starck aaO. no. 924 "Il en résulte, dans cette hypothèse, que l'impossibilité juridique d'exercer un recours paralyse le jeu d'obligation in solidum".

18 Marty/Raynaud, aaO., no. 800; Mestre, aaO., no. 247.

19 Roland/Boyer/Starck, aaO., no. 1083; Mestre, aaO., no. 236.

nähere Begründung lapidar behauptet, die Subrogation sei mit der Legalzession identisch[20].

II. Die Subrogation

Die Subrogation ist im französischen Recht neben der Zession und der Novation eine dritte Art des Gläubigerwechsels an der Nahtstelle zwischen Schuldübergang und Erfüllung[21]. Sedes materiae sind die Art. 1249-1252 C.civ. Das V. Kapitel des C.civ. befaßt sich mit der Erfüllung. Bei der Erfüllung (extinction) unterscheidet der Code nach Zahlung der Schuld im allgemeinen (paiement en général) und der Zahlung mit Anspruchsübergang (paiement avec subrogation).

Die Subrogation ist die Ersetzung des bisherigen Schuldners (subrogeant) durch einen Dritten (subrogé, solvens), der aufgrund bestimmter rechtlicher Interessen erfüllt hat, ohne der Schuldner oder der alleinige Schuldner zu sein. Der Erfüllende kann seine Ersatzansprüche gegen den primären Schuldner nicht nur beim Vorliegen der einzelnen Voraussetzungen auf Geschäftsführung ohne Auftrag, Bereicherungsrecht oder die deliktische Generalklausel stützen, sondern er tritt in die Forderung des bisherigen Gläubigers mit den diesem Gläubiger eingeräumten Sicherungen persönlicher oder dinglicher Art ein[22]. Bei der für die vorliegende Arbeit interessierenden Subrogation im Rahmen des privaten Versicherungsrechts und des Sozialversicherungsrechts erschöpft sich die Bedeutung der Subrogation auf ihre übrigen beiden Hauptelemente, den Schuldübergang (effet translatif) und die Erfüllung (extinction), ohne daß der Übergang von Sicherungsrechten eine wesentliche Rolle spielt[23].

Das französische Recht unterscheidet zunächst nach "subrogation réelle" und "subrogation personelle". Gemeinsamer Strukturgedanke ist die Garantie für eine andere Schuld.

---

[20] Vgl. Ferid, aaO., 2 E 146 ff.; Marshall v. Bieberstein, aaO.(Reflexschäden), S.94 ff., insbesondere Fn. 369 unter Hinweis auf Julliot de la Morandière, wonach die gesetzlich angeordnete Subrogation von der nach Art. 1251 C.civ. zu unterscheiden sei; dabei handelt es sich aber zumindest heute in Frankreich um eine Mindermeinung; Namgalies, aaO., S.173 Fn. 230, die sich auf die gleiche Literaturstelle für das französische Recht bezieht und ohne nähere Begründung behauptet, die Subrogation entspräche der deutschen Legalzession; Bruck/Möller(Sieg), aaO., § 67 Rn. 25, Sieg hält Art. 121-12 Code des assurances für eine bis in die Details mit § 67 VVG übereinstimmende Regelung; aus der französischen Literatur: Mestre aaO., no. 136, der die Vergleichbarkeit zwischen Art. 1251-3 C.civ. und § 426 Abs. 1 BGB hervorhebt.

[21] Ferid, aaO., 2 E 146 ff., 2 E 115 f.; Hüffer, aaO., S.19; Ripert/Boulanger, aaO., no. 1701; Carbonnier, aaO., no. 130; Marty/Raynaud, aaO., no. 607 ff.; Mazeaud/Mazeaud/Chabas, aaO., no. 844 ff.; Mestre, aaO., no. 1.

[22] Weill/Terré, aaO., no. 1032.

[23] Ferid, aaO., 2 E 148 Fn. 45.

1. Die "subrogation réelle"

Die "subrogation réelle" bedeutet, daß ein Vermögensgegenstand durch einen anderen im Wege der dinglichen Surrogation ersetzt wird[24].

2. Die "subrogation personelle"

Für den Bereich des Nebeneinanders zwischen Schädiger und weiteren Deckungspflichtigen spielt alleine die "subrogation personelle" eine Rolle.

Nach Art. 1249 C.civ. kann die "subrogation personelle" ihrerseits unmittelbar kraft Gesetzes als "subrogation de plein droit" bzw. "subrogation légale" eintreten (Art. 1251 Ziff. 1 - 4 und in zahlreichen außerhalb des C.civ. gesetzlich besonders angeordneten Fällen z.B. Art. 121-12 Code des assurances, Art. 29 loi Badinter)[25]. Erfaßt wird auch die aufgrund einer Vereinbarung erfolgende Subrogation, weshalb man dann von der "subrogation conventionelle" spricht.

a) "subrogation conventionelle"

Die "subrogation conventionelle" hat ihren Rechtsgrund in einer Vereinbarung (Art. 1250-1 und -2 C.civ.). Das ist einmal der Fall, wenn der bisherige Gläubiger und der leistende Nichtschuldner gemäß Art. 1250-1 C.civ. die Subrogation vereinbaren, wobei der Leistende keinerlei besonderes Interesse an der Subrogation zu haben braucht (ex parte creditoris). Die Vereinbarung muß ausdrücklich und zum Zeitpunkt der Zahlung (in der Praxis auf der Quittung) erfolgen[26].

Wegen dieses Erfordernisses des zeitlichen Zusammentreffens von Leistung und Vereinbarung werden die von den Schadensversicherern in ihre Policen aufgenommenen "Subrogationsklauseln" als Vorausabtretung (cession d'une créance eventuelle), nicht aber als "subrogation conventionelle" aufgefaßt[27].

Nach der Rechtsprechung können diese Subrogationsklauseln jedenfalls keine Wirkungen entfalten, die über die z.B. in Art. 121-12 Codes des assurances gesetzlich angeordnete "subrogation légale" hinausgehen.[28].

---

[24] Carbonnier, aaO., no. 47; Ponsard aaO., nos. 5 ff.; Hüffer, aaO., S.19 Fn. 22.

[25] Vgl. unten 3. Teil A. III.

[26] Carbonnier, aaO., no. 130; Marty/Raynaud, aaO., nos. 610 ff.

[27] Marty/Raynaud aaO., no 612; Planiol/Ripert aaO., V (Gabolde) no. 1222.

[28] Civ. 5. mars 1945 D. 1946, S.1, note Besson; Mazeaud/Mazeaud/Chabas, aaO., no. 849 unter Hinweis darauf, daß aus diesem Grunde auch das Factoring in der Form der Vorausabtretung als "subrogation conventionelle" unzulässig sei; vgl. dazu Civ. 21. nov. 1972, D. 1974, S.213 note Rodière; Mestre, aaO., no. 172; Guiho, aaO., S. 168; Böhner, aaO., IPrax 85, S.151; Zweigert/Kötz aaO., Bd. 2 S.154; a.A. v. Bar, aaO., RabelsZ 53 (1989), S.462 ff.

Zum anderen kann die Vereinbarung auch zwischen dem leistenden (Nicht)Schuldner und dem primären Schuldner erfolgen (ex parte debitoris), Art. 1250-2 C.civ. Dabei handelt es sich um einen Vertrag zu Lasten des bisherigen Gläubigers, an dem dieser nicht beteiligt ist. Praktischer Anwendungsfall ist die Umschuldung eines Schuldners, der an anderer Stelle günstigere Kreditbedingungen findet (z.B. niedrigeren Zinssatz) und den neuen Gläubiger in die Sicherungsrechte des bisherigen Gläubigers subrogieren kann, ohne auf dessen Zustimmung angewiesen zu sein[29]. Dieses Rechtsinstitut geht auf ein Edikt Henri IV. vom Mai 1609 zurück[30].

Um Mißbrauch mit dieser für den ursprünglichen Gläubiger nachteiligen Rechtsfigur auszuschließen, ist die notarielle Form vorgeschrieben.

b) "subrogation légale"

Von erheblicher Bedeutung für den Regreß des weiteren Deckungspflichtigen gegen den Schadensurheber ist die "subrogation de plein droit", die auch "subrogation légale" genannt wird[31].

Auch im französischen Recht tritt ein Nichtschuldner, der für den Schuldner oder den primären Schuldner leistet, nicht immer kraft Gesetzes in die Gläubigerstellung ein[32].

Art. 1251 C.civ. enthält demnach Ausnahmefälle, bei deren Vorliegen eine Subrogation stattfindet. Darüber hinaus ist die Subrogation in zahlreichen Einzelgesetzen ausdrücklich angeordnet[33].

Art. 1251 C.civ. enthält in den Ziff. 1, 2 und 4 zunächst einmal gesetzliche Regelungen für Sondersituationen. Die "subrogation de plein droit" ist für folgende Fälle angeordnet[34]:

---

[29] Carbonnier, aaO., no. 130; selbstverständlich kann die Rückzahlungspflicht nicht vertraglich ausgeschlossen werden.

[30] Zur historischen Bedeutung Marty/Raynaud, aaO., no. 615; Mazeaud/Mazeaud/Chabas, aaO., no. 851.

[31] In Art. 1249 C.civ. spricht der Code von "subrogation légale"; in Art. 1251 C.civ. heißt es "subrogation de plein droit".

[32] Mazeaud/Mazeaud/Chabas, aaO., no. 854; Ferid, aaO., 2 E 155; anders etwa das preußische ALR § 46 I 16, wo es heißt: "Überhaupt tritt in der Regel der Zahlende gegen den Schuldner auch ohne ausdrückliche Zession in die Rechte des bisherigen Gläubigers ein".

[33] Streitig ist, ob insoweit nur Spezialfälle des Art. 1251-3 C.civ. vorliegen; dafür die h.M. Marty/Raynaud, aaO., no. 618; dagegen de la Morandière, aaO., D. 1958, S.187 ff.

[34] Mestre, aaO., nos. 86 ff., 137; Mazeaud/Mazeaud/Chabas, aaO., no. 855 ff.; Marty/Raynaud, aaO., no. 618; Ferid, aaO., 2 E 158.

- Art. 1251-1 C.civ. Befriedigung durch einen anderen Gläubiger des Schuldners, der nur rangniedere Sicherungsrechte hat und in die rangbesseren subrogiert werden möchte;
- Art. 1251-2 C.civ. Befriedigung durch den Erwerber eines mit einer Hypothek belasteten Grundstücks;
- Art. 1251-4 C.civ. Befriedigung durch einen Erben, der die Erbschaft nur unter dem Vorbehalt der Inventarerrichtung angenommen hat.

3. Voraussetzungen und Rechtsfolgen der "subrogation personelle"

Grundlage der "subrogation personelle" im hier interessierenden Zusammenhang ist Art. 1251-3 C.civ., der nach einhelliger Auffassung als "Generalklausel" der "subrogation légale" bezeichnet wird[35].

Die Subrogation nach Art. 1251-3 C.civ. setzt voraus, daß jemand *mit anderen* oder *für andere*, die Leistung an den Schuldner schuldet[36].

Nach der überkommenen (ursprünglichen) Auslegung dieser Klausel setzt die Subrogation die Zahlung eines von mehreren Schuldnern für eine gemeinsame Schuld voraus [37]. Sie geht zurück auf die von Dumoulin im 16. Jahrhundert vorgenommene Zusammenfassung der beiden römischen Rechtsinstitute der "cession d'actions" und der "successio in lucrum creditoris"[38].

Die Voraussetzung der gemeinsamen Schuld ist in vielen Fällen erfüllt, so daß die Subrogation "eines der wesentlichsten Transportmittel des Obligationsrechts darstellt"[39].

Für andere schuldet z.B. der Bürge (caution personelle) und der Hypothekenschuldner, der nicht persönlicher Schuldner ist und leistet, um die Zwangsvollstreckung abzuwenden.

Mit anderen haftet der Mitschuldner *einer* untrennbaren Schuld, sei es als Gesamtschuldner im engen oder im weiteren Sinne[40].

---

[35] Carbonnier, aaO., no. 130; Mazeaud/Mazeaud/Chabas, aaO., no. 855; Marty/Raynaud, aaO., nos. 618, 391; Weill/Terré, aaO., nos. 1041 ff.; Ferid, aaO., 2 E 157; Hüffer, aaO., S.21; Lambert-Faivre, aaO.(Assurances), nos. 346, 357-7; ders., (Le Lien), D. 1987, S.97 ff.; Mestre, aaO., nos. 128 ff.

[36] "...tenue avec ou pour d'autres au paiement de la dette".

[37] Marty/Raynaud, aaO., no. 618 "une dette indivisible".

[38] Mazeaud/Mazeaud/Chabas, aaO., nos. 854, 861.

[39] "Un de ces rouages du droit des obligations dont l'usage est extrèmement frèquent" Vitu, aaO., R.G.A.T. 1946, S.238.

[40] "Solidaire" oder "in solidum"; Civ. 16 mars und 21 decembre 1943, D.C. 1944, S.38.

Umstritten war lange Zeit, ob der weitere Deckungspflichtige gegen den schadensverursachenden Dritten aufgrund der "subrogation légale" des Art. 1251-3 C.civ. vorgehen kann.

Dieser Streit entwickelte sich zunächst hinsichtlich des Regreßrechts des Schadensversicherers als historisch erster neben den Schädiger tretenden Institution[41].

Ausgangspunkt des Streites ist die Frage, ob Art. 1251-3 C.civ. auch dann angewendet werden kann, wenn mehrere Verpflichtungen mit verschiedenem Ursprung nebeneinander treten, die nur durch den gemeinsamen Zweck verbunden sind, den Schaden des Verletzten zu decken[42]. Bedenken ergeben sich, da der Versicherer lediglich vorrangig das Liquiditätsinteresse des Versicherungsnehmers "garantiert"[43].

Unbestritten haften der Versicherer als Vertragsschuldner und der Schädiger als Deliksschuldner für zwei verschiedene jeweils eigene Schulden, während der Wortlaut des Art. 1251-3 C.civ. *eine* gemeinsame Schuld verlangt (...paiement de *la dette*).

Aus diesem Wortlautargument folgerte die früher h.M. in Frankreich, ganz in der Tradition der exegetischen Auslegung des Code Civil, die Ablehnung der Anwendung von Art. 1251-3 C.civ.[44].

Soweit auf das Problem in der rechtsvergleichenden Literatur eingegangen wird, wird ausschließlich auf diese Meinung verwiesen, die heute aber nur noch von einer Minderheit vertreten wird[45]. Rechtsprechung und Literatur haben sich nämlich nach und nach aus praktischen Erwägungen zu einer weiten Auslegung des Art. 1251-3 C.civ. entschlossen[46]. So spricht Mestre unter Berücksichtigung der neueren Gesetzgebung heute von einem eigenständigen Regreßinstrument der "subrogation légale" zugunsten des

---

[41] Vgl. dazu 3. Teil A. III. 2.

[42] Mestre, aaO., nos. 162 ff., unter Hinweis auf die Verwandtschaft zur "Caution" (Bürgschaft).

[43] Marschall v. Bieberstein, aaO., S.163 f., der allerdings einen Hinweis auf die dogmatischen Hintergründe vermissen läßt.

[44] Zur exegetischen Auslegung grundlegend: Civ. 2 mars 1829, D.P. 1829.I. S.163; Gény, aaO., no. 9; Mourlon, aaO., S.447; Demolombe, aaO., no. 595; heute noch vertreten von Mazeaud/Mazeaud/Chabas, aaO., no. 855; Chabas aaO. besonders prononciert in: (Accidents), nos. 12 f.; Lalou, aaO., no. 209 unklar in no. 192; Barthes de Montfort, aaO., S.145 ff.; de la Morandière, aaO., D. 1958, S.179 ff. (187).

[45] Ferid, aaO., 2 E 159; Almuth Larenz, aaO., S.27; Hüffer, aaO., S.23, allerdings bereits unter Hinweis auf die sich ändernde Rechtsprechung.

[46] Vgl. dazu insbesondere die umfangreichen Nachweise bei Mestre, aaO., nos. 166 ff.

weiteren Deckungspflichtigen, das dazu dient, die Doppelentschädigung des Verletzten zu vermeiden[47].

Wesentlich für die Entwicklung waren zwei Entscheidungen des Kassationsgerichtshofs aus dem Jahre 1943 zur Anwendung der Subrogation bei der Kreditversicherung, für die Art. 121-12 Code des assurances nicht gilt[48]. Der Kassationsgerichtshof hob die eine Subrogation versagende Entscheidung der Cour de Riom mit dem Argument auf, die bloße Tatsache, daß es sich um eine Verpflichtung aus dem Versicherungsvertrag, also aus einem anderen Rechtsgrund handele, zwinge nicht dazu, die gesetzliche Subrogation zu versagen. Diese Entscheidung steht im Kontext zu der zu diesem Zeitpunkt vom Gesetzgeber für den Bereich der Schadens- und Summenversicherung gesetzlich angeordneten Subrogation[49]. Da die Kreditversicherung von der gesetzlichen Regelung aber nicht erfaßt wurde, mußte das Gericht die Rechtsfrage anhand der allgemeinen zivilrechtlichen Regelungen entscheiden[50].

Daher kann man sagen, daß die Rechtsprechung auch für die allgemeine Vorschrift des Art. 1251-3 C.civ. ihre frühere Meinung der Unvereinbarkeit von eigener Schuld des Versicherers und Subrogation aufgab und die Subrogation als grundlegendes Regreßinstitut des Deckungspflichtigen gegen den Schadensverursacher anerkannt hat. Dieser Auffassung folgt die heute in Rechtsprechung und Literatur h.M.[51].

Das Bestehen von zwei voneinander getrennten Schuldnern aus Vertrag und Delikt wurde nicht mehr als Hindernis für die Anwendung der "subrogtion légale" angesehen.

Die Subrogation greift immer dann ein, wenn die Leistung des Versorgungsträgers denselben Zweck hat, wie die Schadensersatzpflicht des Schädigers, der aber letztlich die Schadenslast zu tragen hat, und wenn dieser

---

47 AaO., no. 239.

48 Civ. 14. dec. 1943, J.C.P. 1944 .II. 2552 dadurch aufgehoben Cour de Riom 15. mai 1936 D.P. 1936 .II. 116; 21. dec. 1943 D.C. 1944, 39 zur Haftung "in solidum"; erst durch die Loi no. 72-650 v. 11. Juli 1972, J.O. 13 juillet 1972, wurde die "subrogation legale" kraft Gesetzes auch auf die Kreditversicherung erstreckt, so daß heute eine Anwendung der Generalklausel des Art. 1251-3 C.civ. überflüssig ist.

49 3. Teil A. III. 2.

50 Dies verkennt Almuth Larenz aaO., S.26 wenn sie meint, die Entscheidung beziehe sich nur speziell auf die Kreditversicherung.

51 Rouen 23. oct. 1973 R.G.A.T. 1974, S.501; Montpellier 7. fev. 1966 J.P.C. 1967 .II. 15014, note Bigot; TGI Seine 7. oct. 1967 R.G.A.T. 1969, S.82; Ass. plén. C.Cass. 23. mai 1986 concl. Marcelli, D. 1986, S.341 ff.; Picard/Besson, aaO., no. 329; Mestre, aaO., no. 175; Marty/Raynaud, aaO., no. 618; Weill/Terré, aaO., no. 1041, für obligation in solidum; Carbonnier, aaO., no. 131; Lambert-Faivre, aaO. (Assurances), no. 357-7; Margeat, aaO., Gaz. Pal. 1985, S.489 ff. (494); Groutel, aaO. (Recours), S.11 f.; Durry, aaO., Rev.Trim.dr.civ. 1980, S.573; Dreifus-Netter, aaO., R.G.A.T. 1986, S.519; Favre-Rochex, aaO., R.G.A.T. 1986, S.321.

durch die Zahlung des Versorgungsträgers befreit wird[52]. Zum entscheidenden Merkmal wurde die "caractère indemnitaire" der Leistung des Versorgungsträgers. Wenn sie den Schaden des Verletzten deckt, bringt sie dessen Schadensersatzanspruch zum Erlöschen. Dabei findet die "subrogation légale" nach Art. 1251-3 C.civ. nur einseitig zugunsten desjenigen Schuldners statt, der nicht endgültig den Schaden zu tragen hat[53].

a) Die Erfüllungswirkung der Subrogation (l` effet d`extinction)

Der Code Civil bringt die Erfüllungswirkung der Subrogtion schon durch die Stellung der entsprechenden Artikel im Gesetz zum Ausdruck. Er behandelt sie in dem Kapitel, in dem die Erfüllung geregelt ist (Artt. 1249 - 1252 C.civ.).

Ganz im Gegensatz zur h.M. in Deutschland wird die Leistung des Versorgungsträgers nicht wegen eines etwaigen Grundsatzes versagter Vorteilsausgleichung nicht angerechnet, damit der Schadensersatzanspruch übergehen kann. Die Subrogation hat die Anrechnung der Leistung des Versorgungsträgers auf den Ersatzanspruch des Verletzten gegen den Schädiger zur Folge. Soweit die Leistung des Versorgungsträgers schadensersetzenden Charakter hat (caractère indemnitaire), bringt sie den Schadensersatzanspruch zum Erlöschen. Korrelat für diese relative Erfüllungswirkung ist der Anspruchsübergang kraft Subrogation[54]. Subrogation und Anrechnung sind untrennbar verbunden durch den entschädigenden Charakter der Ersatzleistung des weiteren Deckungspflichtigen und an die konkrete Leistungshandlung geknüpft. Dadurch werden die Grundprinzipien, wonach der Verletzte nicht doppelt entschädigt (cumul d'indemnités), der Schädiger aber auch nicht befreit werden soll (imputation), zur Geltung gebracht[55].

Die Anrechnung "imputation ab initio incluse" wird als immanentes Merkmal der Subrogation aufgefaßt. Sie wird in Gegensatz gesetzt zur "imputation a posteriori exercée à titre principal sans le truchement de la subrogation". Als rein schadensrechtliches Institut könnte man diese mit der deutschen Vorteilsausgleichung vergleichen. Das Problem der schadensrechtlichen Vorteilsausgleichung ohne Anordnung der Subrogation im Mehrpersonenverhältnis wurde in Frankreich bisher durch Art. 1382 C.civ.

---

[52] Mestre, aaO., no. 200.

[53] Mestre, aaO., no. 192; Marty/Raynaud, aaO., no. 618.

[54] Hüffer, aaO., S.26 und S.41, der aber die deutsche Vorstellung von der versagten Vorteilsausgleichung seiner Darstellung zugrunde legt; zur relativen Erfüllungswirkung Ferid, aaO., 2 E 146; Viret, aaO. (Colloque de Lisbonne 1983), R.G.A.T. 1984, S.100 ff.

[55] Vgl. Giese, aaO., S.73 f.; besonders deutlich Lambert-Faivre, aaO., (Le Lien) D. 1987, S.97 ff.

gelöst, indem ein Abzug vom Schaden erfolgte[56]. Einen eigenständigen Charakter hat eine rein schadensrechtlich wertende Vorteilsausgleichung in Frankreich bisher nicht erfahren[57].

b) Die verschiedenen Subrogationstheorien (l`effet translatif)

Da die Erfüllung nach Art. 1234 C.civ. zum (relativen) Erlöschen der Forderung führt, entsteht ein (scheinbarer) Widerspruch, daß die Forderung einerseits erlischt, andererseits aber vom Leistenden noch als Forderung gegen den Schuldner erworben wird.

Mit diesem Problem beschäftigen sich die verschiedenen Subrogationstheorien.

Die ältere Lehre, die die Frage schon gleich nach dem Inkrafttreten des Code Civil aufgriff, verneinte die Möglichkeit des Ewerbs der erloschenen Forderung. Der Dritte erwerbe nicht die erloschene Forderung, sondern die mit der Forderung verbundenen Neben- und Sicherungsrechte. Damit die akzessorischen Sicherungsrechte erhalten blieben, sei der Fortbestand der Forderung zu fingieren[58].

Diese restriktive Auffassung wurde zwar dem Grundgedanken der Erfüllung gerecht, konnte sich aber nicht durchsetzen, weil sie nicht den Interessen des Solvens gerecht wurde. Der Wortlaut des Art. 1250-1 C.civ. legt fest, daß der Solvens umfassend in die Rechte des ursprünglichen Gläubigers eintritt[59]. Offen ließ diese Meinung auch, weshalb die akzessorischen Sicherungsrechte nicht mit der Forderung erlöschen sollten[60].

Nach der heute allgemeinen Auffassung hat die Subrogation relative Erfüllungswirkung[61]. Im Verhältnis zwischen Gläubiger und leistendem Schuldner (Versorgungsträger) erlischt die Forderung durch die Zahlung, nicht dagegen im Verhältnis des Leistenden zum letztverantwortlichen Schuldner, d.h. zum Schädiger. Die Forderung geht mit allen Nebenrechten auf den Leistenden über, wobei offen bleiben kann, ob wegen des Er-

---

56 Biesalski, aaO., S.153; Mestre, aaO., no. 175; Marty/Raynaud, aaO., no. 618 Lalou, aaO., no. 192;, Groutel, aaO. (Recours), no. 15.

57 3. Teil A. VI.

58 Pau 3. mars 189o D.P. 1891 .II. 117; Dijon 20. juin 1904 D.P. 1906 .II. 417; Grappe, aaO., no. 815.

59 Weill/Terré, aaO., no. 1043 "subrogé dans ses droits, actions, privilèges en hypothèques".

60 Mestre, aaO., no. 309.

61 Civ. 4. fev. 1846 D.P. 1846 .I. 49; Civ. 22. dec. 1846 1846 D.P 1847 .I. 5; Paris 30. juin 1853 D.P. 1853 .II. 482; Aubry/Rau/Bartin, aaO., t. 4 § 321 note 3; Marty/Raynaud, aaO., no. 618; Carbonnier, aaO., no. 131; Planiol/Ripert, aaO. t. 7 (Gabolde), no. 1244; Josserand, aaO., no. 898; Mestre, aaO., nos. 311 ff.

löschenstatbestandes des Art. 1234 C.civ. lediglich eine fingierte Forderung übergeht.

Die neueren Stimmen stellen insbesondere die Transportfunktion der Subrogation in den Vordergrund (effet translativ). An dem Forderungsübergang bestünde ein praktisches Bedürfnis, so daß der Gesetzgeber diesen anordnen könne, ohne daß man deswegen von einer Fiktion sprechen müsse[62]. Diese pragmatische, am Ergebnis orientierte Sichtweise entspringt der Abneigung dagegen, von dem Übergang einer fingierten Forderung zu sprechen. Die Fiktion ist nur eine gedankliche Hilfskonstruktion, bedeutet aber nicht, daß eine fingierte Forderung übergeht.

Dadurch, daß die Übertragungswirkung der Subrogation in den Vordergrund getreten ist, entspricht ihre Rechtsfolge heute weitgehend der der "cession". So findet man in Frankreich häufig Vertragsklauseln, die einen Forderungsübergang sowohl als Zession als auch als Subrogation beschreiben[63].

Beide Institute sind dennoch nach wie vor voneinander zu unterscheiden.

4. Die Abgrenzung der Subrogation vom Rechtsinstitut der "cession"

Die Forderungsabtretung (cession de créance) regelt der Code Civil im Zusammenhang mit den Vorschriften über den Kauf in Art. 1689 ff. Dem Bild vom Forderungskauf als spekulativem Geschäft ist die Zession auch heute noch verhaftet[64]. Demgegenüber wird die Subrogation als "Freundschaftsdienst" ("office d'amis") angesehen, eine überkommene Vorstellung, die dem heutigen Erscheinungsbild nicht mehr gerecht wird.

Die Zession ist ausschließlich rechtsgeschäftlich möglich, d.h. schon aus diesem Grund ist eine *Legalzession* dem französischen Recht unbekannt[65].

Diese Aufgabe hat alleine die Subrogation[66]. Der Code Civil ist, gemeinrechtlichem Denken stärker verhaftet als das BGB, nicht den Weg einer

---

62 Weill/Terré, aaO., no. 1043; Planiol/Ripert, aaO. t. 7 (Gabolde), no. 1244; Colin/Capitant, aaO., no. 1491.

63 "Le créancier cède, délègue et subroge (...)" vgl. Mazeaud/Mazeaud/Chabas, aaO. no. 860; als weitere Möglichkeiten der Forderungsübertragung kennt das französische Recht noch die Novation nach Art. 1271-3 C.civ. als Gläubigerwechsel ohne Erfüllung "délégation parfaite" und die "délégation imparfaite" nach Art. 1275 C.civ.; vgl. dazu Ferid, aaO., 2 E 115.

64 Mestre, aaO., no. 22; Carbonnier, aaO., no. 131.

65 Ferid, aaO., 2 E 116; Weill/Terré, aaO., no. 1046.

66 Mazeaud/Mazeaud/Chabas, aaO. no. 1276; Marschall v. Bieberstein, aaO. (Reflexschäden), S.94 ff.; Namgalies, aaO., S.173 Fn. 30; Hüffer, aaO., S.25; Ferid, aaO., 2 E 116.

entsprechenden Anwendung der Zessionsvorschriften (§ 412 BGB) gegangen, sondern stellt mit der Subrogation ein eigenes Rechtsinstitut zur Verfügung[67].

Der zweite wesentliche Unterschied zwischen Subrogation und Zession liegt darin, daß die Übertragung bei der Zession vom Publizitätstatbestand des Art. 1690 C.civ. abhängig ist. Die Zession wirkt nur dann gegenüber dem Schuldner, wenn sie diesem angezeigt wurde[68]. Dieser Umstand macht die "cession" zu einem außerordentlich schwerfälligen Instrument und schränkt ihren Anwendungsbereich in der Praxis ein.

Bei der Zession tritt der neue Gläubiger völlig in die Rechtsstellung des bisherigen ein, während bei der Subrogation der Gläubiger nur soweit, wie er geleistet hat und im Zeitpunkt seiner Zahlung in die Stellung des ursprünglichen Gläubigers einrückt. Nur die Zession ließe eine Vorausabtretung aller Schadensersatzansprüche bereits im Zeitpunkt des Schadensereignisses zu, wobei aber die Anzeigepflicht des Art. 1690 C.civ. beachtet werden müßte.

Die Subrogation ist dagegen eine Rechtsfolge der Zahlung, d.h. eine Wirkung objektiven Rechts; nur in Höhe und zum Zeitpunkt der Zahlung geht der Anspruch über[69]. Im Versicherungsvertrag sind Zessionsklauseln unzulässig, soweit sie dem Versicherer mehr Rechte als die Subrogation gewähren. An diesem Prinzip der Subrogation hält das französische Recht fest, so daß auch der Sozialversicherungsträger grundsätzlich für seine Leistungen erst dann Regreß nehmen kann, wenn er sie dem Verletzten erbracht hat[70].

Diese Verfahrensweise ist natürlich umständlich und bei länger anhaltenden Leistungen für Verletzungsfolgen ausgesprochen verwaltungsintensiv[71]. Sie erschwert wesentlich den Regreß für eine anstatt einer Rente gezahlten Kapitalabfindung, die in Frankreich üblich ist[72].

Bei der Subrogation trifft den bisherigen Gläubiger keine Gewährleistungspflicht gegenüber dem Eintretenden. Die Rechtsbehelfe der Art. 1693 ff. C.civ., die dem Zessionar zur Verfügung stehen, wenn die abgetretene Schuld nicht bestanden hat, gelten nicht bei der Subrogation. Dem Solvens steht

---

67 Almuth Larenz, aaO., S.25.

68 Ferid, aaO, 2 E 150; Zweigert/Kötz aaO., Bd. 2 S.150 ff.; Weill/Terré, aaO., no. 1046; Mazeaud/Mazeaud/Chabas, aaO., nos. 860, 1276.

69 Mestre, aaO., no. 249.

70 Groutel, aaO. (Recours), nos. 132 f. 92; Crim. 24. mai 1982, Bull.Crim. no. 131; Crim. 10. avril 1986 Bull. Crim. no. 125.

71 Groutel, aaO. (Recours), no. 135; dort auch zu dem Problem einer Kapitalabfindung.

72. Biesalski, aaO., S.145 ff.; Groutel aaO. (Prestations Nouvelles), J.C.P. 1976 .I. 2815 ff.

allenfalls ein eigener Anspruch aus ungerechtfertigter Bereicherung (répétition de l'indu) zu [73].

Erfüllt der Eintretende die Forderung nicht ganz, so greift bei der Subrogation im Gegensatz zur Teilzession Art. 1252 C.civ. ein, wonach die Subrogation nicht zum Nachteil des Erstgläubigers geltend gemacht werden kann. Bei Zahlungsunfähigkeit des Schuldners hat daher die Restforderung Vorrang vor der übergegangenen Forderung des Neugläubigers (Quotenvorrecht)[74].

5. Zusammenfassung

Die "subrogation personelle" des Art. 1251 C.civ. hat sich heute in Frankreich nach der dort h.M. zu einem eigenständigen Rechtsinstitut entwickelt, das dem praktischen Bedürfnis nach Forderungsübertragung bei mehreren Deckungspflichtigen die dogmatische Grundlage gibt.

Folgende beiden Voraussetzungen müssen erfüllt sein:

- der letztlich nicht verantwortliche Schuldner muß eine Leistung erbringen, die
- die Verpflichtung des letztlich Haftenden zum Erlöschen bringt[75].

Konsequent löst damit das französische Recht, durch Anwendung eines uralten Rechtsinstituts des Code Civil, die Probleme, die entstehen, wenn im modernen Wirtschaftsleben aus Sicherungsgründen immer häufiger mehrere Schuldner für *eine Schuld* im Sinne des zu befriedigenden Interesses (aus dem Grundgedanken der Garantie) haften, wobei aber nur einer letztlich die Schuld zu erfüllen hat, die anderen aber für die Erfüllung dieser identischen Schuld eine Garantie übernommen haben und aufgrund ihrer Solvenz in der Regel vorrangig in Anspruch genommen werden.

Ursprünglich waren es Bürgschaft und Hypothek, die dieses Strukturmerkmal aufwiesen. Heute sind die Fallkonstellationen, denen das Strukturelement der Garantie für die Verpflichtung eines Dritten immanent ist, nahezu unüberschaubar[76].

---

[73] Mazeaud/Mazeaud/Chabas, aaO., no. 1276; Weill/Terré, aaO., no. 1047; Ferid, aaO., 2 E 153.

[74] Grundsatz: "nemo contra se subrogasse censetur"; Mestre, aaO., no. 591; Mazeaud/Mazeaud/Chabas, aaO., no. 1276; Weill/Terré, aaO., no. 1046, Ferid, aaO., 2 E 154.

[75] Mestre, aaO., no. 188 ff., "le paiement émané d'un autre que le debiteur définitif (A) et le paiement liberant le débiteur définitif (B)".

[76] Comparato, aaO., S.209 ff. "... c'est à dire, les cas ou apparaient, à coté de la responsabilité civile du débiteur, une responsabilité accessoire, qui peut-être personelle ou réelle".

Neben der vom Gesetzgeber angeordneten Subrogation für Einzelfälle des Nebeneinanders von Schadensurheber und weiterem Deckungspflichtigen[77], ist die Leitentscheidung des Kassationsgerichtshofs zur Kreditversicherung ein Meilenstein auf dieser Entwicklung gewesen[78].

Die Frage, wer letztlich Verpflichteter ist, wer dagegen nur vorläufig haftet, hat der Gesetzgeber zum Teil selbst beantwortet, im übrigen aber der Rechtsprechung überlassen[79].

Die Mittilgung der Verbindlichkeit des Schädigers durch Leistung des weiteren Deckungspflichtigen ist eine Wirkung des objektiven Rechts. Der identische Schuldgegenstand der Ansprüche erlischt durch Beseitigung des Schadens. Wird der Schaden durch den Versorgungsträger beseitigt, so erlischt der Schadensersatzanspruch des Verletzten gegen den Schädiger. Diese Erfüllungswirkung ist aber nur relativ und begleitet vom Anspruchsübergang. Denn drittes und wesentliches Merkmal der Subrogation ist die Transportfunktion.

Um den Dritten nicht zu entlasten, den Verletzten aber auch nicht zu bereichern, wird die Schuld auf den Leistenden übertragen, soweit dessen Zahlung reicht.

Ob dabei die Forderung zwecks Übergang fingiert wird oder der Übergang wegen der gesetzlichen Anordnung gar keiner Begründung bedarf, ist eine Streitfrage, die aufgrund des praktischen Bedürfnisses am Anspruchsübergang heute in den Hintergrund getreten ist.

III. Die Anordnung der Subrogation in Einzelgesetzen

Für den Bereich des Zusammentreffens zwischen Schädiger und weiteren Deckungspflichtigen hat der Gesetzgeber nach und nach in den oben dargestellten Meinungsstreit der Zivilrechtsdogmatik eingegriffen, indem er für Einzelfälle die Subrogation ausdrücklich angeordnet hat.

Nach h.M. handelt es sich dabei um eine Form der lex specialis, da der Sachverhalt auch durch den Regelungsbereich des Art. 1251-3 C.civ. bei richtiger Anwendung erfaßt wird[80].

Die M.M. spricht dagegen von einer willkürlichen Entscheidung des Gesetzgebers, die die Voraussetzungen, die der Code Civil in Art. 1251-3 C.civ. für die "subrogation de plein droit" aufstellt, nicht erfüllt[81].

---

[77] 3. Teil A. III.

[78] Civ. 14. dec. 1943 J.C.P. 1944 .II. 2552.

[79] Mestre, aaO., no. 192; Civ. 8. dec. 1937, Gaz.Pal. 1938 .I. 215.

[80] Marty/Raynaud, aaO., no. 648; Vitu, aaO., nos. 253 f.; Mestre, aaO., nos. 248, 252; Guiho, aaO., S.59.

[81] De la Morandière, aaO., D. 1958, S.187 ff.; Picard/Besson, aaO., no. 332.

1. Allgemeiner Überblick

Die gesetzliche Anordnung der Subrogation ist nicht neu. Bereits ein Gesetz vom 11. brumaire aus dem Jahre VII sah in seinem Art. 53 die Subrogation zugunsten des Hypothekenschuldners vor, der leistet, obwohl er nicht der persönliche Schuldner ist[82]. Art. 6 eines Gesetzes vom 4. Juni 1859 sah die Subrogation zugunsten der Post vor, wenn sie für eine verlorene Sendung Ersatz leisten mußte[83].

In neuerer Zeit wird die Subrogation kraft gesetzlicher Anordnung systematisch für den Regreß des weiteren Deckungspflichtigen gegen den Schadensurheber verwendet. Ihren vorläufigen Abschluß hat die Entwicklung 1985 durch die loi Badinter gefunden.

Die wichtigsten Subrogationsvorschriften befinden sich in folgenden Bestimmungen:

- Zugunsten der privaten Schadensversicherer Art. 36 de la loi du 13 juillet 1930 (heute: Art. L. 121-12 c.d.ass.).

- Zugunsten des Sozialversicherungsträgers Art. 95-1 de l'ordonnance du 19 oct. 1945 (zunächst Art. L. 397, heute Art. L. 376 Code de la sécurité sociale). Für die Landwirtschaft enthalten Art. 1046 Code rural und für den Bergbbau Art. 186 decrét no. 46-2769 du 27 nov. 1946 entsprechende Vorschriften[84].

- Zugunsten des "Fond de garantie", Art. 15 de la loi du 31 dec. 1951[85].

- Zugunsten des Staates als Arbeitgeber, ordonnance no. 76 du 7 janv. 1959. Der Anwendungsbereich wurde durch loi du 2 janv. 1968 auf die öffentlichen Gebietskörperschaften, Körperschaften und Anstalten sowie auf die caisse des dépots et consignations ausgeweitet.

- Zugunsten anderer öffentlicher Arbeitgeber; durch verschiedene Dekrete wurde den öffentlichen Betrieben die Möglichkeit eingeräumt, in ihren Statuten die Subrogation vorzusehen. Davon haben z.B. Gebrauch gemacht: EDF und GDF (Décret no. 46-1541 du 22 juin 1946); S.N.C.F. (Art. 19 du

---

[82] Mestre, aaO., no. 234; Larombière, aaO., Art. 1250, no. 63.

[83] Heute entspricht dem Art. 38 du décret no. 52-1133 vom 8. oct. 1952; J.O. 9 oct. 1952, S.9643.

[84] Hüffer, aaO., S.20 und Almuth Larenz, aaO., S.26 zählen die loi du 30 oct. 1946 (zunächst Art. L. 470, jetzt Art. L. 454 code de la sécurité sociale) zu den gesetzlichen Subrogationsfällen. Da dort der Terminus "subrogation" nicht verwendet wird, ist die Frage aber gerade umstritten.

[85] Der "Fond de garantie" dient zur Entschädigung von Straßenverkehrsopfern, deren Anspruch gegen den Versicherer des Schädigers nicht durchgesetzt werden kann; vergleichbar mit dem "Entschädigungsfond für Schäden aus Kraftfahrunfällen" nach § 13 PflVG bzw. dem Verein "Verkehrsopferhilfe e.V.".

réglement interieur de la caisse autonome de retraite); R.A.T.P. (Art. 77 statut de personelle v. 1948).

- Zugunsten der sociétés mutualistes enthielt Art. 5 des alten Code de la mutualité und heute Art. L. 122-4 Code de la mutualité du 25 juillet 1985 die entsprechende Subrogationsvorschrift[86].

Eine klare Zusammenfassung der einzelnen Subrogationsvorschriften brachte erst Kapitel II der loi Badinter. Artt. 30, 33 legen fest, daß der Rückgriff ausschließlich auf die Subrogation gestützt werden kann. Art. 29 zählt die Regreßberechtigten enumerativ auf[87].

Da das Verhältnis der verschiedenen gesetzlich angeordneten Subrogationvorschriften zu der Generalklausel des Art. 1251-3 C.civ. und zum eigenen deliktischen Schadensersatzanspruch nach Art. 1382 C.civ. hinsichtlich der verschiedenen Bereiche unterschiedlich beurteilt wird, müssen exemplarisch die auf dem Gebiet des Privatversicherungsrechts und des Sozialversicherungsrechts bestehenden Meinungsunterschiede dargestellt werden. Das Eingehen auf die verschiedenen Meinungsstände ist eine unabdingbare Voraussetzung zum Verständnis der Entwicklung, die zur Verabschiedung der loi Badinter führte.

2. *Die historische Entwicklung im Privatversicherungsrecht*

Die ersten privaten Versicherungen befaßten sich auch in Frankreich mit der Seeversicherung. Auf diesem Gebiet war der Forderungsübergang durch Subrogation niemals bestritten[88]. So glaubten die Versicherer ganz allgemein, zu Beginn des 19. Jahrhunderts sich für den Rückgriff auf die Subrogation berufen zu können, nahmen aber vorsichtshalber zugleich Abtretungsklauseln in ihre Policen auf[89].

Die zu dieser Zeit noch sehr stark am Wortlaut orientierte Auslegung des Code Civil (exegetische Schule) betonte, daß Art. 1251-3 C.civ. eine *einheit-*

---

[86] Zur wichtigen Rolle der mutualité in Frankreich vgl. Kessler, aaO., ZIAS 1989, S.47 ff.; Hübener aaO., VersR 1987 S.729.

[87] Vgl. unten 3. Teil A. V. 3.

[88] Vgl. anstatt aller Ripert/Rodière aaO., no. 2374; zur gesamten Entwicklung vgl. auch Marschall v. Bieberstein, aaO. (Reflexschäden), S.163 ff.; Hüffer, aaO. S.22.

[89] Die Rechtsprechung erkannte diese Klauseln nicht als "subrogation conventionelle" nach Art. 1250-1 C.civ. an, da es am Merkmal der *gleichzeitigen* Zahlung und Anzeige des Anspruchsübergangs gemäß Art. 1690 C.civ. in der Regel fehlte (vgl. dazu 3. Teil A. II. 2. a)); vielmehr legte sie die Klauseln als Vorausabtretung eines ungewissen Anspruchs unter der Bedingung, daß der Versicherungsfall durch Drittverschulden eintritt, aus; vgl. Civ. 3. fev. und 5. aout 1885, D.P. 1886 .I. 173; .I. 273; 13. nov. 1928, D.H. 1928, 605.

liche Schuld verlange. Literatur und Rechtsprechung gingen davon aus, daß der Versicherer nicht die Schuld des Schädigers, sondern seine eigene Schuld aus dem Versicherungsvertrag erfüllt.

Demnach wurde bis zum Ende des 19. Jahrhunderts die Subrogation zugunsten des Versicherers abgelehnt[90].

In der Entscheidung vom 2. März 1829 deutete der Kassationsgerichtshof aber an, daß dem Versicherer ein eigener Anspruch aus Art. 1382 C.civ. zustehen kann, da er einen Reflexschaden erleidet[91].

An einer Anwendung des Art. 1382 C.civ. sah sich das Gericht nur deshalb gehindert, weil der klagende Versicherer darauf seinen Anspruch nicht stützte[92].

1852 erkannte dann der Kassationsgerichtshof ausdrücklich einen eigenen Schadensersatzanspruch des Versicherers, gestützt auf die deliktische Generalklausel an[93].

Die juristische Konstruktion war einfach. Durch "faute" hatte der Schädiger einen Reflexschaden beim Versicherer verursacht[94].

Diese am Ende des 19. Jahrhunderts in Frankreich ständige Rechtsprechung wurde durch das Aufkommen von Personenversicherungen (Summenversicherungen) in Frage gestellt.

Die Annahme eigener Schadensersatzansprüche des Versicherers paßte nicht recht zur willkürlichen Festsetzung der Versicherungssumme bei der Summenversicherung. Die Höhe der Prämien ließ auch eine Kumulation der Versicherungsleistung mit den Schadensersatzansprüchen beim Verletzten nicht unbillig erscheinen. Kumulation für den Verletzten und eigener Schadensersatzanspruch des Versorgungsträgers hätten für den Schädiger aber eine Pflicht zur doppelten Leistung bedeutet. Nach einer vereinzelten Entscheidung in diesem Sinne der Cour d'assises de Jura[95], die dem Lebensversicherer einen eigenen Schadensersatzanspruch gewährleistete, lehnte die Rechtsprechung einen eigenen Anspruch des Versicherers später ab[96]. Dort kam es demnach zur Kumulation.

---

[90] Civ. 2. mars 1829, D. 1829 .I. 163; Mestre, aaO., no. 242.

[91] Vgl. unten 3. Teil A. IV. 2. a) dommage par ricochet.

[92] Nach französischem Prozessrecht muß der Kläger in der Regel die einzelnen "pourvoi", auf die er seinen Anspruch stützen will, vorbringen, um sie zum Gegenstand des Verfahrens zu machen.

[93] Civ. 22. dec. 1852, D.P. 1853 .I. 92

[94] Vgl. 3. Teil A. IV. 2.

[95] 28. juin 1884, S. 1885 .II. 219.

[96] Bordeaux 14. aout 1889, Rec. Bordeaux 1889 .I. 550; Trib. Commerce de Seine, 27. juillet 1901, Gaz.Trib. 6. sept. 1901; Amiens 4. dec. 1902, D.P. 1903 .II. 213, note Hitier; weitere Nachweise bei Mestre, aaO., no.243 Fn. 40.

Diese Entwicklung in der Rechtsprechung stellte die Grundlage des eigenen Schadensersatzanspruches des Versicherers nach Art. 1382 C.civ. über die Summenversicherung hinaus auch für die Schadensversicherung wieder in Frage. Denn der Schadensersatzanspruch nach Art. 1382 C.civ. ohne das Korrelat der Anrechnung wie bei der Subrogation, stellt kein Regreßinstrument dar.

Auch der Schadensversicherer erhält Prämien, die statistisch so kalkuliert sind, daß er keinen Vermögensschaden erleidet. Der eigene Schadensersatzanspruch widerspricht der Technik der Versicherung überhaupt[97].

Diese Argumentation machte sich dann auch die Rechtsprechung zu eigen und lehnte einen eigenen Schadensersatzanspruch für die Schadensversicherung ebenfalls ab[98].

Ein eigenes Versicherungsvertragsgesetz existierte in Frankreich zu diesem Zeitpunkt noch nicht. Der Versicherungsvertrag wurde lediglich in Art. 1964 C.civ. erwähnt (für die Seeversicherung Artt. 332-396 Code de Commerce). Als die Vorarbeiten zum französischen Versicherungsvertragsgesetz begannen, war nach h.M. also weder ein Anspruch aufgrund der Subrogation, noch aufgrund Art. 1382 C.civ. zugunsten des Versicherers begründet. Die Beratungen der Kommission trafen zeitlich zusammen mit der Wandlung der Auffassung in der allgemeinen Zivilrechtsdogmatik zu Art. 1251-3 C.civ. und den Abtretungsklauseln nach Art. 1250-1 C.civ.[99].

Bereits die erste außerparlamentarische Expertenkommission, die ab 1904 unter dem Vorsitz von Lyon-Caen das französische Gesetz über den Versicherungsvertrag vorbereitete, machte sich entgegen der 100 Jahre alten Entscheidung des Kassationsgerichts vom 2. März 1829[100] die nunmehr gewandelte Auffassung, nach der Versicherungstechnik und Subrogation miteinander vereinbar sind, zu eigen[101].

Art. 26 des Gesetzesvorschlages enthielt die Anordnung der Subrogation.

> "L'assureur qui a payé l'indemnité d'assurance est subrogé de plein droit dans les droits et actions de l'assuré contre les tiers qui, par leur fait, ont causé le dommage ayant donné lien à le résposabilité de l'assureur."[102]

Obwohl die Reformbestrebungen zunächst aufgegeben wurden und erst 1925 wieder unter Vorsitz von Henri Capitant aufgenommen wurden, wurde

---

[97] Capitant,aaO., Rev.Trim.dr.civ. 1906, S.37 ff. (49).

[98] Paris 14. mars 1930, R.G.A.T. 1932, S. 525.

[99] 3. Teil A. II. 3. und II. 5.

[100] D. 1829 .I. 163.

[101] Capitant, aaO., R.G.A.T. 1930, S.739; Mestre, aaO., no. 245.

[102] Zitiert nach Mestre, aaO., no. 245.

die "subrogation légale" zugunsten des Versicherers als Grundsatz des Regresses beibehalten und in den Gesetzestext aufgenommen[103].

Genau wie das deutsche VVG, von dem die Entwicklung in Frankreich beeinflußt wurde, unterscheidet auch das französische Versicherungsvertragsgesetz zwischen Schadens- und Personenversicherung[104]. Der Begriff der Personenversicherung wird nicht wörtlich verstanden, sondern als Summenversicherung interpretiert[105]. Im Rahmen der Personenversicherung kann der Versicherte demnach die Versicherungsleistung und seinen Schadensersatzanspruch nebeneinander fordern, d.h. kumulieren. Eine Anrechnung findet nicht statt[106].

Das Gesetz von 1930 nimmt eine nach Schadens- und Summenversicherung differenzierende Lösung vor.

Nach Art. 36 wird die Subrogation zugunsten des Schadensversicherers angeordnet (Ausnahme: Seeversicherung, Rückversicherung). Für die Kredit-Versicherung wurde die "subrogation légale" erst durch ein Gesetz vom 11. Juli 1972 angeordnet[107].

Im Gegensatz dazu ist der Anspruchsübergang durch Subrogation zugunsten des Summenversicherers gemäß Art. 55 ausgeschlossen und kann auch nicht durch vertragliche Klauseln oder im Wege der Abtretung herbeigeführt werden[108].

Diese gesetzgeberische Entscheidung wurde sogleich von Teilen der Literatur angegriffen. Vorgebracht wurden die Argumente, auf die sich der Kassationsgerichtshof schon 1829 stützte.

Von einer Subrogation könne man nur bei der Leistung eines von mehreren Schuldnern auf eine einheitliche Schuld sprechen. Der Versicherer erfülle aber nur seine eigene von der deliktischen Schuld des Schädigers verschiedene Schuld[109]. Die Kritik ging z.T. so weit, dem Gesetzgeber einen terminologi-

---

103 Art. 36 de la loi du 13 juillet 1930 relativ ou contrat d'assurance; vgl. zur Entwicklung des Gesetzes auch Picard/Besson, aaO., no. 37 ff.; Lambert-Faivre, aaO. (Assurances), no. 30.

104 Assurance de dommage - assurance de personnes.

105 Assurance à caractère forfaitaire, assurance des capitaux; Lambert-Faivre, aaO. (Assurances), nos. 24 ff. Marschall v. Bieberstein, aaO. (Reflexschäden), S.166.

106 Picard/Besson, aaO., no. 442; Roland/Boyer/Starck, aaO., no. 124; Chabas, aaO. (Accidents), no. 278; Civ. 26. nov. 1963 J.C.P. 1964 II 13556; Crim. 23 oct. 1985, Bull. Crim, no.324; C.E. 14. mars 1986, D. 1986 somm. S.465 obs. Moderne/Bon.

107 3.Teil A. II. 3.

108 Roland/Boyer/Starck, aaO., no. 124; Chabas, aaO. (Accidents), no. 276; Picard/Besson, aaO., no. 330; Civ. 5. mars 1945, D. 1946, S.1.

109 Capitant, aaO., R.G.A.T. 1930, S.780; Niboyet, note au S. 1934 .II. 49.

schen Fehlgriff vorzuwerfen. Beim Anspruchsübergang auf den Versicherer handele es sich nicht um eine Subrogation, sondern um eine Vorausabtretung einer ungewissen Forderung gegen den Schädiger (cession de créance éventuelle). Konsequenterweise müsse zur Wirksamkeit der Abtretung die Formvorschrift des Art. 1690 C.civ. eingehalten werden[110].

Diese Vorwürfe werden von der überwiegenden Meinung für nicht stichhaltig gehalten.

Die Kommissionsberichte belegen, daß der Gesetzgeber bewußt die Subrogation und nicht die Vorausabtretung anordnete[111]. Die Gegenmeinung wendet sich grundlegend gegen die moderne Auffassung zur "subrogation légale", nach der Art. 1251-3 C.civ. als eigenständiges Regreßinstitut aufgefaßt wird.

Denn die oben dargelegten Voraussetzungen des Art. 1251-3 C.civ. sind erfüllt. Durch seine Leistung bringt der Versicherer die Schuld des Schädigers gegenüber dem Verletzten zum Erlöschen (relative Erfüllungswirkung).

Es handelt sich zwar sehr wohl um zwei verschiedene Schuldverhältnisse. Diese sind aber durch den gemeinsamen Zweck, den Schaden des Verletzten zu beseitigen, verknüpft (caractère indemnitaire).

Um die Kosten dem letztlich Verantwortlichen aufzuerlegen und die Doppelentschädigung zu vermeiden, ist der Anspruchsübergang notwendig. Dank dieses entscheidenden Kriteriums der einmaligen Schadensbeseitigung hat der Gesetzgeber gerade die Schadensversicherung von der Summenversicherung abgegrenzt, in der die Subrogation ausgeschlossen ist[112].

Klauseln, die in den Policen der Schadensversicherer eine Vorausabtretung des möglichen Anspruchs gegen die Schädiger enthielten, versagte die Rechtsprechung in konsequenter Fortsetzung des dem Rechtsinstitut der Subrogation zugrundeliegenden Gedankens die Anerkennung[113]. Die Subrogation ersetzt in diesem Bereich wegen des Publizitätserfordernisses des Art. 1690 C.civ. gerade die Abtretung.

Ein weiteres Argument gegen die Konstruktion einer Vorausabtretung erblickt die Rechtsprechung in Art. L. 111-2 Code des assurances (Art. 2 de la loi de 1930), wonach Art. L. 121-12 nur zum Teil dispositives, im übrigen aber zwingendes Recht enthält.

---

110 Mazeaud/Tunc, aaO. t. III, no. 2732.

111 "Le texte actuel prévoit une subrogation et non plus une cession des droits"; Annexe no. 1544 J.O. 14 aout 1925, S.644; Rapport Lafarge, Annexe no. 3316 J.O. 12 dec. 1926, S.1167.

112 Mestre, aaO., no. 247; Chabas, aaO.(Accidents), no. 276; Vitu, aaO., nos. 253 f.; Guiho, aaO., S.59; Lambert-Faivre, aaO. (Assurances), no. 346.

113 Vgl. zunächst 3.Teil A. II. 2. und 3. Teil A. II. 4.; Civ. 5. mars 1945, D. 1946, S.1 note A. Besson; Civ. 8 juillet 1968 J.C.P. 1969 .II. 15700; unklar Civ. 18 oct. 1954, D. 1955, S.425, note A. Besson.

Zwingend seien die Vorschriften, die dem Schutz des Versicherungsnehmers dienten. Da die Abtretung ("cession") aber gegenüber der "subrogation personelle" für den Versicherer den Vorteil habe, bereits im Zeitpunkt des Schadensereignisses den gesamten Anspruch auf den Versicherer zu übertragen, wohingegen es bei der Subrogation auf Zeitpunkt und Höhe der konkreten Leistung des Versicherers ankomme und der Grundsatz des "nemo subrogasse contra se censetur" gelte, sei die Klausel wegen unangemessener Benachteiligung des Versicherungsnehmers unwirksam[114].

Eine Abweichung von der gesetzlichen Subrogationsvorschrift des Art. 121-12 Code des assurances ist demnach nur insoweit möglich, als der Versicherer auf den Anspruchsübergang verzichtet[115].

Durch Dekret vom 16. Juli 1976 wurde der Inhalt des Gesetzes über den Versicherungsvertrag von 1930 zusammen mit anderen versicherungsrechtlichen Einzelkodifikationen in den Code des assurances überführt. Damit setzte Frankreich die Richtlinien des EG-Ministerrates hinsichtlich der Niederlassungs- und Dienstleistungsfreiheit auf dem Gebiet der Schadensversicherung in innerstaatliches Recht um[116].

Die Subrogationsvorschrift des Art. 36 findet sich nun in Art. L. 121-12 Code des assurances. Das Verbot der Subrogation für die Summenversicherung, früher Art. 55, ist jetzt in Art. L. 131-2 Code des assurances geregelt.

Die letzte Änderung des Code des assurances durch loi du 31. déc. 1989 (loi Bérégovoy; franz. Finanzminister) tangierte die Regreßvorschriften nicht[117].

3. Die Regreßregelung in der französischen Sozialversicherung

Auch in Frankreich kommt es typischerweise hinsichtlich der Ansprüche auf Leistungen der Sozialversicherung neben dem Anspruch gegen den Schädiger zu der hier interessierenden Konkurrenzproblematik. Die Organisation der sozialen Sicherheit in Frankreich unterscheidet sich erheblich von der in der Bundesrepublik[118]. Um die verschiedenen Entwicklungen in Gesetzgebung, Rechtsprechung und Literatur einordnen zu können, ist ein kurzer Überblick über ein System der sozialen Sicherheit in Frankreich notwendig.

---

114 Mestre, aaO., nos. 249 ff.

115 Nur diese Abweichungsmöglichkeit ist in Art. L. 111-2 Code des assurances gemeint.

116 Lambert-Faivre, aaO. (Assurances), no. 32.

117 Vgl. dazu Eliashberg aaO., R.G.A.T. 1990, S.1344 ff.

118 Vgl. auch die Einleitung.

a) Kurzer Überblick über die französische Sozialversicherung

Vor dem Inkrafttreten der loi Badinter war der Rückgriff gegen den Schadensverursacher im Bereich der Sozialversicherung auf die verschiedensten Arten geregelt.

Mme. Gaspard, die Berichterstatterin der Parlamentskommission zur loi Badinter konnte nicht weniger als 14 unterschiedliche Regreßsituationen nachweisen[119].

Diese komplizierte Situation und die seit 1985 bestehende Rechtslage erschließt sich nur, wenn man einen Blick auf die Organisation der französischen Sozialversicherung wirft. Ohne tiefgreifende Bedeutungsanalyse sollen hier nur die notwendigen Begriffsbestimmungen klargestellt werden.

Das französische System der sozialen Sicherheit ist trotz der Vereinheitlichungsbemühungen, die es seit der Entstehung des Systems im Jahre 1945 zu verzeichnen gab, immer noch durch einen weitreichenden Partikularismus gekennzeichnet. Die verschiedenen sozio-professionellen Gruppen haben es verstanden, ihre eigene soziale Sicherung aufrecht zu erhalten, deren Eigenheiten nur historisch zu erklären sind[120].

Ein Teil der Materien ist im Code de la Sécurité Sociale geregelt. Dieser ist allenfalls mit dem SGB IV vergleichbar.

1985 ist der Code de la Sécurité Sociale durch zwei Dekrete[121] formal neu geordnet worden, ohne daß damit eine inhaltliche Reform des Sozialversicherungsrechts erfolgte, weshalb die "alte" Rechtsprechung ohne Vorbehalte weiter von Bedeutung ist.

Die Neukodifizierung trug lediglich der verfassungsmäßig gebotenen Unterscheidung von Gesetzes- und Verordnungsmaterien (Art. 34, 37 Constitution 1958) Rechnung. Die Rechtstexte wurden den verschiedenen Regelungsbereichen zugeordnet. Dabei sind drei Ebenen zu unterscheiden, die jeweils an dem der Artikelnummer vorangestellten Buchstaben zu erkennen sind:

- L. (=loi)

- R. (=Reglement), d.h. Dekret, das dem Conseil d'Etat vorgelegt werden muß;

- D. (=Décret) einfache Dekrete[122].

---

119 1er rapport Gaspard, aaO., J.O. deb. Ass.nat. 1984, no. 2485, S.93; Chabas, aaO. (Accidents), no. 240.

120 Kessler, aaO., ZIAS 1989, S.47 ff.; Igl, aaO., (Pflegebedürftigkeit), S.107; Dupeyroux, aaO. (Séc.soc.), no. 129.

121 Décret no. 85 - 1353 du 17 dec. 1985; Décret no 85 1354 du 17 dec. 1985.

122 Vgl. dazu auch Igl, aaO. (Pflegebedürftigkeit), S.107.

Der Code stellt aber nur das größte der verschiedenen Einzelsysteme dar, die in anderen Gesetzen (z.B. Code rural) oder Vereinbarungen und Satzungen (status) geregelt sind.

In einer ersten Unterscheidung kann das allgemeine System der sozialen Sicherheit (régime général de sécurité sociale) von den sonstigen Systemen getrennt werden.

Allgemeine Sozialversicherungen in diesem Sinne sind die Krankenversicherung/Mutterschaftsversicherung, Invaliditätsversicherung, Hinterbliebenenversicherung, Altersversicherung und Witwenversicherung. Zum allgemeinen System (régime général) zählen darüber hinaus die Sicherung gegen Arbeitsunfälle/Berufskrankheiten, die Familienleistungen und die Altersbeihilfen.

Die Systeme außerhalb des "régime général", "régimes spéciaux" genannt, lassen sich unterteilen in partielle und vollständige Sondersysteme sowie in autonome Systeme. Sie sind beibehalten worden, weil sie z.T. erheblich bessere Leistungen als das régime général erbringen[123]. Partielle Sondersysteme existieren für Beamte, wobei dienstrechtliche Schutzmaßnahmen hinzutreten.

Hinsichtlich vollständiger Sondersysteme sind insbesondere diejenigen für Militärpersonen und Bergleute zu nennen.

Autonome Systeme gibt es im Bereich der Landwirtschaft (sowohl für Selbständige - AMEXA ("Assurance Maladie des Exploitants Agricoles") - als auch für Landarbeiter - ("mutualité sociale agricole") - und für die freien Berufe.

Für den Regreßbereich ist insbesondere die Kranken- und Rentenversicherung von Bedeutung, weshalb sie im weiteren exemplarisch dargestellt werden soll.

Die vorliegende Untersuchung beschränkt sich auf die Darstellung der Krankenversicherung und auf die Regelungen des "Allgemeinen Systems" für abhängig Beschäftigte, das immerhin 75% der Versicherten betrifft.

Träger der Krankenversicherung sind die "Caisses primaires d'assurances-maladie" sowie die "Caisse nationale d'assurance-maladie des travailleurs" (C.N.A.M.).

Die Krankenversicherung erfüllt zwei Aufgaben; sie gewährt sowohl Sach- als auch Einkommensersatzleistungen[124].

---

[123] Kessler, aaO., ZIAS 1989, S.47 ff. (53).

[124] Kessler, aaO., ZIAS 1989, S.47 ff. (57); Igl, aaO. (Pflegebedürftigkeit), S.118.

Daneben ist sie Träger für folgende Nebenleistungen:

- Mutterschaftsversicherung

- Invaliditätsversicherung

- teilweise Hinterbliebenenversicherung (Sterbegeld); "capital décès", d.h. Geldsumme in Höhe des 90-fachen des Tagesgrundverdienstes; dem Träger der Altersversicherung "Caisse Nationale de l'Assurance Vieillesse des Travailleurs Salariés" (N.A.V.S.) fällt dagegen die Hinterbliebenenpension (rente de réversion) zur Last (Art. L. 353-1 Code de la Sécurité Sociale).

Die Geldleistungen, die als Ersatz für den Einkommensverlust von der Krankenversicherung gezahlt werden (indemnité journalière) sind deutlich niedriger als in Deutschland. Sie belaufen sich auf 50% des Gehalts für maximal 2 Jahre (bei einer Krankheit über 6 Monate hinaus und drei zu versorgenden Kindern 66,6%). Während einer Karenzzeit von drei Tagen hat der Versicherte keinen Anspruch auf Geldleistungen. Lohnfortzahlung durch den Arbeitgeber ist in Frankreich nicht gesetzlich geregelt, aber tarifvertraglich für weite Bereiche vorgesehen. Soweit der Arbeitgeber leistet, geht ein etwaiger Schadensersatzanspruch auf ihn über[125].

Die Kosten für medizinische und paramedizinische Behandlung hat der Versicherte vorzulegen. Einen Teil der Kosten (zwischen 40 - 100% werden ersetzt) muß er selbst tragen.

Der zu Lasten des Versicherten verbleibende Teil wird "ticket moderateur" genannt[126].

Wegen dieser erheblichen Selbstbeteiligung, die dem Versicherten aufgebürdet wird, bestehen in Frankreich zusätzliche Absicherungsmöglichkeiten, die sog. "régimes complementaires". Diese betreffen sowohl Sach- als auch Geldersatzleistungen.

Die traditionsreichsten und bedeutungsvollsten Zusatzversicherungen betreiben die "sociétés mutualistes" mit im Jahre 1988 ca. 25 Millionen Anspruchsberechtigten, ca. 7000 verschiedenen Geschäftsstellen und ca. 45000 Bediensteten. Bei ihnen handelt es sich um Versicherungsvereine auf Gegenseitigkeit, die nach dem erst im Jahre 1985 novellierten Code de la mutualité konstituiert sind[127].

---

125 Kessler, aaO., ZIAS 1989, S.47 ff. (58); Igl, aaO., (Soziale Sicherheit), S.56.

126 Vgl. zur historischen Herleitung des Begriffes Igl, aaO. (Pflegebedürftigkeit), S.119 Fn. 57.

127 Loi no. 85-773 du 25 juillet 1985, J.O. du 26 juillet 1985, S.8483; Igl, aaO. (Pflegebedürftigkeit), S.187 ff.; Hübner, aaO., VersR 1987, S.729 ff.; Kessler, aaO., ZIAS 1989, S.47 ff. (51).

Die "mutuelles" finanzieren sich durch Beiträge und haben sich selbst vier Funktionen gegeben:

- Die Übernahme des Selbstbehalts der in der gesetzlichen Krankenkasse Versicherten (ticket moderateur).
- Die Überwachung der Beziehungen zwischen Krankenkassen und medizinischem Heilpersonal.
- Die Verteidigung der Sozialversicherten gegen die Versuche, die Leistungen zu kürzen (was aufgrund der Abdeckung des ticket moderateur zu Lasten der mutuelles ginge).
- Abschluß von Verträgen mit Ärzten und Apotheken, damit die Mitglieder der Hilfsvereine nicht mehr vorleistungspflichtig sind (z.T. betreiben die mutuelles auch selbst Praxen, Kliniken und Apotheken).

Beachtenswert ist, daß es in Frankreich zwei Arten von Versicherungsvereinen auf Gegenseitigkeit gibt.

Soweit sie dem bürgerlichen bzw. dem Versicherungsrecht unterliegen, befassen sie sich ausschließlich mit der Lebens- und Kraftfahrzeugversicherung.

Im vorliegenden Zusammenhang geht es dagegen um die Hilfsvereine auf Gegenseitigkeit, die dem Code de la mutualité unterliegen und die sich neben den bereits erwähnten Aufgaben auch der Prävention im Hinblick auf soziale Risiken widmen.

Neben das allgemeine System der Sozialversicherung und die "mutuelles" treten als weitere "régimes complementaires" private Versicherungsunternehmen und die Zusatzkrankenkassen, die die ansonsten unzureichende Altersversorgung ergänzen und, soweit sie die Zusatzkrankenkassen betreffen, seit 1971 obligatorisch sind[128].

b) Die Regreßregeln der Sozialversicherung im einzelnen; historische Entwicklung

Seit 1945 ist sowohl für den Bereich der "normalen" als auch der Arbeitsunfälle gesetzlich angeordnet, daß der Sozialversicherungsträger seine Ausgaben beim Schadensverursacher zurückfordern kann[129].

---

[128] Vgl. 3.Teil A. IV. 4. b) dd).

[129] Z.T. bestanden bereits vor 1945 für Einzelfälle Regelungen des Rückgriffs; diese Regelungen können aber vernachlässigt werden, weil es erst 1945 zu einer Vereinheitlichung des Systems kam, die die Grundlage dafür schuf, daß man überhaupt von Sozialversicherung sprechen kann; zur Entwicklung vgl. Dupeyroux, aaO. (Séc.soc.), no. 129 ff.; Mestre, aaO., no. 295 Fn. 109; Igl, aaO. (Soziale Sicherheit), S.7 ff.

Die Rechtsnatur des Rückgriffs der Sozialversicherungsträger ist seit jeher stark umstritten.

Ein verwirrender und terminologisch unklarer gesetzgeberischer Aktionismus hat zu immer neuen Streitfragen geführt, für die es Rechtsprechung und Literatur nicht gelungen ist, einen einheitlichen Lösungsansatz zu entwickeln.

Folgt man den Gesetzesnovellen, so sind drei verschiedene Zeiträume zu unterscheiden:

- von 1945 bis 1973

- von 1973 bis 1985

- seit 1985 (loi Badinter).

aa) 1945 bis 1973

(1) "Normale" Unfälle

Für alle Unfälle, bei denen es zu Personenschäden von sozialversicherten Personen kommt, unter Ausschluß der Arbeitsunfälle, enthielt die Ordonnance vom 19 oct. 1945 die Anordnung des Anspruchsübergangs durch Subrogation[130].

Obwohl der Wortlaut eindeutig von einer Subrogation sprach, kritisierten Teile der Literatur diese gesetzgeberische Entscheidung[131].

Die Argumente waren die gleichen, die bereits gegen die privatversicherungsrechtliche Subrogationsvorschrift des Art. L. 121-12 Code des assurances vorgebracht wurden.

Da der Versorgungsträger seine eigene Schuld erfülle, könne man allenfalls von einer Abtretungsverpflichtung ("cession") sprechen, die den Publizitätstatbestand des Art. 1690 C.civ. erfüllen müsse.

Die h.M. betonte dagegen neben dem Hinweis auf den Gesetzeswortlaut, mit den bereits dargelegten Argumenten, die Eigenständigkeit der "subrogation légale" als Regreßinstrument, soweit der Versorgungsträger schadensersetzende Leistungen erbringt[132].

---

130 Ord. du 19 oct. 1945; später inkoporiert in Art. L. 397 Code de la Sécurité Sociale; heute Art. L. 376-1 Code de la Sécurité Sociale; Wortlaut vgl. Anhang.

131 Mazeaud, L., aaO., Gaz.Pal. .II. Doctr. 31-37; Bredin, aaO., J.C.P. 1960 .I. 1584; Meurisse, aaO., Gaz.Pal. 1954 .II. 17 (24).

132 Sog. "caractère indemnitaire"; vgl. dazu Mestre, aaO., no. 258 nwN. in Fn. 113; Granger, aaO., Dr. Soc. 1955, S.504; einschränkend auch Barthes de Montfort, aaO., S.148.

(2) Arbeitsunfälle

Weitaus umstrittener noch war die Situation für den Rückgriff des Sozialversicherungsträgers gegen den Dritten bei Unfällen, die Arbeitsunfälle darstellen. Dritter in diesem Sinne bedeutet, daß der Schädiger nicht Arbeitgeber bzw. dessen Angestellter sein darf, da diese mit der Ausnahme von vorsätzlicher Handlung und gröbster Fahrlässigkeit ohnehin von der Haftung freigestellt sind [133].

Das Regreßrecht der Sozialversicherung für Leistungen an durch Arbeitsunfälle verletzte Versicherte wurde ursprünglich in Art. 68-2 de la loi du 30. oct. 1946 festgeschrieben[134].

Der Wortlaut enthielt keine ausdrückliche Anordnung der Subrogation als Methode des Regresses.

Aus dem Schweigen des Gesetzes und dem Unterschied zur Regelung für "normale" Unfälle schloß die h.M. in der Literatur, die die sog. "thèse dualiste" vertrat, daß der Sozialversicherungsträger seinen Anspruch nicht auf die Subrogation stützen konnte[135].

Alleinige Grundlage des Anspruchs des Sozialversicherungsträgers gegen den Dritten sah die h.M. in der Literatur in Art. 1382 C.civ. Die zu erbringenden Leistungen seien ein eigener Reflexschaden[136]. Die Sozialbeiträge, die der Sozialversicherungsträger vom Arbeitgeber und Arbeitnehmer erhält, stellten keine den Schaden ausschließende Kompensation dar, weil sich ihre Höhe nicht am tatsächlichen Risiko, sondern allein am Einkommen orientiere.

Die Regelung in Art. L. 470 Code de la Sécurité Sociale habe insofern nur deklaratorischen Charakter.

Eine andere in der Literatur vertretene Meinung stellte dagegen auf die strukturelle Vergleichbarkeit aller Sachverhalte ab, bei denen durch das Zusammentreffen von Versorgungs- und Schadensersatzleistungen Anspruchs-

---

[133] Art. L. 451, L. 454-1 Code de la Sécurité Sociale; für den Fall, daß der Arbeitgeber oder ein Mitarbeiter den Arbeitsunfall verschuldet hat, ist der Rückgriff gegen diesen nach Art. L. 454-1 Code de la Sécurité Sociale ausgeschlossen; vgl. dazu auch Namgalies, aaO., S.173 ff., die den Meinungsstand allerdings nur fragmentarisch umreißt und die Frage nach der Rechtsnatur des Rückgriffs ausdrücklich offen läßt; im deutschen Recht sind die Regelungen der §§ 636, 637, 640 RVO vergleichbar, bei denen allerdings keine Regreßproblematik entsteht; vgl. dazu auch 2. Teil B. III. 1).

[134] Später inkorporiert in Art. L. 470-2 Code de la Sécurité Sociale; heute Art. L. 454-1 Code de la Sécurité Sociale; Wortlaut vgl. Anhang.

[135] Spérégrin, aaO., Gaz.Pal. 1951 .I. Doctr., S.38 ff; Cord, aaO., J.C.P. 1952 .I. 10003, no. 10 ff; Brun, aaO., Gaz. Pal. 1960 .I. Doctr. 91; Mestre, aaO., no. 260.

[136] Dommage par ricochet; Esmein, aaO., J.C.P. 1952 .I. 964; mwN. bei Mestre, aaO., no. 260 Fn. 118; Namgalis, aaO., S.174.

konkurrenzprobleme entstehen. Sie folgte der in der Zivilrechtsdogmatik zu diesem Zeitpunkt bereits h.M. vom eigenständigen Charakter der "subrogation légale" nach Art. 1251-3 C.civ. als Regreßinstrument[137].

Für diese Auffassung spricht, daß Art. 69-3 loi 1948 eine Regelung enthält, nach der der Verletzte bei nicht ausreichender Ersatzleistung Vorrang vor dem Versorgungsträger genießt[138].

Dies stellt nichts anderes als eine Anwendung der Regel des "nemo contra se subrogasse censetur" des Art. 1252 C.civ. dar[139].

Die Rechtsprechung folgte zunächst dieser Lehrmeinung und stützte den Anspruch des Sozialversicherungsträgers auf die "subrogation légale"[140].

(3) Die Gesetzesnovelle vom 27. Dezember 1973

Die Position der Rechtsprechung war aus anderen Gründen der Ablehnung quasi der gesamten Literatur ausgesetzt, was ihre Reputation auch hinsichtlich der Rechtsnatur des Anspruchs beeinflußte. Nach der Auffassung der Rechtsprechung ging der Anspruch des Verletzten nicht nur bezüglich der kongruenten Schadensersatzleistungen auf den Sozialversicherer über, sondern erstreckte sich, wenn die Zahlung des Versorgungsträgers höher war als der reine Schadensersatzanspruch des Verletzten auch auf das Schmerzensgeld[141].

Dies begründete die Rechtsprechung damit, daß das Gesetz nicht zwischen materiellen und immateriellen Schäden unterscheide, sondern Art. L. 470-3 Code de la Sécurité Sociale sich den Gesamtschadensersatz zum Maßstab nehme[142].

Die Mehrheit in der Literatur verwies darauf, daß ein Anspruchsübergang durch "subrogation légale" nach Art. 1251-3 C.civ. nur insoweit erfolge, wie sich die Leistung des Versorgungsträgers auf den kongruenten Teil des Scha-

---

137 Granger, aaO., Dr. soc. 1955, S.500 (504); Dahan, aaO., nos. 116, 134 ff.; Andrieux, aaO., D 1960, Chr. S.195 ff.

138 Heute Art. L. 454-4 Code de la Sécurité Sociale.

139 3. Teil A. II. 4., 5.

140 Civ. sec. soc. 8. mai 1952, Gaz.Pal. 1952 .II. 57; 13. jan. 1955, Gaz. Pal. 1955 .II. 216; 16. fev. 1956, Bull. Civ. 1956 .IV. no. 157, S.115; 12. nov. 1959, Bull. Civ. 1959 .IV. no. 1130, S.899.

141 Crim. du 10. mars 1953, 24. nov. 1953 und 3. dec. 1953, J.C.P. 1954 .II. no. 8007; Ch. réunis 27. avril 1959, D. 1959, S.345 note critique Esmein; C.E. 10. fev. 1960 Rec. Leb. 1955-64 t. .VI., S.453; vgl. auch Mössinger, aaO., S.29; Mestre, aaO., nos. 377 ff.

142 "... à due concurrence de l'indemnité mise à la charge du tiers"; so auch Meurisse, aaO., Gaz.Pal. 1954 .II. S.17 ff. (21).

densersatzanspruchs beziehe. Schmerzensgeld und Versorgungsleistung seien aber nicht kongruent[143].

Die Streitfrage rief den Gesetzgeber auf den Plan. Das Gesetz vom 27. Dez. 1973[144] legte fest, daß der Anspruch des Versorgungsträgers sich *nicht* auf das Schmerzensgeld des Verletzten erstreckt[145].

Neben dieser Klärung nahm der Gesetzgeber eine Angleichung im Wortlaut des Art. L. 397 und L. 470 Code de la Sécurité Sociale vor.

Die ausdrückliche Bezeichnung des Anspruchsübergangs als "subrogation" entfiel nun auch für "normale" Unfälle, ohne daß sich in den Gesetzesvorarbeiten dafür eine Begründung findet.

Allerdings spricht einiges dafür, daß der Gesetzgeber stillschweigend der Tendenz folgte, den Regreß als eigenen Reflexschadensersatzanspruch aus Art. 1382 C.civ. anzuerkennen und somit der von der h.M. für Arbeitsunfälle vertretenen Lösung zuneigte[146].

bb) Von 1973 bis 1985

Klärend wirkte die Initiative des Gesetzgebers nur insoweit, als sie einen Rückgriff des Sozialversicherungsträgers auf das Schmerzensgeld ausschloß.

Der Umstand, daß die Subrogation als rechtstechnische Grundlage des Anspruchs des Sozialversicherungsträgers nicht mehr erwähnt wurde, gab der Meinung in der Literatur, die sich schon immer gegen die Anwendung des Art. 1251-3 C.civ. gewendet hatte, neuen Aufwind[147].

Die Rechtsprechung nahm zunächst weiter an, der Anspruch stütze sich auf die Subrogation[148], um dann den Anspruch als "action directe", "droit propre" und später als "droit legal" auf der Grundlage des Art. 1382 C.civ. zu qualifizieren[149].

---

143 Mazeaud, H. und L., aaO., Rev.trim.dr.civ. 1950, S.354; Esmein, aaO., D. 1954 Chr. S.113.

144 J.O. 30. dec. 1973, S.14152.

145 Rapport Messaud, J.O. Sénat 31. oct. 1969; rapport Barrot, J.O. Ass.nat. 18. dec. 1973.

146 Dupeyroux, aaO. (Séc.soc.), 10. Aufl. Addendum loi Badinter, aaO., S.43.

147 Chabas, aaO. (Accidents), no. 246; Mazeaud/Mazeaud/Chabas, aaO., nos. 415, 856; Ponsard/Blondel, aaO., Encycl. Dalloz V subrogation, no. 161; unentschieden Viney, aaO., Dr. civ., no. 329.

148 Civ. 7. juin 1978, Bull. Civ. .I. no. 222.

149 Civ. 27. nov. 1979, Bull. Civ. .I. 295; Soc. 13. mai 1981, Bull. Civ. .V., no 423; Soc. 6. mai 1982, Bull. Civ..V., no. 289 ("droit legal"); Civ. 5 fev. 1980, J.C.P. 1980 .IV. 242, note Chauveau (droit propre); Crim. 24. avril 1981, J.C.P. .IV. 242 (droit legal).

Die Konsequenzen, die eine stringente Anwendung von Art. 1382 C.civ. zeitigen würde, wurden aber nur z.T. gezogen[150].

Die h.M. in der Literatur vertrat weiterhin die Auffassung, der Anspruch könne nur auf die Subrogation gestützt werden[151].

Im Bericht der Parlamentskommission zum Entwurf der loi Badinter bleibt Mme. Gaspard nur übrig, resignierend festzustellen, daß die Frage nach der Rechtsnatur und der Anwendbarkeit der "action propre" neben der Subrogation eine offene Streitfrage sei[152].

Ganz wesentlich für das Verständnis dieses Streites ist die Berücksichtigung der Bedeutung der deliktischen Generalklausel des Art. 1382 für die französische Zivilrechtsdogmatik.

IV. Eigener Anspruch des Versorgungsträgers nach Art. 1382 C.civ.

Die Auswirkungen der Gesetzesnovelle durch die loi Badinter kann man nur verstehen, wenn man berücksichtigt, daß eine über Jahrhunderte gepflegte Regreßkonstruktion mittels der deliktischen Generalklausel durch den Gesetzgeber ausgeschlossen wurde.

Die heutige Diskussion in Frankreich geht nun vor diesem Hintergrund neue Wege. Sie darzustellen, macht es unabdingbar, die Bedeutung der Generalklausel im vorliegenden Zusammenhang kurz aufzuzeigen. Nur dadurch wird verständlich, weshalb sich der Gesetzgeber zu einer Neuregelung der französischen Regreßsystematik entschließen mußte.

1. Definition des Begriffs "droit propre"

Der eigene Anspruch des Versorgungsträgers wird in Rechtsprechung und Literatur mit verschiedenen Bezeichnungen belegt. Am häufigsten wird die Bezeichnung "droit propre" gewählt. Synonym werden auch die Begriffe "action directe" und "droit legal" verwendet[153]. Da insbesondere der Begriff "droit propre" schillert, muß kurz dargelegt werden, in welchem Sinne er im vorliegenden Zusammenhang verwendet wird.

"Droit propre" kann zunächst bedeuten, daß eine Person einen Anspruch prozessual unabhängig von einer anderen Person durchsetzen kann. Von allgemeiner auch materiellrechtlicher Bedeutung ist die sog. "action directe" bei der Vertragsklage Dritter. Sie spielt aber z.B. auch eine Rolle bei der

---

150 Vgl. 3. Teil A. IV. 3.

151 Dupeyroux, aaO. (Séc.soc.), no. 367; Jestaz, aaO., Rev.trim.dr.civ. 1974, S.478; Mestre, aaO., no. 262; Lambert-Faivre, aaO., note D. 1980, S.37, ders. (Le Lien) aaO., S.97; Roland/Boyer/Starck, aaO., no. 128.

152 Rapport J.O. deb. Ass. nat. 1984, no. 2485, S.55 ff.

153 Vgl. 3. Teil A. III. 3. b) bb).

Möglichkeit, Prozeßpartei im strafrechtlichen Adhäsionsverfahren zu sein (parti civile, action civil)[154].

Aber auch darüber hinaus spricht man von einem prozessualen "droit propre", wenn ein Beteiligter, obwohl er mit den anderen Beteiligten in notwendiger Streitgenossenschaft steht, eigene prozessuale Rechte unabhängig von anderen Prozeßparteien geltend machen kann[155].

Weiterhin spricht man von "droit propre" im Versicherungsrecht, um den Direktanspruch des Verletzten gegen den Kfz-Haftpflichtversicherer des Schädigers zu bezeichnen (vergleichbar § 3 PflVG). Auch in diesem Sinne bezeichnet "droit propre" nicht das hier darzustellende Problem[156].

"Droit propre" im hier zu erörternden Sinne bezeichnet die Möglichkeit des weiteren Deckungspflichtigen (Versicherer, Sozialversicherung, Arbeitgeber usw.), aus eigenem Recht gegen den Schädiger vorzugehen[157].

2. *Dogmatische Grundlage des "droit propre" nach Art. 1382 C.civ.*

Das französische Recht kennt in Art. 1382 C.civ. eine deliktische Generalklausel. Eine vorwerfbare schadensverursachende Handlung verpflichtet ihren Urheber zum Schadensersatz[158].

Die Anspruchsvoraussetzungen sind

- der Schaden (dommage, préjudice),
- die schuldhafte Verursachung (faute) und
- der Kausalzusammenhang zwischen "dommage" und "faute" (lien de causalité)[159].

Das Fehlverhalten des Schädigers ("faute") ist in den vorliegend zu erörternden Fällen unproblematisch.

Nach deutscher Vorstellung handelt es sich bei dem "Schaden" des Versorgungsträgers, ganz abgesehen davon, daß dessen Vermögen kein absolutes Rechtsgut im Sinne des § 823 Abs. 1 BGB darstellt, um einen unbeachtlichen Drittschaden.

---

[154] Grundlegend: Wahl aaO., S. 6 ff.; neuerdings auch Gewaltig, aaO., S.10 ff.

[155] Sog. "appel en déclaration de jugement commun"; Groutel, aaO. (Recours), nos. 12, 169; Dupeyroux, aaO. (Séc.soc.), no. 367.

[156] Dupeyroux, aaO. (Séc.soc.), no. 367; Möller, aaO., S.249 ff.

[157] Groutel, aaO. (Recours), nos. 12 f.;Dupeyroux, aaO. (Séc.soc.), no. 367.

[158] Biesalski, aaO., S.3 ff.; Hüffer, aaO., S.28 ff.; Ferid, aaO., 2 M 43 ff.

[159] Anstatt aller: Aubry/Rau, aaO., § 444 ff.; Marty/Raynaud, aaO., no. 374.

Auch nach französischer Auffassung ist problematisch, inwieweit ein eintretender "Reflexschaden" zu ersetzen ist.

a) "Dommage direct" - "dommage par ricochet"

Das französische Recht kennt den Grundsatz, daß nur direkte Schäden zu ersetzen sind. Für den vertraglichen Schadensersatzanspruch ergibt sich das aus Art. 1151 C.civ. Für das Deliktsrecht fehlt eine entsprechende Regelung im Code Civile. Es wird aber neben Art. 1151 C.civ. dort Art. 2 Code de procédure pénal herangezogen[160].

Das Merkmal "direct" dient weniger zur Abgrenzung zwischen mittelbaren und unmittelbaren Schäden, als vornehmlich dazu, sicherzustellen, daß der mittelbare oder unmittelbare Schaden eine direkte Folge der unerlaubten Handlung ist[161]. Demnach können auch Dritte einen direkten persönlichen Schaden erleiden. Ein solcher Drittschaden wird als "dommage par ricochet" bezeichnet[162].

Das Erfordernis der "dommage direct" hat primär nichts mit der Eingrenzung des Kreises der Ersatzberechtigten zu tun, sondern es geht um die Bestimmung des Punktes in der Kausalkette, "über den hinaus der Schädiger die Konsequenzen seines Tuns nicht mehr zu tragen hat"[163]. Bei dieser Auslegung ist eine klare Abgrenzung ersatzfähiger von nicht ersatzfähigen Schäden durch das Merkmal "direct" kaum möglich.

b) "lien de causalité"

Die nach französischer Vorstellung vom Merkmal "dommage direct" umfaßten Probleme stellen eigentlich eine Frage der Kausalität dar, obwohl sie regelmäßig auch im Zusammenhang mit der Bestimmung des Schadens erörtert werden.

Auf den Begriff "direct" wird daher auch im Rahmen der Kausalitätsprüfung eingegangen.

---

160 Renner, aaO., S.110; Magnus, aaO., S.88 ff., die in Frankreich häufige Verbindung zwischen Straf- und Zivilverfahren (Adhäsionsverfahren, "action civile") legte den Rückgriff auf strafprozessuale Vorschriften nahe; vgl. dazu auch Biesalski, aaO., S.14; Ferid, aaO., 2 M 33; Gewaltig, aaO., S.10 ff.

161 Marty/Raynaud, aaO., no. 376; Lalou, aaO., no. 77; Ferid, aaO., 2 B 87.

162 Marty/Raynaud, aaO., no. 384; Mazeaud/Tunc, aaO., I. no. 273, II. no. 1872 ff.; Ferid, aaO., 2 B 133, spricht von "Querschläger"; Biesalski, aaO., S.16 "Schaden auf Umwegen"; Almuth Larenz, aaO., S.39 ff; Marschall v. Bieberstein, aaO., S.43 ff.; Zweigert/Kötz, aaO., 2. Bd. S.339; Hüffer, aaO., S.28; Renner, aaO., S.215.

163 Almuth Larenz, aaO., S.39.

Die Feststellung, ob eine genügend enge Kausalität zwischen Handlung und Schaden gegeben ist, obliegt im Deliktsrecht der freien Wertung des Richters[164].

Die verschiedensten Kausalitätstheorien werden vertreten, ohne daß sich eine endgültig durchzusetzen vermochte[165].

Ob und inwieweit Art. 1382 C.civ. eine Anspruchsgrundlage für den weiteren Deckungspflichtigen sein kann, ist umstritten. Angesichts der bereits zu den Grundlagen des Anspruchs bestehenden Vielzahl verschiedener Meinungen ist es angebracht, sich vom abstrakten Theorienstreit zu lösen und die Behandlung der einzelnen Fälle in Rechtsprechung und Literatur darzustellen[166].

Zuvor soll aber auf die Konsequenzen der Anwendung eines eigenen Schadensesatzanspruches eingegangen werden.

3. Auswirkungen einer stringenten Anwendung von Art. 1382 C.civ. auf die Regreßkonstruktion

Die Rechtsfolgen einer konsequenten Durchsetzung eines eigenen deliktischen Schadensersatzanspruchs zugunsten des weiteren Deckungspflichtigen gegen den Schadensurheber weichen erheblich von denen eines Anspruchs aus übergegangenem Recht (Subrogation) ab. Rechtsprechung und Literatur ziehen diese Konsequenzen, die z.T. zu offensichtlich unbilligen Ergebnissen führen würden, nur selten und schlagen für einen eigenen Schadensersatzanspruch eigentlich systemfremde Wege zur Ergebniskorrektur ein[167].

Die Einzelkorrekturen und der jeweilige Streitstand werden bei den einzelnen Fallkonstellationen erläutert.

Die Zusammenstellung der zum großen Teil unbilligen Rechtsfolgen macht deutlich, warum der Gesetzgeber nicht die Randkorrekturen der Rechtsprechung überließ, sondern es für notwendig erachtete, durch den Ausschluß des eigenen Schadensersatzanspruchs der Versorgungsträger selbst klare Verhältnisse zu schaffen. Obergrenze des Regreßanspruchs des Versorgungsträgers ist beim eigenen Schadensersatzanspruch nicht die zivilrechtliche Schadensersatzpflicht des Schädigers, sondern ein eigener, irgendwie zu bestimmender Schaden[168]. Beide müssen sich nicht zwangsläufig decken. Die Beschränkung des Anspruchs auf kongruente Leistungen spielte keine Rolle,

---

[164] Trib. civ. Caen, 24. juin 1937, Gaz.Pal. 1937 .II. 442.

[165] Vgl. dazu insgesamt Biesalski, aaO., S.108 ff.; Ferid, aaO., 2 B 93 ff.; Heldrich, aaO., S.102.

[166] Dazu unten 3. Teil A. IV. 4. b).

[167] Prétot, aaO., S.311.

[168] Groutel, aaO. (Recours), nos. 65 ff.

was die Versorgungsträger motivierte, den Regreß auf die "action propre" zu stützen[169].

Gesteht man dem Versorgungsträger einen eigenen Schadensersatzanspruch zu, so bemißt sich dieser nicht am Schaden des Verletzten, sondern an den Aufwendungen des Versorgungsträgers.

Dieser Umstand weckte sofort die Begehrlichkeit der Versorgungsträger. So versuchten die Sozialversicherungsträger, sowohl die Ermittlungs- und Untersuchungskosten, als auch ihre allgemeinen Verwaltungskosten beim Schädiger geltend zu machen. Die Literatur lehnte dieses Ansinnen überwiegend ab[170].

In der Rechtsprechung lassen sich überwiegend ebenfalls nur ablehnende Entscheidungen nachweisen[171].

Später sprach sie aber Ermittlungs- und Untersuchungskosten (frais d'enquete) zu[172].

Allein der Umstand, daß ein solcher Anspruch diskutiert wurde, macht den Strukturunterschied zum deutschen Recht deutlich.

Auch bezüglich des Ersatzes der konkret vom Versorgungsträger an den Verletzten erbrachten Leistungen stellten sich Zweifelsfragen ein.

Die Belastung des Schädigers bemißt sich an der Höhe der vom Versorgungsträger zu erbringenden Leistung, die insbesondere bei der Summenversicherung willkürlich festgelegt ist. Ganz abgesehen davon, daß es zweifelhaft ist, ob der Versorgungsträger angesichts des auf statistischer Grundlage ermittelten Prämienniveaus für den Versicherer und auch der einkalkulierten Kosten für die Lohnfortzahlung durch den Arbeitgeber einen eigenen Schaden erleidet[173], stellte sich schnell eine nicht von der Hand zu weisende Mißbrauchsgefahr ein. Der Versorgungsträger (Arbeitgeber, Summenversicherer) könnte dem potentiellen Verletzten überhöhte Leistungen für den Fall der von Dritten verursachten Schädigung versprechen, um sich dann seine Zahlungen als "Schaden" ersetzen zu lassen. Der Schädiger müßte "Schäden" ersetzen, die der Versorgungsträger durch seine Großzügigkeit erst selbst geschaffen hat[174].

---

169 Mestre, aaO., nos. 557 ff.

170 Dupeyroux, aaO. (Séc.soc.), no. 367; Mestre, aaO., nos. 258, 270, 282, 559; Roland/Boyer/Starck, aaO., no. 129-9; vgl. auch Namgalies, aaO., S.176, mwN.

171 Crim. 10. nov. 1954, Gaz.Pal. 1955 .I. 89; Civ. 4. mai 1960, Bull. Civ. 1960 .II., no. 276, S.189.

172 Civ. 18. juillet 1963, Bull. Civ. 1963 .II., no. 544, S.407; Soc. 21. juin 1966, Bull. Civ. 1966 .V., no. 627, S.522.

173 1. Teil A. III.

174 Tunc, aaO., Rev.trim.dr.civ. 1955, S.583 ff. (589); Esmein, aaO., J.C.P. 1964 .II. 13734; Colin/Capitant, aaO., t. 2 no. 1091.

Im Extremfall kommt es zu einer Verdoppelung des Schadensersatzanspruches, da der Schaden des Verletzten und der Schaden des Versorgungsträgers grundsätzlich unabhängig nebeneinander stehen. Dies versuchte man dadurch zu vermeiden, daß die Leistung des Versorgungsträgers im Wege der Anrechnung zwischen den beiden selbständigen deliktischen Schadensersatzansprüchen vom Anspruch des Verletzten abgezogen wurde[175]. Zur Begründung wurde auf das Bereicherungsverbot einerseits und die Unbilligkeit einer doppelten Inanspruchnahme des Schädigers andererseits verwiesen, ohne daß neben diesen globalen Argumenten eine dogmatisch zwingende Lösung erfolgte. Denn die Unterscheidung zu der Regreßkonstruktion durch Subrogation wurde nun vollends verwischt.

Wenn der Verletzte bereits ein rechtskräftiges Urteil gegen den Schädiger erstritten hatte, ohne daß eine Anrechnung erfolgt war, sah sich die Rechtsprechung gezwungen, daneben einen Anspruch des Versorgungsträgers gegen den Schädiger aus Art. 1382 C.civ. zuzulassen. Wegen der Wirkung der Rechtskraft mußte der Schädiger dann zweimal den Schaden ersetzen[176].

Ein Mitverschulden des Verletzten berührte den Schadensersatzanspruch des Versorgungsträgers nicht, so daß Fragen nach dem Quotenvorrecht gar nicht erst entstanden[177].

Letztlich unterlag der eigene Schadensersatzanspruch des Versorgungsträgers auch selbständig der Verjährung[178].

4. Anwendbarkeit des "droit propre" auf die Fallkonstellation der Anspruchskonkurrenz

Wegen dieser zum größten Teil unbilligen Konsequenzen, war die Anwendbarkeit des Art. 1382 C.civ. als Regreßinstrument bereits vor der Entscheidung des Gesetzgebers in der loi Badinter umstritten.

a) Kein Grundsatz des "non cumul" wie im Vertragsrecht

Wegen der oben aufgezeigten Konsequenzen der Zulassung eines eigenen Schadensersatzanspruchs des Versorgungsträgers gegen den Schädiger könnte man erwarten, daß bereits Rechtsprechung und Lehre die Geltendmachung des

---

[175] Ass. plén. 9. mai 1980 Gaz.Pal. 1980, 2488; Rev. trim. dr. civ., 1980, S.574 obs. Durry; Marty/Raynaud, aaO., no. 392; Planiol/Ripert, aaO. VI (Esmein), no. 550; Perier, aaO., S.68; Biesalski, aaO., S.153; Almuth Larenz, aaO., S.32; Heldrich, aaO., S.123 f.; Ferid, aaO. 2 E 163 a.

[176] Civ. 17 fev. 1983, D. 1983, S.594 note Chartier, D. 1983, S.389 note Carbonnier; Civ. 16. juin 1983, Gaz. Pal 1984 pan. S.62 obs. Chabas.

[177] Mestre, aaO., no. 270; Dupeyroux, aaO. (Séc.soc.), no. 371; Almuth Larenz, aaO., S.60 ff.

[178] Groutel, aaO. (Recours), no. 18; Mestre, aaO., no. 270.

deliktischen Schadensersatzanspruchs ausgeschlossen hätten. Immerhin ist nach der überwiegenden Auffassung in Literatur und Rechtsprechung die Anwendung der Artt. 1382 ff. C.civ. grundsätzlich ausgeschlossen, wenn die die Ersatzpflicht begründende Handlung in der vorsätzlichen oder grobfahrlässigen Verletzung einer vertraglichen Verpflichtung bestand (Grundsatz des "non-cumul des responsabilités")[179].

Der Grundsatz des "non-cumul " wurde vor allem mit den unbilligen Rechtsfolgen begründet, die eine Anwendung des Deliktsrechts durch ein Überlagern der vertraglichen Sondervorschriften zeitigen würde (z.B. kurze Verjährung im Vertragsrecht)[180].

Erstaunlicherweise finden sich aber keine Stimmen in Frankreich, die die Ausweitung der Lehre vom "non-cumul" auf die vorliegende Fragestellung vertreten[181].

b) Art. 1382 C.civ. ist neben der Subrogation anwendbar

Nach der bis zur Verabschiedung der loi Badinter ganz überwiegenden Auffassung in Frankreich, war die deliktische Generalklausel im Sozialversicherungsrecht neben der Subrogation anwendbar. Als Argument wurde vorgebracht, daß Artt. 1382 ff. C.civ. allgemeine Rechtsregeln enthalten, deren Anwendbarkeit nur durch eine ausdrückliche gesetzliche Regelung ausgeschlossen werden könne[182].

Eine solche generelle Regelung enthält erst seit 1985 die loi Badinter (Artt. 30, 33).

Umstritten war mit verschiedenen Meinungsständen bezüglich der einzelnen Versorgungsträger die Frage, ob die Voraussetzungen des Art. 1382 C.civ. erfüllt waren.

Die einzelnen Komplexe seien im folgenden kurz dargestellt:

---

179 Colin/Capitant, aaO., no. 1273; Planiol/Ripert, aaO., no.196; Carbonnier, aaO., no. 196; Rodière, aaO., no. 598 ff. (611).

180 Vgl. zum ganzen Heldrich, aaO., S.126; Renner, aaO., S.221; Schreiber, aaO., S.18 f.

181 Ohne die vorgetragene Parallele zu ziehen, ist die Unanwendbarkeit der Art. 1382 ff. C.civ. angeklungen in Civ. 10. mars 1955, Bull. Civ. 1955 .II. no. 148, S.88; 7. juin 1956; J.C.P. 1959 .IV. 105.

182 Mestre, aaO., no. 283, wie ord. 1959 bezügl. Arbeitsunfälle; Doublet aaO., S.251 ff.

aa) Ansprüche des Staates als Versorgungsträger bzw. als Arbeitgeber; Ordonnance no. 76 v. 7. janv. 1959

Wie bereits dargelegt, hat der Gesetzgeber durch Ord. no. 76 vom 7. janv. 1959 die "subrogation légale" zugunsten des Staates angeordnet, sofern dieser Aufwendungen dadurch hat, daß ein öffentlicher Arbeitnehmer aufgrund eines fremdverschuldeten Unfalls verletzt wird[183].

Für die in der Ordonnance aufgeführten Leistungen des Arbeitgebers ist eindeutig, daß sich der Anspruch des Staates ausschließlich auf die Subrogation stützen ließ[184].

Nach der Rechtsprechung besteht daneben ein Anspruch aus "droit propre" gemäß Artt. 1382 ff. C.civ. nur, soweit die Sozialbeiträge des Arbeitgebers als Lohnnebenkosten zurückgefordert werden (sog. "charges accessoires aux salaires")[185]. Die privaten Arbeitgeber konnten ihren Anspruch dagegen auf Art. 1382 C.civ. als eigenen Schadensersatzanspruch sowohl für die Lohnfortzahlung als auch die Sozialabgaben stützen[186].

Die Untersuchung von Almuth Larenz hat hier ihren Schwerpunkt[187]. Aus diesem Grunde und wegen der bereits eingangs erwähnten Ausklammerung der arbeitsrechtlichen Detailprobleme habe ich mich auf diesen Hinweis beschränkt.

Die loi Badinter hat in Art. 32 den auf "droit propre" gestützten Anspruch aller Arbeitgeber für die von ihnen geleisteten Arbeitgeberbeiträge generell angeordnet und ist damit der Rechtsprechung für den Anspruch der öffentlichen Arbeitgeber zur Ordonnance von 1959 gefolgt. Im übrigen ordnet Art. 29-4 loi Badinter für alle Arbeitgeber die Subrogation hinsichtlich der Lohnfortzahlung an.

bb) Private Versicherungen

Wie oben bereits dargelegt, wendeten in Frankreich im 19. Jahrhundert vor Verabschiedung des Versicherungsvertragsgesetzes von 1930 Rechtsprechung und Lehre vor dem Hintergrund der Verweigerung eines Anspruchsübergangs durch Subrogation auf den Versicherungsvertrag Artt. 1382 ff. C.civ. als Re-

---

[183] Vgl. Anhang III; der Anwendungsbereich wurde durch loi du 2 jan. 1968 auf andere juristische Personen des öffentlichen Rechts ausgedehnt; vgl. Chabas aaO. (Accidents), nos. 251 ff.

[184] Art. 2 ord.; Mestre, aaO., no. 275 mwN.

[185] Ass. plén. 30. Avril 1964, J.C.P. 1964 .II. 13734 (2 Urteile) note Esmein; D. 1965, S.149 note Bredin; für die S.N.C.F. vgl. Soc. 21. oct 1976, Bull. Civ. .V. 619; Perier, aaO., S.55.

[186] Dazu Civ. 15. fev. 1967, Bull. Civ. .II.50.

[187] Almuth Larenz, aaO.; vgl. auch Namgalies, aaO., S.176; Hüffer, aaO., S.31; Marschall v. Bieberstein, aaO., S.44.

greßinstrument an[188]. Die differenzierende Lösung des französischen Versicherungsvertragsgesetzes von 1930 mit der Anordnung der Subrogation zugunsten des Sachversicherers (Art. 121-12 Code des assurances) und dem Ausschluß für den Personenversicherer (Art. 131-2 Code des assurances) ist später weitestgehend in Rechtsprechung und Literatur akzeptiert worden[189].

Nur vereinzelt vertrat die Literatur die Auffassung, der Versicherer erleide einen eigenen kausalen Schaden, den der Schädiger nach Art. 1382 C.civ. zu ersetzen habe, ohne daß sich diese Meinung durchsetzen konnte[190].

Rechtsprechung zu Art. 1382 C.civ. als Regreßinstrument im Privatversicherungsrecht läßt sich seit 1930 nicht mehr nachweisen.

cc) Sozialversicherung

Für den Regreß der Sozialversicherung wurde bereits aufgezeigt, inwieweit die Meinungen über die Rechtsnatur des Rückgriffsanspruchs geteilt waren[191].

Daneben diskutierte man die Frage, ob auch Kosten des Sozialversicherungsträgers, die nicht schadensersetzenden Charakter haben und daher nach keiner Auffassung einen Anspruchsübergang durch Subrogation auslösen konnten, gemäß Art. 1382 C.civ. geltend gemacht werden können.

Soweit die Anwendung der "action propre" neben der Subrogation befürwortet wurden, wurden die eigentlichen Konsequenzen einer solchen Regreßkonstruktion nicht gezogen.

Das verdeutlichen zwei Beispiele[192]:

Der auf Art. 1382 C.civ. gestützte Anspruch gegen den Schädiger war nach der Rechtsprechung beschränkt auf die Höhe des für den Verletzten nach Schadensersatzrecht verursachten Schadens (d.h. konnte die Höhe des Schadens ggfs. unter Berücksichtigung eines Mitverschuldens und nach Anrechnung von Sozialleistungen nicht übersteigen)[193].

---

188 3. Teil A. III. 2.

189 3. Teil A. I. 2. a.E.

190 Lyon-Caen/Renault, aaO., no. 1312; Josserand, aaO., Cours t. 2 no. 446; vgl. dazu auch Hüffer, aaO., S.29.

191 3. Teil A. III. 3.

192 Vgl. zunächst 3. Teil A. IV. 3.

193 Civ. 30. oct. 1984, Bull. Civ. 1984 .I. no. 288 "le droit propre de la caisse primaire au recouvrement des prestations qu'elle a versées est lui-meme limité dans les conditions et sous réserves de l'article L. 397 du Code de la Sécurité Sociale au montant de l'indemnité mise à la charge du tiers responsable et qui répare l'atteinte à l'intégrité physique de la victime"; Groutel, aaO. (Recours), no. 19.

Zur Begründung wurde auf die Regelung des Art. L. 397 a.F. Code de la Sécurité Sociale verwiesen[194].

Darin liegt nichts anderes, als die Anwendung der Ergebnisse der Subrogation auf den eigenen deliktischen Schadensersatzanspruch (Ergebniskorrektur). Der dadurch erreichte Schutz des Schädigers vor doppelter Inanspruchnahme wies Lücken auf, wenn der Verletzte ein rechtskräftiges Urteil erstritten hatte, bevor der Sozialversicherungsträger versuchte, seinen vorgeblich eigenen Schadensersatzanspruch durchzusetzen[195].

Hinsichtlich der Verjährung war die Rechtsprechung des Kassationsgerichtshofes wechselhaft. Zunächst wurde die Verjährung nach den für den Anspruch des Verletzten gegen den Schädiger geltenden Voraussetzungen bestimmt, was dem Ergebnis der Subrogation entsprach[196].

Später entschied sich der Sozialsenat dafür, die Ansprüche des Verletzten und des Sozialversicherungsträgers als trennbar anzusehen, wobei der Anspruch des Sozialversicherungsträgers selbständig der Verjährung unterlag[197].

So klar und eindeutig die loi Badinter hinsichtlich der auf Subrogation gestützten Regreßkonstruktion (Art. 30) und des Ausschlusses der "action propre" ist, so stellen sich heute schwierige Streitfragen bezüglich derjenigen Versorgungsleistungen mit schadensersetzendem Charakter, die bisher über Art. 1382 C.civ. und die Anrechnung auf den Schadensersatzanspruch zu einem der Subrogation nahezu identischen Ergebnis führten, nun aber nicht in Art. 29 loi Badinter genannt sind.

dd) Die Zusatzrentenversicherungskassen; Caisse de retraite complementaire

Hauptanwendungsbereich der Praxis für die Regreßkonstruktion über Art. 1382 C.civ. war der Bereich der Zusatzrentenversicherung[198].

---

194 Vgl. Marschall v. Bieberstein, aaO. (Reflexschäden), S.169 f., der dies allerdings auf die Bedeutung des Begriffes "remboursement" zurückführt.

195 3. Teil A. IV. 3.

196 Civ. 11. juillet 1966; Bull. Civ. 1966 .II. no. 775; Soc. 19. dec. 1968, Dr. Soc. 1969, S.397, note Larroumet.

197 Soc. 2. oct. 1975, Bull. Civ. 1975 .V. no. 438; Civ. 5. fev 1980, Bull. Civ. 1980 .I. no. 47; hinsichtlich der Verjährungsunterbrechung für minderjährige Opfer eines Luftfahrtunglücks bei Abwicklung nach dem Warschauer Abkommen.

198 Vergleichbare Probleme stellen sich bei Leistungen an behinderte Erwachsene nach Art. L. 821-1 Code de la Sécurité Sociale (allocation aux adultes handicapés versée par la caisse d'allocations familiales); vgl. Perier, aaO., S.54, für diese Kassen hat der Kassationsgerichtshof in einer Entscheidung vom 28. jan. 1987 noch unter Anwendung des alten Rechts die Anwendung des Art. 1382 C.civ. bei gleichzeitiger Anrechnung auf den Schadensersatzanspruch zugelassen.

Die Alters-, Invaliditäts- und Hinterbliebenenrente wird in Frankreich nicht allein von der "gesetzlichen Rentenversicherung" (assurance vieillesse du régime général), sondern auch von Zusatzrentenversicherungen, den sog. "Caisses de Retraite complementaire" gewährleistet. Die Leistungen des allgemeinen Systems erreichen höchstens einen Betrag von 50% der Beitragsbemessungsgrenze, weshalb ergänzender Schutz frühzeitig notwendig wurde. Diese Zusatzrentenversicherung ist bereits seit 1947 obligatorisch für alle leitenden Angestellten[199]. Die Dachverbände der Kassen sind öffentlich-rechtliche Personen[200]. 1961 wurde das zunächst für leitende Angestellte entwickelte Zusatzversorgungssystem für alle Arbeitnehmer für allgemeinverbindlich erklärt[201].

Seit 1972 sind alle Arbeitnehmer verpflichtet, einem Zusatzrentensystem anzugehören[202].

Wegen der engen Verbindung zum allgemeinen Alterssicherungsystem wurden die Leistungen dieser Träger bisher analog der gesetzlichen Rente behandelt.

Die Frage nach dem Rückgriffsanspruch dieser "Rentenkassen" ist besonders interessant und eine der am stärksten umstrittenen Rechtsfragen im Zusammenhang mit der loi Badinter.

(1) bis 1985 (loi Badinter): Eigener Schadensersatzanspruch der Zusatzrentenversicherungskassen als Hauptanwendungsfall des "droit propre"

Bis zum Erlaß der loi Badinter entsprach es der allgemeinen Auffassung in Rechtsprechung und Literatur, daß die Rentenkasse einen auf Art. 1382 C.civ. ("droit propre") gestützten eigenen Schadensersatzanspruch gegen den Schädiger hatte, wenn dieser die Invalidität oder den Tod eines Kassenmitgliedes verursacht hat, und die Rentenkasse dadurch zu erhöhten bzw. vorgezogenen Rentenleistungen verpflichtet war[203].

---

199 Décret 46-1378 du 8. juin 1946.

200 A.G.I.R.C. (Association générale des institutions de retraite des cadres); A.R.R.C.O. (Association des régimes de retraite complementaire); für Beamte, Bauern und andere freie Berufe existieren ebenfalls Zusatzrentenkassen; vgl. dazu Igl, aaO. (Pflegebedürftigkeit), S.128 f.; Kessler, aaO., ZIAS 1989, S.47 ff. (52).

201 Arreté du 8. dec. 1961; vgl. Beranger, Senat 10. avril 1985, J.O. deb. Senat S.209.

202 Loi no. 72-1223 du 29. dec. 1972, J.O. du 30. dec. 1972, S.13781.

203 Chabas, aaO.(Accidents), no. 271; Rapport Gaspard, aaO., S.52; Dupeyroux, aaO. (Séc.soc.), no. 369; Lambert-Faivre, aaO. (Assurances), no. 357-6; Roland/Boyer/Starck, aaO., no. 129-1; Perier, aaO., S.71; Groutel, aaO. (Recours), no. 9; ders. D. 1981, Chr. S.191; Civ. 17. jan. 1979, R.G.A.T. 1980, S.44; 28. nov. 1979, R.G.A.T. 1980, S.531; 22. oct. 1980, D. 1980, S.610; 21. jan. 1982, Gaz. Pal. 1982, pan. S.203; Ass.plén. 23. mai 1986, Gaz. Pal. 1986, S.509 = D. 1986, S.341 concl. Marcelli (noch zum alten Recht).

Der Anspruch der Kasse wurde damit begründet, daß sich die zukünftige auf das Erreichen des Rentenalters bedingte Verpflichtung zur Rentenzahlung durch die Schädigung in einen bestimmten sofortigen Rentenanspruch gewandelt habe. Die dadurch verursachten verfrühten höheren Aufwendungen könne die Kasse vom Schädiger fordern, da sie keine vertragliche Schuld erfülle, sondern durch die gleiche "fait générateur" wie der Verletzte geschädigt würde[204]. Der Vorstellung vom eigenen Schaden lag die Annahme zugrunde, das Prämienniveau der Rentenkassen berücksichtige die über Art. 1382 C.civ. erlösten Regreßeinnahmen, so daß ohne Regreß das Prämienniveau höher läge[205].

Die konsequente Durchführung des Gedankens vom eigenen Schadensersatzanspruch führte dazu, daß die Rentenkasse ihre Aufwendungen nur in Höhe der Differenz zwischen den Aufwendungen wegen verfrühter Rentenzahlung und der fiktiven Leistung beim Erreichen des üblichen Rentenalters ersetzt bekam[206].

Keinen Regreß nehmen konnte sie, wenn sie dem Verletzten bereits zur Zeit der Verletzung Rente leisten mußte, bzw. die Hinterbliebenenrente niedriger war, als die Höhe der bisherigen Rentenleistung[207].

Stimmen, die den Anspruch der Kasse auf die Subrogation stützen wollten, finden sich nicht.

Allerdings läßt sich für den Bereich der Arbeitsunfälle eine Einschränkung des Anspruchs nach Art. 1382 C.civ. nachweisen, der im Ergebnis zumindest einer Anspruchsbegründung aus abgetretenem Recht nahekommt.

Der Schadensersatzanspruch der Kasse ist nämlich bei einem Arbeitsunfall gegen den Arbeitgeber ausgeschlossen, wenn auch der Anspruch des Verletzten insoweit ausgeschlossen ist. Zur Begründung wird nicht auf den Gedanken der Subrogation verwiesen, sondern darauf, daß die Privilegierung des Arbeitgebers sich schlechthin durchsetzen soll[208].

Zweites konstituierendes Merkmal der Zusatzrentenleistungen war, daß sie lediglich die Differenz zwischen der gesetzlichen Rente des Hinterbliebenen und dem vorzeitig verlorenen Erwerbseinkommen des Versorgers verringern

---

[204] Roland/Boyer/Starck, aaO., no. 97; Chabas, aaO. (Accidents), no. 273.

[205] Durry, aaO., Rev.trim.droit.civ. 1980, S.573; in aller Regel wird allerdings das Prämienniveau auf statistischer Grundlage ohne Berücksichtigung der Regreßeinnahmen berechnet; vgl. 1. Teil A. III.

[206] Civ. 17. fev. 1983, D. 1983, S.389 f. note Carbonnier.

[207] Civ. 3. avril 1978, Bull. Civ. 1978 .II. no 105; Chabas, aaO. (Accidens), no. 273; für das deutsche Recht wurde zum Problem des sogenannten "Rentnertods" eine vergleichbare Lösung vorgeschlagen von Müller, aaO., SGb 1972, S.302; heute freilich geregelt in § 116 Abs. 5 SGB X.

[208] Soc. 6. oct. 1982, D. 1983, S.543 note Chartier.

sollten. Eine Bereicherung über diesen Schadensposten hinaus sollte die Zusatzrente nicht abdecken (Bereicherungsverbot). Daher bildete der Unterhaltsschaden, der durch den Verlust des Versorgers eingetreten ist, die Obergrenze der Leistungen, die der Hinterbliebene insgesamt begehren konnte. Die Zusatzrente hatte "schadensersetzenden Charakter" (caractère indemnitaire). Die Leistungen aus der Zusatzrente verminderten genauso wie die der gesetzlichen Rentenversicherung den Schadensersatzanspruch des Verletzten gegen den Schädiger durch Anrechnung[209].

Bei der gesetzlichen Rentenversicherung als Teil der "sécurité sociale" ergab sich diese Anrechnung zwanglos aus den Grundsätzen der Subrogation, die nach h.M. die Rechtsnatur des Anspruchs der gesetzlichen Rentenversicherung bestimmte[210].

Die dogmatische Grundlage der Anrechnung im Rahmen der dann konkurrierenden deliktischen Schadensersatzansprüche des Verletzten und der Zusatzrentenkasse, blieb dagegen im Dunkeln[211].

Zusammenfassend läßt sich festhalten, daß die Stellung der Zusatzrentenkassen nach dem Meinungsstand zum Zeitpunkt des Erlasses der loi Badinter durch zwei Merkmale geprägt war:

- Die Kasse konnte einen eigenen Schadensersatzanspruch gemäß Art. 1382 C.civ. geltend machen;
- die Leistungen der Kasse hatten "schadensersetzenden Charakter" und konnten nicht mit den Schadensersatzleistungen kumuliert werden. Sie waren auf den Schadensersatzanspruch anzurechnen, so daß der Schädiger letztlich nur einmal den Schaden zu ersetzen hatte.

V. Die Neuregelung des Regreßrechts in Frankreich durch die loi Badinter von 1985 im einzelnen

Das Regreßverfahren zwischen den verschiedenen an der Regulierung von Unfällen mit Personenschaden beteiligten Organisationen ist durch die loi Badinter[212] vereinfacht, beschleunigt und vor allem auf eine einheitliche Rechtsgrundlage gestellt worden. Nachdem im Vorgriff bereits häufig ein Eingehen auf die Regelungen der loi Badinter erfolgt ist, wird nun im Zusammenhang die Regelungskonzeption des Gesetzes dargelegt.

---

[209] Ass. plén 9. mai 1980, R.G.A.T. 1980, S.321 note A. Favre-Rochex; Crim. 3. dec. 1985, Bull. Crim., no. 386; Ass.plén. 23. mai 1986, D. 1986, S.341 ff., concl. Marcelli, Entscheidungsgrundlage war noch das alte Recht; die Entscheidung bezieht aber auch zum neuen Recht im Sinne der h.M. Stellung; Chabas, aaO. (Accidents), no. 275; Perier, aaO., S.71.

[210] "Imputation à priori incluse"; vgl. 3. Teil A. II. 3.

[211] Biesalski, aaO., S.153.

[212] Vgl. auch Einleitung; Text vgl. Anhang I.

1. Die Rechtsgrundlage des Regreßanspruchs

Die Frage nach der Rechtsnatur des Regresses ist nun nach der erklärten Absicht des Gesetzgebers in Art. 30 loi Badinter entschieden.

Der Anspruch der Sozialversicherungsträger stützt sich ausschließlich auf das Rechtsinstitut der "subrogation légale". Nach Art. 33 wird der eigene Schadensersatzanspruch des Sozialversicherungsträgers nach Art. 1382 C.civ. ausgeschlossen. Einzige Ausnahme ist der Anspruch des Arbeitgebers auf die Zahlung der von ihm weiter zu entrichtenden Sozialbeiträge (charges patronales) nach Art. 32. Die Weiterentrichtung der Arbeitgeberbeiträge stellt nach französischer Vorstellung einen eigenen Schaden des Arbeitgebers dar, der über Art. 1382 C.civ., nicht aber über die Subrogation reguliert wird.

2. Anwendungsbereich der loi Badinter

Nach Art. 28 loi Badinter sind dessen Vorschriften anwendbar für die Rechtsbeziehungen zwischen Versorgungsträger und letztlich Schadensverantwortlichem für alle Unfälle mit Personenschaden. Damit geht der Anwendungsbereich weit über den Straßenverkehr hinaus[213].

Art. 32 loi Badinter legt fest, daß alle zum Nachteil des Opfers von Art. 29-32 loi Badinter abweichenden Regelungen nicht mehr anzuwenden sind.

Art. 121-12 Code des assurances ist dennoch für Personenschäden weiter anzuwenden, soweit er mit der loi Badinter identische Regelungen enthält. Vorrang haben nur die Regelungen über das Quotenvorrecht[214]. Für Sachschäden bleibt weiterhin allein Art. 121-12 Code des assurances maßgebend.

Für die allgemeine Sozialversicherung ("régime général") sind neben der loi Badinter Art. L. 376 und L. 454 Code de la Sécurité Sociale zu beachten, die der loi Badinter konform auszulegen sind[215]. Da die h.M. den Regreß schon immer auf die Subrogation stützte, dürften dabei keine Schwierigkeiten auftreten.

Schwierig und besonders umstritten ist dagegen das Regreßrecht der Zusatzrentenversicherungskassen[216]. Auf diese Frage wird unten noch vertieft eingegangen.

---

213 Dupeyroux, aaO. (Séc.soc.), no. 366.

214 Groutel, aaO. (Recours), nos. 20 und 150; insbesondere auch für die assurance "avance Recours".

215 Dupeyroux, aaO. (Séc.soc.), 10. Aufl. Addendum loi Badinter, S.43.

216 3. Teil A. V. 5. b).

3. *Regreßberechtigung*

Der Umfang des Regresses orientiert sich nicht mehr am schadensersetzenden Charakter der Versorgungsleistung, sondern an der abschließenden Aufzählung des Art. 29 loi Badinter. In Art. 29 loi Badinter sind die Regreßberechtigten Leistungserbringer enumerativ aufgezählt[217].

a) Art. 29-1 loi Badinter

Art. 29-1 legt als den Regreß auslösende Leistungen fest:

> "Les prestations versées par les organismes, établissements et services gérants un régime obligatoire de la Sécurité sociale et par ceux qui sont mentionnés aux articles 1106-9, 1234-8 et 1234-20 du code rural".

Die Gesetzesform erfuhr insofern gegenüber dem ersten Entwurf eine Erweiterung, als dort nur die Leistungen der gesetzlichen Sozialversicherung selbst den Rückgriff auslösen sollten[218].

Welche Organisationen unter den Begriff "gérant un régime obligatoire de Sécurité Sociale" fallen, hat der Berichterstatter der Senatskommission M. Collet näher erläutert[219].

Ausdrücklich wollte man mit der Erweiterung erreichen, daß neben dem allgemeinen Sozialversicherungsträger auch die branchenspezifischen Spezialorganisationen der Sozialversicherung Regreß nehmen können. Gemeint sind die sog. "régimes speciaux" (statutaires), z.B. für S.N.C.F., R.A.T.P., EDF, GDF, Mines usw., die in Art. R. 711-1 Code de la Sécurité Sociale aufgeführt sind, aber auch die bäuerlichen Spezialkassen[220].

Weiterhin stellt sich die Frage, ob diesen Spezialorganisationen der Regreß nur insoweit zusteht, als sie Grundleistungen der Sozialversicherung analog dem Allgemeinsystem erbringen oder auch für Zusatzleistungen, die schadensersetzenden Charakter haben.

Soweit ersichtlich, wird die erste Auslegung zwar erwogen, aber alle Autoren, die sich mit dem Problem auseinandersetzen, wollen den Regreß auch für die Zusatzleistungen der Spezialkassen zulassen, was wohl dem Willen des

---

217 Chabas, aaO., (Accidents), nos. 279 ff.; Perier, aaO., S.63 ff.; Groutel, aaO. (Recours), nos. 8 ff., 20; Legeais, aaO., nos. 328 ff.;Lambert-Faivre, aaO. (Assurances), no. 357-3; Dupeyroux, aaO. (Séc.soc.), no. 368.

218 "Prestations versées par les organismes de Sécurité Sociale"; vgl. Perier, aaO., S.63; Chabas, aaO. (Accidents), no. 281.

219 1er Rapport Collet, aaO., J.O. deb. ass. nat. 1984, S.7044; J.O. deb. Sénat 1985, S.208 ff.

220 Soweit sie als öffentliche Betriebe die gesetzliche Sozialversicherung selbständig wahrnehmen, werden sie bereits von Art. 29-1 und nicht erst von Art. 29-2 loi Badinter erfaßt; vgl. dazu Legeais, aaO., no. 332.

Gesetzgebers entspricht[221]. Die loi Badinter wollte die Solidargemeinschaft stärken, d.h. vor allem mehr Geld in die Kassen der Sozialversicherungsträger bringen.

b) Art. 29-2 "L'Etat et les personnes publiques mentionnés à l'article 7 de l'ordonnance du 7. jan. 1959".

Wie bereits vor Erlaß der loi Badinter steht dem Staat (Etat), den öffentlichen Gebietskörperschaften (collectivités locales) und den anderen öffentlichen Rechtsträgern der Rückgriff für Versorgungsleistungen zu.

c) Art. 29-3 "Tout organisme ayant versée des sommes en remboursement des frais de traitement medical et de rééducation"

Art. 29 Ziff. 3 loi Badinter führt zum Teil zu Überschneidungen mit Ziff. 1. In Ziff. 3 ist der Regreß der "groupement mutualites" und der privaten Krankenversicherung geregelt, soweit sie das sog. "ticket moderateur", d.h. den Teil der Krankheitskosten abdecken, der nach Leistung der allgemeinen Krankenversicherung zu Lasten des Verletzten verbleibt[222]

d) Art. 29-4 "L`employeur de la victime"

Durch Ziff. 4 wird der Regreß des Arbeitsgebers für die Lohnfortzahlung erstmals einheitlich geregelt und auf die Subrogation gestützt. Der Staat als Arbeitgeber fällt hinsichtlich der Lohnfortzahlung ebenfalls unter Ziff. 4, nicht unter Ziff. 2 des Art. 29 loi Badinter.

e) Art. 29-5 "Les groupements mutualistes régis par la code la la mutualité"

Ziff. 5 enthält eine Privilegierung der Krankentagegeld- und Invaliditätsleistungen der "groupements mutualistes" gegenüber anderen Leistungserbringern, z.B. den Zusatzrentenkassen[223].

Allerdings verlieren die Krankenversicherungsvereine auf Gegenseitigkeit die nach altem Recht bestehende Möglichkeit, auch für die auf den Todesfall geleistete Kapitalzahlung ("capital décès", Lebensversicherung) Regreß zu nehmen. Insofern werden sie den Summenversicherern gleichgestellt[224].

---

221 Perier, aaO., S.70; Chabas, aaO. (Accidents), no. 281; Groutel, aaO. (Recours), no. 9.

222 Groutel, aaO. (Recours), nos. 9, 20, der darauf verweist, daß Art. 29-3 loi Badinter Art. 121-12 Code des assurances für Körperschäden vorgeht.

223 Vgl. dazu 3. Teil A. V. 5. b).

224 Chabas, aaO. (Accidents), no. 281; vgl. dazu auch Art. 122-4 Code de la mutualité 1985, wonach die Subrogation in der Satzung der einzelnen "mutualité" vorgesehen werden muß.

4. Regreßverpflichteter

Der Rückgriff der Versorgungsträger richtet sich gegen den Schadensurheber. Nach bisheriger französischer Terminologie wurde der Schadensurheber als "tiers responsable" bezeichnet. Der erste Gesetzentwurf nannte den Anspruchsverpflichteten dementsprechend "tiers responsable".

In den Gesetzestext des Art. 28 wurde dann allerdings die neue Terminologie "la persone tenue à la réparation" aufgenommen.

Zur Begründung verweist der Justizminister Badinter darauf, daß der Anspruchsübergang durch die Zahlung des Versorgungsträgers, nicht aber durch die Verantwortlichkeit (responsabilité) des Schadensurhebers herbeigeführt werde[225]. Für den Bereich der Gefährdungshaftung im Straßenverkehr sei der klassische Begriff der "responsabilité" irreführend, da sie nicht an eine schuldhafte Handlung, sondern an die Realisierung eines sozialen Risikos bzw. eine sozialadäquate Gefährdung anknüpfe.

Von der Literatur wird z.T. bedauert, daß eine allseits geläufige Terminologie ohne überzeugenden Grund aufgegeben wurde[226].

5. Das Verhältnis der Regreßregelung der loi Badinter zu Art. 1382 C.civ.

Durch die Anordnung der Subrogation in der loi Badinter als einzige Rückgriffskonstruktion hat der französische Gesetzgeber versucht, die durch die Anwendung der deliktischen Generalklausel des Art. 1382 ff. C.civ. als Regreßinstitut von Rechtsprechung und Lehre geschaffene Verwirrung zu beseitigen.

Die überragende Bedeutung des eigenen deliktischen Schadensersatzanspruchs des Reflexgeschädigten nach der Generalklausel des Art. 1382 C.civ. kommt weiterhin in Art. 32 loi Badinter für die Ansprüche des Arbeitgebers hinsichtlich der von ihm entrichteten Sozialbeiträge zum Ausdruck. Schon dadurch rechtfertigte sich eine Darstellung dieser Regreßkonstruktion in der vorliegenden Arbeit.

Darüber hinaus ist die deliktische Generalklausel ein wesentliches Kennzeichen der französischen Zivilrechtsdogmatik. Der Ausschluß ihrer Anwendbarkeit ist nach französischer Sichtweise eine seltene Ausnahme. Die damit verbundenen dogmatischen Fragen sind in Frankreich zur Zeit lebhaft in der Diskussion.

---

225 J.O. deb. Senat. 1985, S.208.

226 Groutel, aaO. (Recours), no. 25.

a) Privatversicherung und "régime général" der Sozialversicherung

Soweit der private Schadensvericherer und das allgemeine System der Sozialversicherung durch den Ausschluß der deliktischen Generalklausel berührt sind, ist das im Ergebnis unproblematisch, da sie in Art. 29 loi Badinter als Regreßberechtigte genannt sind.

b) Die Folgen des Ausschlusses der Generalklausel des Art. 1382 C.civ. auf die Zusatzrentenkassen

Art. 29-1 loi Badinter regelt den Rückgriff aller Organisationen, die im Rahmen der gesetzlichen Sozialversicherung Leistungen erbringen, sei es kraft Gesetzes oder sei es aufgrund einer Tarifvereinbarung (régime obligatoire par la loi ou par statut). Der enumerative Katalog des Art. 29 loi Badinter nennt die Zusatzrentenkassen nicht als Regreßberechtigte Institutionen. Zur gesetzlichen Rentenversicherung, die als "régime général" der Sozialversicherung in Art. 29 loi Badinter genannt ist, zählt die Versorgung durch die Zusatzrentenkasse aber unstreitig ebenfalls nicht[227].

Durch Art. 33 loi Badinter ist der Regreß gemäß Art. 1382 C.civ. wegen eines eigenen Schadensersatzanspruchs ausgeschlossen, so daß die Zusatzrentenkassen für die von ihnen erbrachten Leistungen nicht mehr auf den Schädiger zurückgreifen können.

Der Ausschluß der Zusatzrentenkassen von jedem Regreß war während der Beratungen der loi Badinter nicht unumstritten.

Während der Beratungen im Senat schlugen die Abgeordneten Beranger und Bonduel in Art. 29-1 und -5 loi Badinter (bei den Beratungen Art. 24) eine Aufnahme der Leistungsträger, die nach Art. L. 4 des Code de la Sécurité Sociale und Art. 1050, 1051 Code rural organisiert sind, in den Katalog der Regreßberechtigten vor. Dabei handelt es sich um Träger von zusätzlichen öffentlichen Versorgungsleistungen, insbesondere der Zusatzrentenkassen ("organismes de prévoyance")[228].

Der Veränderungsvorschlag hatte zum Ziel, die Diskriminierung derjenigen öffentlichen Versorgungsträger zu verhindern, denen bis 1985 ein Rückgriff nach Art. 1382 C. civ. zuerkannt wurde, die nunmehr aber mangels Erwähnung im Katalog des Art. 29 loi Badinter keine Regreßmöglichkeit mehr haben.

Zur Begründung führten die beiden Abgeordneten aus, es gebe keine sachlichen Gründe dafür, bei einer substantiell gleichen, schadensersetzenden

227 Groutel, aaO. (Recours), no. 9; Chabas, aaO. (Accidents), nos. 279, 281; Collet, deb. Sénat 1er rapport, J.O. 1985 ann. no. 225, S.60 ff.; Gaspard, aaO., 1er rapport, S.54.

228 J.O. deb. Sénat 1985, S.209 ff.

Versorgungsleistung, wie sie die Zahlung der Zusatzrente darstellt, den Regreß alleine davon abhängig zu machen, ob sie von der gesetzlichen Rentenversicherung (régime obligatoire) bzw. einem "groupement mutualistes" einerseits oder der Zusatzrentenkasse andererseits erbracht werde. Eine Unterscheidung, die sich allein an der Organisationsform der Leistungserbringer, aber überhaupt nicht an der Rechtsnatur der erbrachten Leistung orientiere, sei juristisch unhaltbar.[229].

Dieser Vorschlag konnte sich während der Beratungen nicht durchsetzen und wurde von der Senatsmehrheit abgelehnt.

Die Mehrheit schloß sich der Argumentation des Justizministers (Garde des Sceaux) Robert Badinter an, der darauf verwies, daß die Frage nur marginale Bedeutung habe. Das Ziel der Reform dagegen, die Abwicklung der Schadensregulierung zwischen den verschiedenen Beteiligten zu erleichtern und zu beschleunigen, mache es unabdingbar, die Zahl der Regreßberechtigten auf das notwendige Minimum zu reduzieren. Der Schutz des Verletzten verlange es darüber hinaus, die Zusatzrentenleistung wie Leistungen aus der Personenversicherung zu behandeln, so daß das Opfer die dank eigener Vorsorge verdienten Leistungen neben dem Schadensersatz verlangen kann[230].

Somit steht nach den Motiven des Gesetzgebers fest, daß die Zusatzrentenkassen weder über die Subrogation noch gemäß Art. 1382 C.civ. regreßberechtigt sind.

c) Anrechnung oder Kumulation mit dem Schadensersatzanspruch?

Die Regreßkonstruktion über die deliktische Generalklausel des Art. 1382 C.civ. stützte sich als zweite Komponente auf die schadensrechtliche Anrechnung der Ersatzleistung, um eine doppelte Inanspruchnahme zu verhindern.

Offen und umstritten ist nunmehr die Frage, inwieweit die oben aufgezeigte Rechtsprechung des Kassationsgerichtshofs zur Anrechenbarkeit der Zusatzrente auf den Schadensersatzanspruch des Verletzten gegen den Schädiger als zweite Komponente der Regreßkonstruktion nach Art. 1382 weiterhin von Bedeutung ist[231]. Abstrakt geht es um die Frage, ob außerhalb der gesetzlichen Subrogation Raum ist für eine Anrechnung (imputation) der Versorgungsleistung auf den Schadensersatzanspruch. Eine solche Anrechnung außerhalb der Subrogation wäre dann schadensrechtlich zu begründen (Vorteilsausgleichung). Lehnt man eine Anrechnung außerhalb der Subrogation ab, wäre die Kumulation von Zusatzrentenleistung und

---

[229] Für die beiden Erstgenannten ist der Rückgriff gemäß Art. 29-1 loi Badinter auch hinsichtlich der von ihnen erbrachten Zusatzrentenleistungen möglich.

[230] Badinter, J.O. deb. Sénat 1985, S.210; Margeat, aaO., Gaz.Pal. 1985, S.489 (495).

[231] Ass. plén. 9. mai 1980 Gaz.Pal. 1980, 2488.

Schadensersatzleistung der Regelfall, so daß sich der nach Zivilrecht berechnete Schaden nicht mehr als die Obergrenze der Entschädigung des Verletzten darstellte und eine Bereicherung möglich wäre.

aa) H.M.: Kumulation

Ohne daß bisher eine Entscheidung des Kassationsgerichts vorliegt, geht die h.M. in Frankreich davon aus, daß es seit der Geltung der loi Badinter keine schadensrechtliche Anrechnung von Versorgungsleistungen außerhalb der gesetzlich angeordneten Subrogation gibt[232].

Zunächst einmal wird darauf verwiesen, daß die Leitentscheidung des Kassationsgerichtshofes vom 9. Mai 1980[233], welche die Anrechenbarkeit der Rentenleistungen auf den Schadensersatzanspruch statuierte, zu Unrecht der Rentenkasse einen eigenen Anspruch zusprach und daher niemals unumstritten war[234].

Diese Rechtsprechung habe die Abwicklung der Schadensregulierung verlangsamt und laufe damit dem erklärten Ziel der loi Badinter zuwider. Nur die Beschränkung der Anzahl der Verfahrensbeteiligten auf das absolute Minimum lasse einen schnellen Schadensausgleich zu. Die Entscheidung für den Ausschluß der Ersatzberechtigung habe der Gesetzgeber in Art. 29 loi Badinter getroffen, so daß nun nicht "durch die Hintertür" das Verfahren wieder verkompliziert werden könne[235].

Wesentlich ist nach der Ansicht der meisten Autoren auch der Umstand, daß der Verletzte den Anspruch auf die Versorgungsleistung durch seine Prämienleistung verdient habe. Außerhalb der Subrogation nach Art. 29 loi Badinter, seien die Leistungen der einer Summenversicherung gleichzustellen, bei der nach Art. 131-2 Code des assurances die Kumulation stattfindet. Rechtspolitisch sei es nicht wünschenswert, dem Verletzten die Früchte seiner Vorsorge durch Anrechnung auf den eigenen Schadensersatzanspruch zu entziehen. Die Möglichkeit zur Kumulation von Schadensersatz- und Versorgungsleistung sei eine entscheidende Motivation für den Bürger, die eigene Vorsorge in die Hand zu nehmen. Demgegenüber führe eine Anrechnung ohne Anspruchsübergang durch Subrogation zur Befreiung des Schädigers

---

[232] Badinter, aaO., J.O. deb. Sénat 1985, S.210; Margeat, aaO., Gaz.Pal. 1985, S.489 (493); Lambert-Faivre, aaO. (Assurancrs), nos. 357-6; 357-10 ff.; ders., aaO. (Le lien), D. 1987, S.97 ff.; Groutel, aaO. (Recours), no. 7 ff.; Roland/Boyer/Starck, aaO., no. 129-1; Marcelli, aaO., D. 1986, S.341 ff. (conclusion C. Cass. 23 mai 1986); Legeais, aaO., S.170.

[233] Gaz.Pal. 1980, S.2488.

[234] Lambert-Faivre, aaO. (Assurances), no. 357-6; "analyse erronée"; nach Civ. 18. fev. 1982, Gaz.Pal. 1982 pan. S.263 obs. Chabas mußte das Gericht vor der Anrechnung jeweils prüfen, ob nicht eine Kumulation zulässig ist (für den Fall der Rente eines Schweizer Versorgungsträgers).

[235] Vgl. Motive des Gesetzgebers 3. Teil A. V. 5. b).

bzw. dessen Haftpflichtversicherers auf Kosten des Verletzten. Damit würde aber die Anstrengung um die eigene Vorsorge diskreditiert[236].

Lambert-Faivre hat maßgeblich über die bisher angesprochenen Wertungsgesichtspunkte hinaus eine dogmatische Grundlage für die h.M. entwickelt.

Sie verweist auf den untrennbaren Zusammenhang zwischen Subrogation gemäß Art. 1251-3 C.civ. und dem "schadenstilgenden Charakter" der Versorgungsleistung und vice versa[237].

Mit "lien positif" bezeichnet Lambert-Faivre den Umstand, daß jede Subrogation auf der dogmatischen Grundlage des Art. 1251-3 C.civ. zur Voraussetzung hat, daß die Leistung des Versorgungsträgers den Schaden des Verletzten beseitigt, wobei der Schadensersatzanspruch des Verletzten gegen den Schädiger auf den Versorgungsträger übergeht.

"Lien negatif" bedeutet für die Autorin die umgekehrte Schlußfolgerung. Hat der Gesetzgeber in Kenntnis der gesetzlichen Systematik des Art. 1251-3 C.civ. keine Subrogation angeordnet, so hat die Leistung des Versorgungsträgers auch keinen schadenstilgenden Charakter.

Dieser Sichtweise liegt erklärtermaßen die Annahme zugrunde, der Anspruchsübergang durch Subrogation sei die einzige Regreßkonstruktion, die die Anspruchskonkurrenz in den Fällen der Mehrfachverpflichtung angemessen lösen könne[238].

Die Entscheidung, ob eine Ersatzleistung nun entschädigenden Charakter hat, ergibt sich nach Lambert-Faivre nicht aus der Natur der Sache, sondern ist wertenden Gesichtspunkten unterworfen, wobei diese Wertung alleine dem Gesetzgeber obliegt[239].

Bei Zugrundelegung dieser Sichtweise ist der Gesetzgeber berechtigt, festzulegen, inwieweit die Leistungen des Versorgungsträgers "schadensersetzenden Charakter" haben (caractère indeminitaire) oder "zusätzliche Vorsorgeleistungen" (caractère de prévoyance) sind.

---

236 Lambert-Favre aaO. (Assurances), no. 357-6; daß dieses Argument nicht restlos überzeugen kann, da es für die Schadensversicherung zumindest ebenso zutrifft, wurde bereits dargelegt; anders z.B. die skandinavische Lösung; 1. Teil A. III.

237 AaO. (Le lien), D. 1987 S.97 ff.; angeklungen bereits bei Mestre, aaO., no. 161.

238 Lambert-Faivre, aaO. (Le lien), D. 1987, S.97 ff., (98), "le seul mecanisme qui permette de remettre en ordre la situation de chacune des parties conformément au principe indemnitaire est la subrogation"; a.A. noch für die Rechtslage vor 1985 Almuth Larenz, aaO., S.30.

239 Lambert-Faivre, aaO. (Le lien), S.99, "pour les tiers payeurs, il n'y a pas de prestations indemnitaires par nature, mais seulement par régime juridique interposé".

Die Entscheidungsbefugnis kann der Gesetzgeber auf den Leistungsträger delegieren, der dann in seinen Statuten festlegt, ob eine Subrogation stattfindet [240].

Konsequenterweise rechtfertigt sich nach Lambert-Faivre insofern auch, daß inhaltlich identische Leistungen kraft gesetzlicher Anordnung in Art. 29 loi Badinter (oder in den Statuten) den Anspruchsübergang auslösen oder nicht, alleine aufgrund der Anordnungskompetenz des Gesetzgebers beziehungsweise deren Delegation auf den Leistungserbringer (statut)[241]. Außerhalb der Subrogation hat daher jede Anrechnung zu unterbleiben.

Die (abzulehnende) Anrechnung nennt Lambert-Faivre[242] "imputation a posteriori exercée à titre principal dans le calcul de l'indemnisation, sans le truchement de la subrogation". Sie versteht darunter die rein schadensrechtliche Anrechnung auf den Schadensersatzanspruch, die nicht durch das Regreßinstrument der Subrogation vermittelt ist. Denn für das Konkurrenzverhältnis zwischen Versorgungsträger und schadensverursachendem Dritten hat der Gesetzgeber, soweit er die Subrogation angeordnet hat, eine eindeutige, abschließende Regelung getroffen. Nach dieser Ansicht ist die Anrechnung nur hinsichtlich schadensersetzender Leistungen angemessen. Da insoweit aber die Subrogation in Art. 29 loi Badinter vorgesehen ist und der Gesetzgeber eindeutig den Gesamtkomplex abschließend regeln wollte, spielt die "imputation à posteriori" keine Rolle[243]. Die Anrechnung ist ausschließlich durch die Subrogation vermittelt.

Somit kann nach zur Zeit in Frankreich h.M. bei Unfällen der Verletzte Vorsorge und Schadensersatzleistungen dann kumulieren, soweit in Art. 29 loi Badinter nicht die Subrogation angeordnet ist[244].

bb) M.M.: Es bleibt beim Grundsatz der Anrechnung

Eine starke Mindermeinung wendet sich gegen die Möglichkeit der Kumulation von Versorgungs- und Schadensersatzleistungen für die Fälle, in denen kein gesetzlicher Forderungsübergang durch die Subrogation angeordnet ist.

---

[240] Nach Art. 122-4 Code de la mutualite (Art. L. 5 a.F.) können die "societés mutualistes" in ihren Statuten festlegen, ob ein Anspruchsübergang stattfinden soll.

[241] Z.B. richtet sich die Möglichkeit des Rückgriffs für "Krankentagegeld" (indemnités journaliées) und "Invaliditätszahlungen" (prestation d'invalidité) danach, ob sie von der gesetzlichen Sozialversicherung (dann Regreß) oder von anderen Leistungsträgern erbracht werden.

[242] AaO., S.99.

[243] Das Institut scheint schadensrechtlich zu verstehen und mit der deutschen Vorteilsausgleichung vergleichbar zu sein; vgl. dazu 3. Teil A. VI.

[244] Für die Schadenssachversicherung ist weiterhin Art. 121-12 Code des assurances maßgeblich.

Der Ausschluß vom Regreßrecht sei für die davon betroffenen Versorgungsträger zwar eindeutig, bedeute aber nicht zwangsläufig, daß der Verletzte Zusatzrente und Schadensersatz kumulieren könne[245].

Anrechnung und Regreß seien zwei voneinander zu trennende Rechtsfragen. Die loi Badinter regele nur den Regreßausschluß eindeutig. Eine bislang offene Frage sei dagegen, ob für Leistungen, die schadensersetzenden Charakter haben, nicht auch dann eine schadensrechtliche Anrechnung stattfinden müsse, wenn keine Subrogation angeordnet sei.

Diese Sichtweise ist in Frankreich neu. Unter rechtsvergleichendem Blickwinkel hatte bereits Ferid darauf hingewiesen, daß die Vorteilsausgleichung lediglich

> "die Ansprüche des Erstgeschädigten selbst (betrifft), nicht aber jene berührt, die Dritten aufgrund von Leistungen an den Geschädigten im Wege des Rückgriffs zustehen"[246].

Die Begründung, die Ferid in der primitiven Ausgestaltung der Subrogation erblickt, überzeugt aber nach der Untersuchung von Mestre[247] nicht. Die Anrechnung im Rahmen der Subrogation verhindert die Bereicherung des Verletzten und entlastet *als Reflex* über die Kürzung des Schadensersatzanspruchs den Schädiger im Verhältnis zum Verletzten[248]. Die relative Erfüllung ist eine Wirkung objektiven Rechts und hindert den Anspruchsübergang nicht, sondern ist deren Bestandteil.

Erst durch die Kombination der Anrechnung mit dem eigenen deliktischen Schadensersatzanspruch des Versorgungsträgers gegen den Schädiger wurde aus der Anrechnung ein Regreßinstrument, das weitestgehend die gleiche Funktion hat, wie die Subrogation[249].

Nun wird die Anrechnung als eigenständiges Institut im Sinne einer Vorteilsausgleichung erwogen. Für die Anrechnung ohne das Korrelat des eigenen Schadensersatzanspruchs gegen den Dritten, werden die folgenden Argumente ins Feld geführt.

In der Entscheidung des Kassationsgerichtshofs vom 9. Mai 1980 komme lediglich die allein schadensrechtliche Sichtweise zum Ausdruck, nach der die Zusatzrente "schadensersetzenden Charakter" habe und damit auf den Anspruch gegen den Schädiger anzurechnen sei[250].

---

245 Chabas, aaO. (Accidents), no. 281; Perier, aaO., S.74; offengelassen bei Dupeyroux, aaO. (Séc.soc.), no. 369 und Legeais, aaO., no. 345 ff.

246 AaO., 2 B 133 Fn. 24.

247 AaO. (La Subrogation),; vgl. auch 3. Teil A. II.

248 Mestre aaO., nos. 161 ff.; so auch Capostosti, aaO., S.114.

249 Viret, aaO., S.100.

250 Gaz.Pal. 1980, S.2488; Chabas, aaO., J.C.P. 1985 .I. 3205.

Die Anrechnung werde nicht von einem Regreß, geschweige denn vom Anspruchsübergang durch Subrogation abhängig gemacht. Auf die Subrogation sei der Anspruch der Rentenkassen schließlich niemals gestützt worden. Der Anspruch der Rentenkasse gegen den Schädiger gemäß Art. 1382 C.civ. (action propre) diene ausschließlich zum Ersatz des eigenen Reflexschadens. Daher umfasse dieser Schadensersatzanspruch nicht die gesamte Rentenzahlung, um die der Schadensersatzanspruch des Verletzten verringert werde, sondern nur denjenigen Anteil, den die Kasse wegen der verfrühten Rentenzahlung mehr zu leisten habe[251].

Der Ausschluß der "action directe" in Art. 33 loi Badinter sage bezüglich der Anrechnung nichts aus. Al. 2 des Art. 33 zeige, daß abweichende Regelungen, wenn auch nur zugunsten des Verletzten, dem Wortlaut nach grundsätzlich zugelassen seien.

Es sei auch nicht überzeugend, wenn die Gegenmeinung die Gleichbehandlung der Zusatzrentenkassen mit den Personenversicherern propagiere, für die sich das Recht zur Kumulation aus Art. 131-2 Code des assurances ergibt[252]. Denn die Zusatzrentenkassen nähmen öffentlich-rechtliche Aufgaben kraft Zuweisung durch den Code de la Sécurité Sociale wahr (institution de prévoaynce Art. 731-1 Code de la Sécurité Sociale; Art. L. 4 alter Code), wohingegen die Summenversicherer private erwerbswirtschaftliche Unternehmen sind[253].

Schließlich wendet sich Dupeyroux[254] dagegen, daß der Gesetzgeber in Art. 29 loi Badinter abschließend alle Leistungen mit "schadensersetzendem Charakter" aufgezählt habe ("caractère indemnitaire légale"). Genauso, wie z.T. die dort aufgezählten Leistungen keine "caractère indemnitaire" hätten, so sei Spielraum für die Rechtsprechung über Art. 29 loi Badinter hinaus, Leistungen anzurechnen. Er empfiehlt für diese Anrechnung die Bezeichnung "par caractère indemnitaire jurisprudentielle".

Nach dieser Auffassung mindern alle schadensersetzenden Drittleistungen den Schadensersatzanspruch des Verletzten gegen den Schädiger, wobei es nicht dem Gesetzgeber allein und abschließend obliegt zu definieren, welche Leistungen dies sind. Damit wird eine Bereicherung des Verletzten in jedem Fall ausgeschlossen.

Unklar ist, welche Konsequenzen diese Auffassung aus der Anrechnung ziehen möchte.

---

[251] Insoweit ist der M.M. zuzustimmen.

[252] Vgl. dazu 3. Teil A. III.2.

[253] Perier, aaO., S.74.

[254] Dupeyroux, aaO. (Séc.soc.), no. 369.

Bei Dupeyroux klingt an, daß die Rechtsprechung eine extensive Auslegung des Art. 29 loi Badinter vornehmen soll, so daß der Regreß in Analogie zur Subrogationsvorschrift stattfindet[255].

Diese Auffassung überzeugt angesichts der dogmatischen Grundlage in der gesetzlich angeordneten Subrogation, die die h.M. als lex specialis zu Art. 1251-3 C.civ. versteht. Der Rückgriff auf die lex generalis der Subrogation nach Art. 1251-3 C.civ., führt über die Anrechnung bei gleichzeitiger Miterfüllung des Schadensersatzanspruchs auch zu einem billigen Ergebnis.

Bei Chabas und Perier findet sich kein Hinweis darauf, daß eine Anrechnung ohne Regreß nur die Konsequenz haben kann, daß der Schädiger entlastet würde[256].

Damit eröffnen sie, vielleicht ungewollt, Raum für die schon angesprochene rechtspolitische Diskussion, inwieweit die Regreßkonstruktion heute überhaupt noch zeitgemäß ist[257]. Explizit beziehen diese Autoren keine Stellung für eine Anrechnung ohne Regreß.

VI. Die Anrechnung als schadensrechtliches Instrument im Sinne der Vorteilsausgleichung

Im deutschen Recht diskutiert man das Verhältnis zwischen der Ersatzberechtigung des Verletzten und der Leistung des weiteren Deckungspflichtigen als Unterfall der Vorteilsausgleichung[258].

In der Diskussion in Frankreich haben allein diese Fälle bisher eine Rolle gespielt, nicht aber sonstige Vorteile, die dem Geschädigten etwa Dank eigener, die zumutbare Schadensminderung übersteigende Tätigkeit oder Dank Leistung einer neuen statt einer gebrauchten Sache erwachsen[259].

Nach französischer Vorstellung ist die Vorteilsausgleichung (imputation) eine Ausprägung des schadensrechtlichen Bereicherungsverbotes, weshalb sich die Ausführungen dazu unter dem Stichwort "cumul des indemnités" finden[260].

---

[255] AaO., "caractère indemnitaire par jurisprudence".

[256] AaO., J.C.P. 1985 .I. 3205; aaO., S.74.

[257] Vgl. dazu Capotosti, aaO., S.115 ff.; zur Lösung des skandinavischen Rechtskreises vgl. 1. Teil A. III.; 2. Teil A. III.

[258] Vgl. auch Hüffer, aaO., S.38.

[259] Ferid, aaO, 2 B 123.

[260] Heldrich, aaO., S.122; Ferid, aaO., 2 B 123; Biesalski, aaO., S.153; Giese, aaO., S.73; Hüffer, aaO., S.38; Lalou, aaO., nos. 192, 193; Planiol/Ripert, aaO., nos. 683, 684; Roland/Boyer/Starck, aaO., no. 276; Weill/Terré, aaO., S.775.

Nach bisheriger Vorstellung besteht ein generelles Kumulierungsverbot für öffentliche Versorgungsleistungen mit Schadensersatzansprüchen, denn die Gesamtentschädigung soll den Schaden nicht übersteigen.

Nur soweit in diesem Bereich durch die "subrogation légale" ein Regreß stattfindet, erklärte sich die "Vorteilsausgleichung" als davon untrennbarer Bestandteil, da die Bereicherung durch den Anspruchsübergang ausgeschlossen war[261].

Im Bereich der Summenversicherung folgerte man im Umkehrschluß aus dem Verbot der Subrogation in Art. 131-2 Code des assurances die Möglichkeit der Kumulierung der Leistungen und damit zugleich die Versagung der Vorteilsausgleichung. Allerdings trifft das ebenfalls vorgetragene Hilfsargument, die Gegenleistung sei durch die Prämie verdient, auch auf die Schadens- und Sozialversicherung zu und hat daher wenig Überzeugungskraft.

Für einen Teil der Sozialversicherungsträger und der Zusatzrentenkassen erreichte man durch die Kombination von Vorteilsausgleichung und Regreß über den eigenen Schadensersatzanspruch des Versorgungsträgers ein Ergebnis, das dem der Subrogation im Großen und Ganzen entspricht. Damit verwirklichte man die beiden Hauptzwecke des Regresses, die Bereicherung des Opfers zu vermeiden, gleichzeitig aber auch dem Schädiger die Pflicht den Schaden, aber auch nicht mehr, zu tragen, aufzuerlegen.

Wie bereits dargelegt, wurde kaum erkannt, daß beide Rechtsinstitute voneinander unabhängig sind[262].

Dadurch, daß der Gesetzgeber in Art. 31 loi Badinter die "action propre" gemäß Art. 1381 C.civ. als Regreßinstrument ausgeschlossen hat, sich zur Frage der Anrechnung aber in Schweigen hüllt, sind die Probleme der Vorteilsausgleichung neu gestellt. Der derzeitige Meinungsstreit in der Literatur wurde oben bereits dargestellt. Ob neben der Summenversicherung nun auch für alle anderen Versorgungsleistungen, die nicht in Art. 29 loi Badinter erwähnt sind, die Kumulation zur Regel wird, wie die bisher h.M. es propagiert, ist daher offen.

Denkbar ist, daß sich auch in Frankreich das Institut der Vorteilsausgleichung unabhängig von einem Regreß nach Art. 1382 C.civ. für schadensersetzende Versorgungsleistungen fortentwickelt.

Näher liegt es aber, daß Art. 1251-3 C.civ. die Generalklausel der Subrogation zur Aufweichung des enumerativen Kataloges in Art. 29 loi Badinter herangezogen wird[263].

---

261 3. Teil A. II. 3.

262 Rechtsvergleichend nur Ferid, aaO, 2 B 123.

263 In diese Richtung tendiert Dupeyroux, aaO. (Séc.soc.), no. 369; rechtsvergleichend Ferid, aaO., 2 B 133.

VII. Regreßkonstruktion über Geschäftsführung ohne Auftrag und Bereicherungsrecht

Letztlich ist auch für das französische Recht zu erwägen, inwieweit die Geschäftsführung ohne Auftrag und das Bereicherungsrecht als Regreßmethoden herangezogen werden können.

1. Geschäftsführung ohne Auftrag

In Art. 1371 ff. C.civ. ist die Geschäftsführung ohne Auftrag in Grundzügen angeklungen.

Einen Aufwendungsersatzanspruch auf Grund einer Geschäftsführung ohne Auftrag als Regreßinstrument einzusetzen, wurde in Frankreich bisher nicht diskutiert. Dies erklärt sich wohl aus der althruistischen Ausprägung der "gestion d'affaire".

Die Tätigkeit im fremden Rechtskreis wird in Frankreich als freiwilliger, uneigennütziger Freundschaftsdienst und nicht als selbstherrliche Einmischung in fremde Angelegenheiten verstanden[264].

2. Bereicherungsrecht

Bereicherungsrechtliche Ansprüche ("action de in rem verso", Art. 1376 C.civ.) wurden in Frankreich deshalb als Regreßinstrument nicht erörtert, weil sie einen subsidiären Ausnahmecharakter haben[265].

Soweit die Subrogation reicht, verdrängt sie als anderweitige gesetzliche Regelung die Bereicherungsklage. Die Anwendung der Generalklausel des Art. 1382 C.civ. auf die vorliegenden Fallkonstellationen hat dem Versorgungsträger bisher einen eigenen Schadensersatzanspruch gewährt, so daß für quasi-kontraktliche Regreßansprüche auch kein praktisches Bedürfnis vorliegt.

Somit kommen Geschäftsführung ohne Auftrag und Bereicherungsrecht als Regreßmethoden nicht in Betracht.

---

264 Almuth Larenz, aaO., S.30; Hüffer, aaO., S.36; Carbonnier, aaO., nos. 112 ff.; Planiol/Ripert (Esmein) VI, aaO., nos. 721 ff.

265 Carbonnier, aaO., nos. 118 ff. "Le paiment de l'indu" genannt.

B. Einzelprobleme der Subrogation

I. Kollisionsrechtliche Fragen

Nach französischer Vorstellung wird der deliktsrechtliche Schadensersatzanspruch nach der lex loci delicti commissi angeknüpft, was aus Art. 3-1 C.civ. geschlossen wird[266].

Eine andere Frage ist die nach der international-privatrechtlichen Anknüpfung des Rückgriffsanspruchs. Die abschließende Regelung des Art. 29 loi Badinter nennt, wie Chabas kritisiert, keine ausländischen Versorgungsträger als regreßberechtigte Parteien[267]. Diese Kritik geht fehl, weil sie die kollisionsrechtliche Dimension der Frage ignoriert. Kollisionsrechtlich korrekt muß die Anknüpfung der "subrogation légale" im französischen Internationalen Privatrecht analysiert werden.

In Frankreich wird der Anspruchsübergang durch die "subrogation légale" nach dem Recht beurteilt, das für die Leistungserbringung des sich auf den Übergang Berufenden, also des Versorgungsträgers maßgeblich ist[268]. Es besteht also eine mit dem Art. 33 Abs. 3 EGBGB vergleichbare Rechtslage.

Für die Sozialversicherung hat die Rechtsprechung zum Teil das zusätzliche Erfordernis aufgestellt, daß die Leistungen der ausländischen Leistungserbringer mit denen der französischen Sozialversicherung vergleichbar sein müssen ("en harmonie", "présentant une analogie")[269]. Dies ist wohl so zu verstehen, daß das ausländische Recht ebenfalls eine Rückgriffskonstruktion durch Anspruchsübergang kennen muß, nicht aber als eine eigene anspruchsbeschränkende Voraussetzung[270].

Zumindest soweit Sozialleistungen im Zusammenhang mit EG- Ausländern betroffen sind, muß auch in Frankreich Art. 93 EG VO 1408/71 Anwendung finden[271].

II. Der Umfang des Anspruchsübergangs und das "Quotenvorrecht"

Der Umfang des Anspruchsübergangs auf den Versorgungsträger ist zunächst einmal begrenzt durch die Höhe der Leistung des

---

266 Grundlegend Civ. 25. mai 1948, D. 1948 S.357; Chabas, aaO. (Accidents), no. 96; Nanz, aaO., VersR 1981, S.212 ff.

267 Chabas aaO., (Accidents), no. 281.

268 Forget, aaO., nos. 167 ff. Battifol, aaO., no. 612.

269 Rouen 20. mars 1968, R.C. 1970 S.70; Paris 30. juin 1964, R.C. 1965 S.353.

270 Forget, aaO., no. 169.

271 Vgl. EuGH VersRAI 1990 S.53 ff.; dort zur Mißachtung dieser EG- Verordnung in Frankreich als unmittelbares Gemeinschaftsrecht.

Versorgungsträgers einerseits und den Umfang des zivilrechtlichen Schadensersatzanspruchs des Schädigers andererseits[272].

Das ergibt sich aus der historischen Entwicklung der Subrogation als Hilfsmittel für denjenigen "selbstlosen Helfer", der eine fremde Schuld durch Erfüllung zum Erlöschen bringt und dann gegen den endgültigen Schuldner Regreß nimmt ("office d'amis").

Der Umfang des Anspruchsübergangs erstreckt sich weiterhin auf diejenigen Leistungen, die den gleichen Erfüllungsgegenstand haben wie die Schadensersatzpflicht des Dritten. Entscheidendes Kriterium ist der schadensersetzende Charakter der Leistung[273].

1. Kongruenzgrundsatz

Problematisch ist, inwieweit alle Leistungen des Versorgungsträgers, die der Regulierung des Unfalls dienen, zusammengefaßt und auf den Schadensersatzanspruch des Verletzten angerechnet werden, oder ob jeweils die verschiedenen selbständigen Leistungen ihre Eigenständigkeit behalten und auf den entsprechenden Teil des Anspruchs gegen den Schädiger angerechnet werden.

Die Versorgungsträger erbringen die verschiedensten Leistungen.

So ersetzen sie medizinische Hilfsleistungen, medizinische und pharmazeutische Sachleistungen, daneben Krankengeld als Lohnersatz, Renten, Sterbegeld usw.

Damit stellt sich die Frage, ob sich die Subrogation auf die Gesamtheit der Leistungen oder nur auf einzelne Leistungsposten bezieht.

Heute existiert eine gefestigte Rechtsprechung, nach der zunächst eine Abgrenzung zwischen Personen- und Sachschäden vorzunehmen ist. Dabei stellen die Einzelleistungen des Sozialversicherungsträgers, die zum Personenschaden (l'atteinte à l'integrité physique) kongruent sind, einzelne Komponenten eines einheitlich übergehenden Anspruchs dar.

Ein Anspruchsübergang des Sachschadensersatzanspruchs des Verletzten gegen den Schädiger auf den Versor-gungsträger, der lediglich Körperschäden ersetzt hat, findet dagegen nicht statt[274].

---

272 Mestre, aaO., nos. 551 ff.; Groutel, aaO. (Recours), nos. 65 ff.; vgl. auch Namgalies, aaO., S.177.

273 Mestre, aaO., nos. 555 ff.

274 Civ. 12. oct. 1976, Bull. Civ. .I. no. 281; Civ. 4. avril 1978, Bull. Civ. .I. no. 141; vgl. auch Groutel, aaO. (Recours), nos. 86 ff.; Namgalies, aaO., S.177 ff. mwN.

Eindeutig ist weiterhin, daß sich der Anspruchsübergang der Versorgungsträger nicht auf den Schmerzensgeldanspruch des Verletzten erstreckt. Das ergab sich für die Sozialversicherung bereits durch das Gesetz vom 27 dec. 1973[275]. Art. 31 loi Badinter knüpft an diese Regelung an und erklärt nun für alle Sachverhalte, die Unfälle betreffen, daß der Rückgriff nur den Teil der Entschädigung erfasst, der sich auf die physische Integrität (Körperschäden) des Verletzten bezieht, nicht aber höchstpersönliche Ansprüche, wie das Schmerzensgeld und inkongruente Leistungen, wie Sachschäden erstreckt[276].

Abgrenzungsprobleme bestehen bei Schadensersatzansprüchen, die dem Ausgleich des Frustrations- bzw. Affektionsinteresses dienen.

Nach in Frankreich h.M. zählt das sog. "préjudice d'agrément" zum normalen Schadensersatzanspruch, auf den sich der Anspruchsübergang der Sozialversicherung erstreckt[277].

Bezüglich des übrigen Schadensersatzanspruchs ist die Rechtsprechung großzügig und läßt den Anspruchsübergang zusammengefaßt für alle Leistungen mit Schadensersatzcharakter zu[278].

Dieser Auffassung hat sich die Rechtsprechung nach anfänglichem Zögern, welches auf den Wortlaut von Art. 5 der ordonance vom 7. Janv.. 1959 gestützt wurde, auch für den Rückgriff der öffentlichen Hand und zwar sowohl als Arbeitgeber für die Lohnfortzahlung, als auch für die als eigener Sozialversicherer den Mitarbeitern erbrachten Ersatzleistungen angeschlossen[279].

Somit findet in Frankreich ein Anspruchsübergang für die Gesamtheit der Leistungen statt, die der Versorgungsträger mit schadensersetzendem Charakter erbracht hat. Eine weitere Unterscheidung nach Einzelschäden erfolgt nicht.

---

275 3. Teil A. III. 3. b) aa) (3).

276 Lambert-Faivre, aaO. (Assurances), no. 357-9; Topor, aaO., Actualité legislative Dalloz 1986, S.1.

277 Groutel, aaO. (Recours), nos. 76 ff.; Soc. 16. nov. 1983, Bull. Civ. .V. nos. 558, 559; Crim. 5. mars 1985, Dr. Soc. 1986, S.445 note Groutel.

278 Ass. plén. 30. jan. 1960, D. 1961, S.1 concl. Lindon "le remboursement des prestation présentant un caractère indemnitaire qu'il a versé à l'occasion de l'accident"; für den Rückgriff von EDF Soc. 23. juin 1982, Bull. Civ. .V. no. 415 "l'article L. 470 Code de la Sécurité Sociale, à l'exception de celles qu'il énémure limitativement, soumet au recours des caisses l'ensemble des indemnités mise à la charge du tiers responsable et qui repare l'atteinte à l'integrité physique de la victime".

279 Civ. 12. oct. 1976, Bull. Civ. .I. no. 281; C.E. 14. fev. 1975; Lebon S.113 concl. Rougevin-Baville.

2. *Quotenvorrecht*

Ist damit der Umfang des Anspruchsübergangs umrissen, schließt sich das Problem an, welche Auswirkungen es hat, wenn der Sozialversicherungsträger nur einen Teil des dem Verletzten entstehenden Schadens ersetzt und die Schadensersatzpflicht des Dritten nicht ausreicht, beide, d.h. sowohl den Verletzten, als auch den Versorgungsträger vollständig zu befriedigen. Beide treten dann zueinander in Konkurrenz um den Anspruch gegen den Dritten.

Es stellt sich die Frage, wer in diesen Fällen zuerst zu befriedigen ist, wer also das "Quotenvorrecht" genießt.

In der Praxis kommen solche Fälle auch in Frankreich häufig vor. Man denke nur an die Fälle der Unterversicherung, des Selbstbehalts beim Versicherungsnehmer, der ausgeschöpften Deckungshöchstgrenzen und insbesondere des Mitverschuldens des Verletzten.

Für die letzteren Fälle ergibt sich aus dem Rechtscharakter der Subrogation, daß der Dritte nur in Höhe seiner Verursachungsquote haftet, da Obergrenze des Anspruchsübergangs der zivilrechtliche Schadensersatzanspruch ist.

Verwandt ist die Konstellation, daß der Versicherungsnehmer der Haftpflichtversicherung durch Obliegenheitsverletzung nach dem Versicherungsfall die Leistungsfreiheit des Versicherers verursacht hat, dieser aber im Rahmen der obligatorischen Haftpflichtversicherung dem Verletzten gegenüber haftet und nun mit dem Verletzten hinsichtlich des Regreßanspruchs gegen seinen Versicherungsnehmer konkurriert.

Eine ausdrückliche gesetzliche Regelung des "Quotenvorrechts" findet sich nur für Randbereiche.

Nach Art. L. 454-1 Ziff. 4 in Verbindung mit Art. L. 455-2 Ziff. 3 Code de la Sécurité Sociale genießt der Verletzte bei Arbeitsunfällen, die von Dritten außerhalb des Arbeitsverhältnisses verursacht wurden, für solche Leistungen das Vorrecht vor dem Sozialversicherungsträger, die er selbst verauslagt hat[280].

Damit wird erreicht, daß das Ersatzrisiko (Konkursrisiko) bei Arbeitsunfällen von der Sozialversicherung und nicht vom Verletzten zu tragen ist[281].

Eine gesetzliche Regelung des Quotenvorrechts zum Nachteil des Privatversicherers "avance recours", d.h. des Versicherers, der eine private Krankenversicherung betreibt, die dem Opfer pauschal und im voraus für den

---

[280] Groutel, aaO. (Recours), nos. 92, 96 ff.; Chabas, aaO. (Accidents), no. 247; Soc. 20. mai 1980, Bull. Civ. .V., no. 444.

[281] Bei Chabas, aaO. (Accidents), no. 247 klingt an, daß die Privilegierung für alle verauslagten Gelder gilt.

Krankheitsfall bzw. Unfall Leistungen erbringt, findet sich in Art. 33 loi Badinter[282]. Der Versicherer, der eine Deckung "avance sur recours" bietet, hat danach nur einen subsidiären Rückgriffsanspruch nach der Befriedigung der übrigen in Art. 29 loi Badinter aufgeführten verauslagenden Versorgungsträger. Damit knüpfte der Gesetzgeber an die bereits erwähnte Problematik von Vorausabtretungsklauseln an[283]. Gerechtfertigt wird dies auch damit, daß die Versicherung "avance recours" eigentlich die Merkmale einer Summenversicherung aufweist (Festlegung der Versicherungssumme im voraus), in der der Rückgriff von vorneherein ausgeschlossen ist.

Über diese fragmentarischen gesetzlichen Regelungen hinaus hat sich für die verschiedenen Bereiche, in denen Versorgungsleistungen neben Schadensersatzansprüchen erbracht werden, eine uneinheitliche Rechtsprechung herausgebildet.

Das macht es notwendig, kurz auf die Bereiche der

- Privatversicherung

und der

- Sozialversicherung

getrennt einzugehen.

a) Das Quotenvorrecht in der Privatversicherung

Für den Bereich der Privatversicherung steht nach nahezu allgemeiner Auffassung in Frankreich dem Versicherungsnehmer das Quotenvorrecht zu[284].

Das französische Versicherungsvertragsgesetz enthält keine ausdrückliche Regelung zum Vorrecht des Versicherungsnehmers vor dem Versicherer bei unzureichender Versicherungsleistung und beschränkter Ersatzpflicht des Dritten.

Aus der Rechtsnatur der Subrogation ergeben sich aber die entscheidenden Argumente für die Bevorzugung des Versicherungsnehmers. Zunächst einmal

---

282 Lambert-Faivre, aaO. (Assurances), no. 357-11; Chabas, aaO. (Accidents), nos. 276, 286; Legeais, aaO., nos. 347 ff.

283 3. Teil A. II. 4.

284 Picard/Besson, aaO., nos. 334, 339; Lambert-Faivre, aaO. (Assurances), no. 351; Margeat/Favre-Rochex, aaO., no. 364; Bedour, aaO., S.491; Jacob, aaO., no. 223; Brière de l'Isle, aaO., S.186; Berr/Groutel, aaO., S.107; ders. (Grands arrets), S.22; Mestre, aaO., no. 575 ff., 587, 601; Leitentscheidung des Kassationsgerichtshofs: Civ. 5. mars 1945, D. 1946, S.1 note Besson; Untergerichte: Grenoble, 10. oct. 1962, D.P. 1963, S.249; Montpellier, 7. fevr. 1966, J.C.P. 1967 .II. 15014; Rouen, 23. oct. 1973, R.G.A.T. 1974, S.501.

wird auf den Grundsatz des "nemo contra se subrogasse censetur" des Art. 1252 C.civ. verwiesen[285].

Folgt man der bereits eingehend dargelegten Konstruktion der h.M. in Frankreich, wonach die Subrogation des Art. 121-12 Code des assurances einen Unterfall der Generalklausel des Art. 1251-3 C.civ. darstellt, so ergibt sich, daß die Subrogation nicht zum Nachteil des "solvens" geltend gemacht werden kann. Dieser Grundsatz ist in Art. 1252 C.civ. ausdrücklich niedergelegt.

Weiterhin wird darauf verwiesen, daß der Versicherer außer der Subrogation seinen Anspruch nicht auf Geschäftsführung ohne Auftrag oder Bereicherungsrecht stützen kann und somit gar kein bevorrechtigter Anspruch des Versicherers bestehen kann, sondern allein der nachrangige Anspruch aus abgetretenem Recht, der um das Vorrecht des Solvens verringert ist[286].

Letztlich beruft sich die h.M. auf den Sinn und Zweck der Deckungsgarantie durch den Versicherer. Der Versicherungsnehmer nimmt die Prämienbelastung auf sich, um ein Risiko abzusichern. Realisiert sich das Risiko, ist der Versicherungsvertrag so auszulegen, daß er dem Verletzten optimalen Schutz durch maximale Deckung verschafft. Demnach muß ein konkurrierender Anspruch des Versicherers zurücktreten.

Eine kaum mehr vertretene M.M. befürwortet dagegen ein Quotenvorrecht des Versicherers[287].

Insbesondere Labin kritisiert an der herrschenden Gegenmeinung, daß der Versicherungsvertrag einseitig zum Vorteil des Versicherungsnehmers ausgelegt werde. Es sei nicht überzeugend, daß sich die Deckung der Versicherungsgarantie auch auf durch Mitverschulden oder Haftungshöchstgrenzen verursachte Deckungslücken erstrecke. Art. 1252 C.civ. sei nicht einschlägig. Der Versicherer erfülle seine eigene Schuld, so daß die tatbestandlichen Voraussetzungen des Art. 1251-3 C.civ. nicht erfüllt seien. Es handele sich beim übergegangenen Anspruch um eine einfache Schuld (créance purement chirographaire). Der ehemalige Schuldner sei dann aber nur bevorrechtigt, wenn ihm dingliche Sicherungsrechte zustünden[288].

Stellungnahme:

---

285 Mazeaud/Mazeaud/Chabas aaO., no. 1276; vgl. auch 3. Teil A. II. 4. a. E.

286 Mestre, aaO., no. 602; Picard/Besson, aaO., no. 339; zu GoA und Bereicherungsrecht 3. Teil A. VII.

287 Labin, aaO., R.G.A.T. 1986, S.264 ff.; Bigot, aaO., note sous Montpellier 7. fev. 1966, J.C.P. 1967 .II. 15014.

288 Labin, aaO., S. 271 ;insoweit kann sich Labin tatsächlich auf eine h.M. zur "créance chirographaire" berufen, die allerdings, was Labin verkennt, für den Regreß des Versicherers gerade eine Ausnahme macht; so auch Picard/Besson, aaO., no. 339.

Die M.M. übersieht, daß sich die Subrogation im Versicherungsrecht heute zu einem eigenständigen Rechtsinstitut auf der Grundlage des Art. 1251-3 C.civ. entwickelt hat[289].

Sie beruft sich auf Argumente, die sich im Zuge dieser Entwicklung nicht durchzusetzen vermochten. Es ist zwar zuzugeben, daß das in Art. 1252 C.civ. gemeinte Vorrecht den dinglich gesicherten ehemaligen Gläubiger bevorrechtigen will. Nachdem aber die Subrogation zum zentralen Regreßinstrument im Versicherungsrecht avanciert ist, scheint es konsequent, auch ihre Auswirkungen zugunsten eines Quotenvorrechts des Versicherungsnehmers zu nutzen. Denn die Subrogation soll nicht dem Versicherer zusätzliche Einnahmen verschaffen, sondern allein die doppelte Entschädigung des Versicherungsnehmers verhindern[290]. Sie ist somit Reflex zum Bereicherungsverbot.

b) Das Quotenvorrecht der Sozialversicherungsträger

Für den Bereich der Sozialversicherung besteht nach ganz überwiegender Meinung in Frankreich ein Quotenvorrecht der Sozialversicherungsträger[291].

Diskutiert werden dabei vor allem die Fälle der nicht ausreichenden Deckungspflicht des Schädigers wegen Mitverschuldens des Verletzten.

Obergrenze des sich gegen den Dritten richtenden Anspruchs ist der um das Mitverschulden gekürzte sich gegen ihn richtende Schadensersatzanspruch[292].

Aus diesem Anspruch wird der Sozialversicherungsträger bevorrechtigt befriedigt, so daß im in der Fußnote genannten Beispiel der Verletzte neben der Leistung des Sozialversicherungsträgers keinen Anspruch mehr gegen den Dritten geltend machen kann.

Die herrschende Auffassung beruft sich auf das "Bereicherungsverbot" (principe de non cumul), das in diesem Zusammenhang so verstanden wird, daß der Verletzte nicht nebeneinander die Leistung des Sozialversicherungsträgers und den Schadensersatz durch den Schädiger erhalten soll,

---

289 3. Teil A. II. 5.

290 Picard/Besson, aaO., no. 339.

291 Dupeyroux, aaO. (Séc.soc.), no. 371; Roland/Boyer/Starck, aaO., no. 129; Pretot, aaO., S.316; Chabas, aaO. (Accidents), nos. 245, 247, 286, 288; Groutel, aaO. (Recours), nos. 94 ff.; Crim 24. nov. 1953, J.C.P. 1953 .II. 8007; für Arbeitsunfälle: Crim. 15. juin 1954, J.C.P. 1954 .II. 8339.

292 Beispiel nach Chabas, aaO. (Accidents), no. 245;

Schadenssumme: 1000

Leistung des Sozialversicherungsträgers: 800

Mitverschulden: 50%

= Rückgriffsanspruch des Sozialversicherungsträgers gegen den Schädiger: 500;

vgl. auch Namgalies, aaO., S.179.

selbst wenn die an ihn erbrachten Leistungen nicht seinen Gesamtschaden ersetzt haben[293].

Dupeyroux verweist darüber hinaus auf Art. 31 loi Badinter, der sich mit dem Umfang des Regresses befaßt und nun für alle Versorgungsträger Gültigkeit besitzt[294].

Chabas[295] vertritt dagegen zu Recht die Aufassung, daß Art. 31 loi Badinter lediglich das Schmerzensgeld vom Anspruchsübergang ausnimmt, aber für das Quotenvorrecht keine Regelung enthält.

Eine M.M. befürwortet auch für den Rückgriff des Sozialversicherungsträgers die Anwendung des Art. 1252 C.civ. und kommt somit zur Bevorrechtigung des Verletzten[296].

Zur Begründung wird darauf verwiesen, daß die Sozialversicherung genau wie die private Versicherung optimale Risikoabdeckung des Versicherten erbringen, ihn dagegen nicht eines Teils seines Schadensersatzanspruchs berauben solle, selbst wenn die Leistung des Sozialversicherungsträgers den um das Mitverschulden gekürzten Schadensersatzanspruch übersteige.

Mestre betont insbesondere, daß die Rechtsnatur der Subrogation die Anwendung des Art. 1252 C.civ. zwingend gebiete, da nicht anzunehmen sei, daß der Subrogierende zu seinem Nachteil handele. Daher komme der Grundsatz des "nemo contra se subrogasse censetur" zur Anwendung.

Eine zur Zeit offene Frage ist, wie in Zukunft die für Privat- und Sozialversicherung diametral verschiedenen Lösungen zum Quotenvorrecht unter Anwendung der loi Badinter als gemeinsame Rechtsgrundlage Bestand haben können. Soweit ersichtlich, wird diese Frage aber in Frankreich bisher noch nicht einmal diskutiert.

III. Ausschluß des Anspruchsübergangs gegen verschiedene privilegierte Schadensurheber

Das französische Recht kennt zwei verschiedene privilegierte Personengruppen, gegen die der Anspruchsübergang kraft Subrogation nicht stattfindet. In beiden Fällen liegt die Privilegierung darin begründet, daß der Verletzte zum Schädiger in einem besonderen Verhältnis steht, in dem es unüblich oder ausgeschlossen wäre, daß er selbst den Schädiger in Anspruch nimmt.

---

293 "Des dépenses de la Sécurité Sociale ayant un caractère indemnitaire, ont procuré à la victime un premier dédommagement"; Crim. 15. juin 1954, J.C.P. 1954 .II. 8339.

294 Dupeyroux, aaO. (Séc.soc.), no. 371.

295 Chabas, aaO. (Accidents), no. 288.

296 Mestre, aaO., nos. 604 ff.; Granger, aaO., Dr. Soc. 1955, S.570 (573).

Die erste Gruppe betrifft den Arbeitgeber und Kollegen des Arbeitnehmers im Falle eines Arbeitsunfalles.

Die zweite Gruppe betrifft Familienangehörige, Verrichtungsgehilfen und andere, die wirtschaftlich füreinander einzustehen haben.

1. Der Ausschluß des Anspruchsübergangs gegen den Arbeitgeber und dessen Mitarbeiter bei Arbeitsunfällen

Für den Fall, daß der Arbeitsunfall vom Arbeitgeber selbst oder anderen Betriebsangehörigen verursacht wird, setzt sich die Freistellung dieser Personen von jeglicher Haftung nach Art. L. 451-1 Code de la Sécurité Sociale durch. Bis auf den Fall der vorsätzlichen oder grob fahrlässigen Herbeiführung des Unfalls nach Art. L. 452-1 Code de la Sécurité Sociale schützt diese absolute Privilegierung den Arbeitgeber auch vor dem Regreßanspruch des Sozialversicherungsträgers[297].

Dabei findet sich die Legaldefinition des Arbeitsunfalles in Art. L. 411-1 Code de la Sécurité Sociale.

Die Privilegierung schützt den Arbeitgeber und dessen Gehilfen schlechthin. Der Kreis der Gehilfen, gegen die kein Anspruchsübergang stattfindet, bemißt sich nach Art. 1384-5 C.civ. und ergreift alle Personen, für die der Arbeitgeber rechtlich einzustehen hat[298].

Nach Art. L. 454-1 Code de la Sécurité Sociale in Verbindung mit der loi Badinter geht bei Arbeitsunfällen, die von Dritten außerhalb des Arbeitsverhältnisses verschuldet werden, der Anspruch des Verletzten gegen den Schädiger grundsätzlich in Höhe der Versorgungsleistung auf den Versorgungsträger durch Subrogation über[299].

Eine Ausnahme gilt für den Rückgriff gegen den Arbeitgeber beim sog. Wegeunfall, d.h. für den Unfall, der sich auf dem Weg von oder zur Arbeit ereignet. Für den Wegeunfall, wie er in Art. L. 411-2 Code de la Sécurité Sociale definiert ist, gilt die Freistellung des Arbeitgebers nach ausdrücklicher Anordnung in Art. L. 455-1 Code de la Sécurité Sociale nicht[300].

---

[297] Vgl. dazu umfassend Namgalies, aaO., S.165 ff., S.99 ff.; Viney, aaO., D. 1989, S.231 ff.; Groutel, aaO. (Recours), nos. 34 ff.

[298] Groutel, aaO. (Recours), nos. 45 f.; Chabas, aaO. (Accidents), no. 248.

[299] Auf die Sonderprobleme der Arbeitsunfallgesetzgebung in Frankreich kann nur am Rande eingegangen werden. Eine umfassende Darstellung der Problematik findet sich bei Namgalies, aaO. und Almut Larenz aaO.

[300] Loi no. 63-820 J.O. 1963, 7357; vgl. Groutel, aaO. (Recours), no. 35; Namgalies, aaO., S.99 ff.; Dupeyroux, aaO. (Séc.soc.), no. 368.

Somit findet bei vom Arbeitgeber oder seinen Gehilfen verursachten Wegeunfällen der Anspruchsübergang durch Subrogation auch gegen den Arbeitgeber statt.

Problematisch ist der Fall, daß ein Arbeitsunfall sowohl vom Arbeitgeber bzw. dessen Gehilfen als auch von einer dritten, betriebsfremden Person verschuldet worden ist, wozu gegebenenfalls noch ein Mitverschulden des Verletzten selbst tritt. Grundsätzlich haften mehrere Schädiger dem Verletzten solidarisch als Gesamtschuldner[301].

Wird nun der Dritte vom Verletzten bzw. dem Sozialversicherer in Anspruch genommen, und könnte dieser keinen Ausgleich beim privilegierten Arbeitgeber in Höhe dessen Verursachungsbeitrages suchen, so entstünde eine gestörte Gesamtschuld.

Nach ständiger Rechtsprechung ist aber der Rückgriff des Sozialversicherungsträgers gegen den Dritten, der zusammen mit einem privilegierten Arbeitgeber den Schaden verursacht hat, nur in Höhe des Betrages möglich, der über den hypothetisch auf den Arbeitgeber entfallenden Anteil hinausgeht[302].

Diese Rechtsprechung stützt sich auf Art. L. 454-1 (insbesondere Ziff. 3) Code de la Sécurité Sociale[303].

Das Problem der gestörten Gesamtschuld entsteht insoweit nicht. Die Privilegierung des Arbeitgebers für Arbeitsunfälle geht zu Lasten des anstatt des Arbeitgebers leistungspflichtigen Sozialversicherungsträgers, der sein Rückgriffsrecht gegen den Dritten in Höhe des auf den Arbeitgeber entfallenden Anteils des Anspruchs verliert[304].

Bei Unfällen im Straßenverkehr entsteht ein Problem dadurch, daß Art. 2 loi Badinter dem vom Verletzten in Anspruch genommenen Unfallverursacher versagt, sich auf das Mitverschulden eines Dritten zu berufen.

Nach einer Entscheidung der Cour de Riom[305] findet dann Art. L. 454 Code de la Sécurité Sociale keine Anwendung, so daß der Dritte sich gegenüber dem Verletzten nicht auf das Mitverschulden des Arbeitgebers berufen kann, es insoweit doch zur gestörten Gesamtschuld mit voller Leistungspflicht des Dritten kommt.

---

301 Ferid, aaO., 2 E 59.

302 Soc. 13. nov. 1970, D. 1971, 17 note Dupeyroux; Crim 27. janv. 1971, J.C.P. 19730, .II. no 17303 note Mourgeon; C.E. 15. juillet 1959, Rec.Cons.d'Et. 1959, S.471.

303 Art. 68 de la loi du 30 oct. 1946.

304 Dupeyroux, aaO. (Séc.soc.), no. 371; Groutel, aaO. (Recours), nos. 96 ff.

305 7. nov. 1985, Dr. Soc. 1986, S.400 note Groutel.

Diese in der Literatur scharf kritisierte Entscheidung ist bisher aber allein geblieben. Groutel kritisiert in seiner ablehnenden Anmerkung[306] die Verkennung der Sondersituation für Arbeitsunfälle, bei denen der Sozialversicherungsträger für den Arbeitgeber dessen Verursachungsbeitrag tragen soll.

2. Der Ausschluß des Anspruchsübergangs aufgrund familiärer und ähnlicher Beziehungen

a) In der Sachversicherung (Art. 121-12 al. 3 Code des assurances)

Für die Sach(schadens)versicherung enthält Art. 121-12 al. 3 Code des assurances als Ausnahmevorschrift den Ausschluß der Subrogation.

Gegen Verwandte in gerader Linie, Verrichtungsgehilfen, Hausangestellte und generell alle Personen, die gewöhnlich mit dem Verletzten in einem Haushalt wohnen, findet kein Anspruchsübergang durch Subrogation statt, soweit das Familienmitglied den Schaden nicht grob fahrlässig oder vorsätzlich herbeigeführt hat.

Erforderlich ist, daß der Schadensurheber entweder in einem der gerade erwähnten Sonderverhältnisse zum Verletzten steht *oder* in dessen Haushalt wohnt. Beide Voraussetzungen müssen alternativ, nicht kumulativ vorliegen[307].

Die Rechtsprechung hat diese Ausnahmevorschrift für die Sachversicherung weit ausgelegt und jede indirekte wirtschaftliche Beeinträchtigung des Versicherungsnehmers ausgeschlossen[308]. Der Rückgriff wurde nur bei vorsätzlicher oder grobfahrlässiger Herbeiführung des Versicherungsfalles zugelassen.

Hinsichtlich der Familienmitglieder findet der Ausschluß des Anspruchsübergangs seine Begründung in den wirtschaftlichen und sittlichen Bedenken, die es auslöst, wenn der Versicherer die an das eine Mitglied gezahlte Versicherungsleistung vom anderen Familienmitglied zurück zu fordern könnte, während eine Durchsetzung der zivilrechtlichen Ansprüche unter den Familienangehörigen selbst unüblich ist. Der aus einem finanziellen Topf wirtschaftenden Familie würde mit der einen Hand gewährt, was ihr sofort mit der anderen wieder entzogen würde.

---

306 Dr. Soc. 1986 S.400; ders. (Recours), no. 99.

307 Lambert-Faivre, aaO. (Assurances), no. 353; Picard/Besson, aaO., nos. 344 ff.; anders insoweit § 67 Abs. 2 VVG, § 116 Abs. 6 SGB X.

308 Civ. 28. oct. 1947, R.G.A.T. 1947, S.384; Civ. 21. mai 1975, R.G.A.T. 1976, S.200; Civ. 6. mars 1985, D. 1986, S.29 ff. Anm. Berr/Groutel; C.E. 5. fev 1975, D. 1975, S.289 f.

Der gleiche Gedanke liegt auch der Privilegierung der Verrichtungsgehilfen zugrunde. Gemäß Art. 1384 C.civ. trifft den Geschäftsherrn eine umfangreiche Haftung für den Verrichtungsgehilfen[309].

Die Versicherung ist für den durch seinen Gehilfen verletzten Geschäftsherrn aber nur dann wirtschaftlich sinnvoll, wenn kein Rückgriff gegen den "préposé" stattfindet, für den er selbst gemäß Art. 1384 C.civ. einzustehen hat[310].

Die Vorschrift des Art. 121-12 al. 3 Code des assurances ist zwingend und versteht sich als Ausprägung des in al. 2 niedergelegten Grundsatzes, daß der Versicherer für alle diejenigen Schäden einzutreten hat, für die der Versicherungsnehmer rechtlich einstandspflichtig ist.

b) Die Regelung für Personenschäden

Fraglich ist, inwieweit der Anspruchsübergang über die Sachversicherung hinaus ausgeschlossen ist.

Eine ausdrückliche Regelung für Personenschäden besteht nicht. Die loi Badinter enthält keine diesbezüglichen gesetzlichen Regelungen. Es ist aber anzunehmen, daß zumindest die von der Rechtsprechung für die Sozialversicherung zu Art. L. 376 a.F. Code de la Sécurité Sociale entwickelten Grundsätze zum Ausschluß der Subrogation bei Schadensverursachung durch den Ehegatten weiterhin Geltung besitzen[311].

Zunächst einmal war zwischen dem Sozial- und dem Zivilsenat des Kassationsgerichtshofes umstritten, inwieweit der die Verletzung verschuldende Ehegatte Dritter (tiers responsable) im Sinne des Regreßrechts ist.

Der Sozialsenat hatte früher danach unterschieden, ob der verletzte Ehegatte die Leistungen als Familienmitversicherter ("ayant droit" - kein Rückgriff) oder als eigenständig sozialversicherte Person ("affiliation personelle" - Rückgriff) erhalten hatte[312].

In einer Grundsatzentscheidung vom 4. Juli 1979[313] hatte der Sozialsenat dann den Rückgriff der Krankenkasse gegen den Ehegatten ganz allgemein ausgeschlossen.

---

[309] Vgl. zur Problematik: Schreiber, aaO., S.21 ff.

[310] Lambert-Faivre, aaO. (Assurances) no. 353; Picard/Besson, aaO., no. 345

[311] So Groutel, aaO. (Recours), no. 26, unter Hinweis darauf, daß die Rechtsprechung bisher nur die Problematik für Ehegatten zu entscheiden hatte, daß aber darüber hinaus wohl alle Familienmitglieder privilegiert sind, unter Umständen sogar der Partner der nichtehelichen Lebensgemeinschaft, no. 31; vgl. dazu auch Roland/Boyer/Starck, aaO., no. 129; Dupeyroux, aaO. (Séc.soc.), no. 158.

[312] Groutel, aaO. (Recours), no. 28.

[313] Bull. Civ. 1979 .V. 447, in diesem Sinne auch Soc. 7. mai 1981, Bull. Civ. 1981 .V. 302; Soc. 25. nov. 1981, Bull. Civ. 1981 .V. 677.

Der Sozialversicherer könne den Versicherten weder unmittelbar noch mittelbar derjenigen Leistungen berauben, die er zu leisten habe. Aufgrund der ehelichen Rechte und Pflichten, die das Sozialrecht in Art. L. 283 (jetzt Art. L. 321-1 in Verbindung mit Art L. 313-3 Code de la Sécurité Sociale) berücksichtige, werde der Familienverband gestört, wenn die Kasse von einem Ehegatten zurückforderte, was sie dem anderen leiste.

Im Gegensatz dazu stand die Auffasung des 2. Zivilsenats, der sich auf den Standpunkt stellte, Art. L. 376-1 Code de la Sécurité Sociale ordne den Rückgriff gegen den Schadensurheber schlechthin an und enthalte keine Privilegierung des Ehegatten. Demnach ließ der Zivilsenat den Rückgriff gegen den Ehegatten zu[314].

Eine Zwischenposition nahm der 1. Zivilsenat ein, der den Rückgriff gegen den Ehegatten mit dem Argument zuließ, der Regreßanspruch richte sich in der Praxis gegen den Haftpflichtversicherer des Ehegatten und beeinträchtige insoweit in keiner Weise die Grundbeziehungen der Ehe[315].

Eine Entscheidung des Meinungsstreits innerhalb des Kassationshofes brachten drei Entscheidungen des gemeinsamen Senats (Assemblé plénière) vom 3.Juni 1983[316].

Die "Assemblée plénaire" des Kassationsgerichtshofes hat sich grundsätzlich der Auffassung des Sozialsenats angeschlossen und die folgende Differenzierung vorgenommen.

Bei einem Unfall mit Todesfolge ist der den Unfall verursachende überlebende Ehegatte bezüglich des Sterbegeldes nicht Dritter (tiers responsable) im Sinne des Regreßrechts, so daß gegen ihn ein Rückgriff in jedem Falle ausgeschlossen ist[317].

Das bedeutet, daß das von der Krankenversicherung zu leistende Sterbegeld (capital-décès) dem überlebenden Ehegatten verbleibt. Die Zahlung des Sterbegeldes kann jede Person beanspruchen, die der Versicherte zur Zeit seines Todes faktisch völlig und dauernd unterhielt[318].

---

314 Civ. 7. juin 1967, Bull. Civ. .II. 148 = D. 1967 somm, S.122; Civ. 24. juin 1974, Bull. Civ. .II. 175 = D. 1974 somm, S.113; vgl. Lambert-Faivre, aaO. (Degradation), D. 1984, S.51 (53), die darauf hinweist, daß Art. 211-1 Code des assurances den Ehegatten hinsichtlich der Kfz-Versicherung als Dritten (tiers) behandelt, allerdings um ihn hinsichtlich der Schadensersatzleistungen zum Anspruchsberechtigten zu erklären.

315 1er Civ. 2. juin 1981, Bull. Civ. 1981 .I. 158.

316 D. 1983, S.537 ff. Concl. Cabannes.

317 Ass.plén., aaO., . 1983 S. 539 ff. Fall no. 3; Chabas, aaO. (Accidents), no. 248.

318 Art. L. 361-4 n.F. Code de la Sécurité Sociale; vgl. Namgalies, aaO., S.116 ff.

Ist der tödliche Unfall vom überlebenden Ehegatten herbeigeführt worden, so vereinigt sich die Stellung des Haftpflichtigen mit der des Berechtigten in einer Person. Für diese Konstellation hält die "Assemblé plènière" den Rückgriff für ausgeschlossen, weil der Ehegatte nicht zugleich deliktisch verantwortlicher Dritter (tiers responsable) und sozialrechtlich aktivlegitimierter Anspruchsberechtigter sein könne.

Für den häufigeren Fall, daß der vom einen Ehegatten verursachte Unfall bei dem anderen Ehegatten Ansprüche wegen Körperverletzung und somit Ansprüche gegen den Krankenversicherer auslöst, nimmt der gemeinsame Senat der Kassationsgerichtshöfe sehr wohl an, daß der Schädiger Dritter im Sinne des Art. L. 376-1 Code de la Sécurité Sociale ist.

Der Sozialversicherungsträger kann aber denoch nicht gegen den Ehegattenschädiger Regreß nehmen, wenn er damit den verletzten Ehegatten unmittelbar oder mittelbar seines Vorteils berauben würde[319]. Denn mit dem Wesen der Ehe sei es unvereinbar, von einem Ehegatten diejenigen Leistungen zurückzufordern, die der Sozialversicherungsträger dem anderen gewährt habe, wobei der von den Ehegatten gewählte Güterstand keine Rolle spiele.

Etwas anderes gilt allerdings für den tatsächlich häufigen Fall (insbesondere im Straßenverkehr), daß der Ehegattenschädiger selbst haftpflichtversichert ist. Dann bleiben die (Familien)- Ehebeziehungen wirtschaftlich vom Regreß unberührt, weshalb der Rückgriff zulässig ist[320].

Zur dogmatischen Absicherung verweist das Kassationsgericht darauf, daß der Ehegatte eben grundsätzlich Dritter im Sinne des Art. L. 376 a.F. Code de la Sécurité Sociale sei, weshalb sich der Regreßausschluß nur rechtfertige, solange wirtschaftlich die Familie belastet würde. Treffe die Kostenlast dagegen letztlich den Haftpflichtversicherer, so bleibe es beim Anspruchsübergang gegen den Ehegatten, welcher dann vom Versicherer freigestellt werde.

Diese nun ständige Rechtsprechung[321] wird von der Literatur im Ergebnis befürwortet, hinsichtlich der dogmatischen Grundlage aber zum Teil heftig kritisiert[322].

---

319 Ass. plén., aaO., D. 1983, S.541, Fälle 1 und 2; "... elle (la Sécurité sociale) ne peut priver directment ou indirectment l'epoux victime du bénéfice des prestations auxquelles elle est légalement tenue".

320 Ass. plén., aaO., Concl. Cabannes, D. 1983, S.539.

321 Civ. 6. fev. 1986, D. 1986, I.R. 179, für den Rückgriff des Staates; Civ. 28. juin 1989 Bull. Civ. 1989 .II. 138 und 139, für den Rückgriff gegen den Schadensmitverursacher.

322 Lambert-Faivre, aaO. (Degradation), D. 1984, S.51 ff., ders. (Assurances), no. 356; Chartier, aaO., Anm. zu Ass. plén. vom 3. juin 1983, J.C.P. 1983 .II. 20121; Pretot, aaO., S.313; Groutel, aaO. (Recours), nos 30 ff.; Roland/Boyer/Starck, aaO., no. 129; Chabas, aaO. (Accidents), no. 248.

Es könne nicht angehen, daß der haftpflichtversicherte Ehegatte nicht in Anspruch genommen werden könne (kein Anspruchsübergang), aber dessen Versicherer. Die Haftpflichtversicherung sei nur zur Deckung der Schuld des Versicherungsnehmers verpflichtet. Ist dieser vom Rückgriff freigestellt, so müsse dies auch für den Versicherer gelten[323]. Der Durchgriff der Freistellung des Versicherungsnehmers zugunsten der Versicherung entspricht der ursprünglichen Rechtsprechung zu Art. 121-12 al. 3 Code des assurances in der Sachversicherung[324].

Das Argument der "Assemblé Pléniere" für die obligatorische Haftpflichtversicherung und insbesondere die Kraftfahrzeughaftpflichtversicherung sei z.B. in Art. R 124-1 Code des assurances das Schicksal des Anspruchs des Verletzten von dem des Versicherungsverhältnisses getrennt worden (inopposabilité partielle de déchéances, Direktanspruch), sei nicht überzeugend[325].

Die Trennung der Ansprüche rechtfertige sich ausschließlich aus Gründen des Opferschutzes. Man müsse aber klar sehen, daß das "Opfer" in den vorliegenden Fällen der Sozialversicherungsträger sei und der private Haftpflichtversicherer belastet werde. Diese Rechtsprechung verfolge ihre bedauerliche Tendenz weiter, nachdem sie zunächst die Sozialversicherung zum "Opfer" (dommage par ricochet) gemacht habe, nun auch noch in der Haftpflichtversicherung den "Schädiger" (résponsable) zu sehen und dabei die dogmatischen Grundsätze des Zivil- und Versicherungsrechts gänzlich zu verlassen[326].

Lambert-Faivre bringt ihre Kritik auf den Punkt, indem sie feststellt:

> "Die Sozialversicherung ist tatsächlich ein Opfer, ... ein Opfer ihres Defizits. Man muß annehmen, daß darin die wahre Grundlage für die von der Rechtsprechung vorgenommene Umgehung der Grundsätze der Versicherungsgarantie (Deckung) liegt"[327].

Darüber hinaus wird auf ein weiteres, von der Rechtsprechung nicht gelöstes Problem hingewiesen.

---

323 Groutel, aaO. (Recours), no. 30; ders. D. 1990, S.211 ff. (S.213); das klingt auch in Civ. 13. jan. 1988, D. 1988, S.293 note Groutel beiläufig an.

324 Civ. 8. juin 1982 Bull. Civ. 1982 .I. 213, die trotz der abweichenden Entscheidung der Ass. plén. zur Sozialversicherung nicht aufgegeben wurde; a.A. allerdings Groutel, aaO., D. 1987, S.397, note zu Civ. 13. janv. 1987.

325 Vergleichbar mit §§ 158 c VVG; 3 PflVG.

326 Lambert-Faivre, aaO. (Degradation), D. 1984, S.51 (54); ders., aaO. (Assurances), no. 356; Chartier, aaO., note J.C.P. 1983 .II. 20121.

327 "Les caisses de Sécurité sociale sont autres victimes de leur déficit financier: on n'ose croire que ce soit la vraie raison d'un tel detournement juridique de garantie".

Der gemeinsame Senat des Kassationsgerichtshofs begründet den Ausschluß des Anspruchsübergangs einerseits mit den "ehelichen Pflichten" (droits et devoirs respectifs des époux), andererseits mit der Idee der "Lebensgemeinschaft" (communauté de vie) und verweist auf Art. L. 321-1 n.F. Code de la Sécurité Sociale[328]

Offen bleibt, inwieweit auch die nichteheliche Lebensgemeinschaft privilegiert ist.

Chabas[329] vertritt die Auffassung, daß der Ausschluß des Anspruchsübergangs weder für getrennt lebende Ehegatten, noch für das Konkubinat gelte.

Groutel[330] verweist darauf, daß der Hinweis der "Assemblé plènière" auf Art. L. 321-1 Code de la Sécurité Sociale irreführend sei, weil nach Art. L. 313-3 Code de la Sécurité Sociale auch der nichteheliche Partner zumindest hinsichtlich des Sterbegeldes anspruchsberechtigt sei. Insofern komme es auf eine Wertung im Einzelfall an, ob der Versicherte mittelbar oder unmittelbar wirtschaftlich durch den Rückgriff belastet werde[331].

Alles in allem scheint aber nach überwiegender Ansicht die Privilegierung der nichtehelichen Lebensgemeinschaft in Frankreich abgelehnt zu werden[332].

Hinsichtlich des Zeitpunkts des Ausschlusses des Anspruchsübergangs stellt Groutel[333] auf die tatsächliche Inanspruchnahme und nicht auf den Zeitpunkt des Unfalls ab, da es erst zu diesem Zeitpunkt zur wirtschaftlichen Beeinträchtigung des Verletzten kommen kann. Die Freistellung vom Rückgriff dient schließlich dem optimalen Opferschutz. Der mißbräuchlichen Herstellung der Lebensgemeinschaft will Groutel[334] durch Abwägung im Einzelfall entgehen.

c) Das Schicksal des Schadensersatzanspruchs des Verletzten beim Ausschluß des Anspruchsübergangs

Kommt es also ausnahmsweise aufgrund der familiären Beziehungen nicht zum Anspruchsübergang des Schadensersatzanspruchs gegen den Dritten in Höhe der Leistungen der Versorgungsträger, so stellt sich die Frage, was mit diesem Anspruch geschieht.

---

328 Ass.plén. D. 1983, S.539; Civ. 20. avril 1988, Bull. Civ. 1988 .II. 88 für im Haushalt lebende Kinder.

329 AaO. (Accidents), no. 248.

330 AaO. (Recours), no. 31.

331 Groutel aaO., D. 1990, S. 211 ff. (213); vgl. dazu auch Dupeyroux, aaO. (Séc.soc.), no. 158; Namgalies, aaO., S.117; Magnus, aaO., S.89 mwN.

332 Lusseau aaO., Dr. Soc. 1980, S.203 ff. zur Stellung der nichtehelichen Lebensgemeinschaft im Sozialrecht allgemein.

333 AaO., D. 1990, S.211 ff. (214).

334 AaO., S. 214.

Soweit das Problem in Frankreich überhaupt erwähnt wird, geht die Lösung wie selbstverständlich dahin, daß der Verletzte seinen Schadensersatzanspruch neben den Leistungen des Versorgungsträgers realisieren kann[335].

Besson weist darauf hin, daß eigentlich das Bereicherungsverbot es verbietet, den Verletzten doppelt zu entschädigen. Der Anspruchsübergang auf den Versorgungsträger findet gerade wegen der vermeintlich sittlichen Verpflichtung unter Familienangehörigen, keinen Schadensersatz zu fordern, nicht statt. Dann sollte auch das Opfer selbst nicht anspruchsberechtigt sein [336].

Rechtlich gibt es dafür aber keine Handhabe. In Frankreich sind deliktische Schadensersatzansprüche unter Familienangehörigen genauso wenig ausgeschlossen, wie in Deutschland. Findet die Subrogation mit ihrer relativen Erfüllungswirkung nicht statt, so bleibt der Verletzte grundsätzlich anspruchsberechtigt. Könnte dieser keinen Schadensersatz fordern, würde, ohne daß sich dafür eine gesetzliche Grundlage findet, der Schadensurheber von seiner Pflicht befreit, was allgemein als unbillig empfunden wird.

In der Familie ist es demnach dem verletzten Familienmitglied überlassen, ob es gegen das schädigende Familienmitglied vorgehen möchte. Erstaunlich ist, daß sich außer den Andeutungen bei Besson[337] keine Stimmen finden, die auf die Grundlage der Subrogation in Art. 1251-3 C.civ. und der "obligatio in solidum" verweisen. Die Frage stellt sich, ob es nicht auch beim ausnahmsweisen Ausschluß des Anspruchsübergangs (effet translatif de la subrogation) nicht bei der relativen Erfüllungswirkung bleibt (effet extinctif), der Anspruch also im Verhältnis zum Familienmitglied nach Leistung des Versorgungsträgers erloschen ist. Wegen der Berücksichtigung des Haftpflichtversicherungsschutzes in Frankreich[338] ist das Problem in der Praxis allerdings kaum von Belang. Es findet sich keine Gerichtsentscheidung, die in concreto Ansprüche unter Familienangehörigen in Kumulation mit Sozialversicherungsleistungen bisher zugestanden hat. Erfüllungswirkung der Sozialleistungen ohne Subrogation wird allerdings auch nicht verteten.

IV. Teilungsabkommen; Le Protocole d'accord Organisme sociaux/Entreprise d'assurance vom 24. Mai 1983

Auch in Frankreich gab es bereits vor der Verabschiedung der loi Badinter ein Abkommen zwischen dem Verband der Privatversicherer und den Organisationen der sozialen Sicherung, um die Regreßabwicklung zu beschleunigen

---

[335] Groutel, aaO. (Recours), no. 27, "Rien n'interdit à la victime elle-meme d'agir en réparation"; Picard/Besson, aaO., no. 347; Trib. Laval, 27. juillet 1932, R.G.A.T. 1932, S.1036; Angers, 15. mars 1933, R.G.A.T. 1933, S.856.

[336] AaO., no. 347.

[337] AaO., no. 347.

[338] 3. Teil B. II. 2. b).

und den Verwaltungsaufwand zu senken. Es nennt sich "Le Protocole d'accord Organisme sociaux/Entreprise d'assurance du 24. mai 1983" und wird bisweilen auch mit dem Namen des Präsidenten der Vorbereitungskommision M. Bergeras bezeichnet[339]. Die loi Badinter hat an seiner Geltung außer der Neuvereinbarung einzelner Leistungsquoten nichts geändert.

Mit dem Abschluß des Abkommens wurden 3 Ziele verfolgt[340]:

- Verfahrensbeschleunigung

- Verfahrensvereinfachung

- Verminderung der gerichtlichen Auseinandersetzungen.

Dazu wurden gegenseitige Informationswege vereinbart und ein abgestuftes Schlichtungsverfahren organisiert. Im Anhang des Protokolls ("Reglement d'Application Pratique", R.A.P.) werden verschiedene typische Fallkonstellationen beschrieben, auf die fest vereinbarte Tabellenwerte zur Abwicklung angewendet werden[341].

Entscheidend im vorliegenden Zusammenhang ist, daß das Protokoll die Abwicklung des Haftungsdreiecks durch eine unmittelbare Auseinandersetzung zwischen Privatversicherern und Sozialversicherungsträgern ersetzt wird. Das klassische Dreiecksverhältnis kommt somit nicht zur Entstehung. Mangels Regreßproblematik kann eine weitere Untersuchung unterbleiben[342].

---

339 Margeat/Landel aaO., Dr. Soc. 1984, cahiers spécial avril.

340 Lambert-Faivre aaO. (Assurances), no 591; Legais aaO., no 354; Dupeyroux aaO. (Sec. soc.), no 366; Groutel aaO. (Recours), no 190.

341 Margeat/Landel aaO., Dr. Soc. 1984, cahiers spécial avril.

342 Erwähnenswert ist die französische Besonderheit, daß eine Abgabe in Höhe von 12% der Kraftfahrzeughaftpflichtversicherungsprämie an die Sozialversicherung abzuführen ist, der damit z. B. für 1982 zusätzliche Einnahmen von 3 Milliarden Francs verschafft wurden.

Vierter Teil

Rechtsvergleichende Zusammenfassung

A. Einleitung

Keine zwei Staaten dieser Welt haben in allen Punkten übereinstimmendes Recht[1].

Die vor allem in Frankreich gehegte Erwartung, der französische Code Civil würde einen Siegeszug durch die ganze Welt antreten, ging nicht in Erfüllung[2].

So hat die Untersuchung der Frage nach dem Rückgriffsrecht des weiteren Deckungspflichtigen in Deutschland und Frankreich neben zahlreichen Gemeinsamkeiten auch beachtliche Unterschiede zutage gefördert. Selbst wenn der Gesetzgeber vergleichbare Intentionen verfolgte, so ist sowohl das Zusammenspiel der Regelungen mit der allgemeinen Zivilrechtsdogmatik, als auch die Auslegung der positiv rechtlichen Regelungen durch Rechtsprechung und Literatur in der Regel ganz stark von den eigenen nationalen Rechtsvorstellungen geprägt[3].

Das führt dazu, daß selbst "gleiche" Regelungen nach jahrelanger Anwendung durch die Rechtspraxis sich unterschiedlich entwickeln können.

Eine rechtsvergleichende Betrachtung der zu untersuchenden Fragestellung ist in der vorangehenden Darstellung zumindest im Ansatz vorweggenommen. Die gewählte systematische und dogmatische Darstellungsform bewirkt eine Strukturierung, die nicht der in Frankreich üblichen, stärker am historischen Ablauf orientierten, entspricht.

---

[1] Koch/Magnus/Winkler von Mohrenfels, aaO., S.187.

[2] In Frankreich: z.B. Beugnet: "Meine Herren, ich lehre nicht Privatrecht. Ich kenne nur den Code Napoléon; zitiert nach: David/Graßmann, aaO., S.5.

[3] Zweigert/Kötz, aaO., Bd. 1 S.19.

Der hinter dieser Darstellungform stehende Gedanke ist, daß sich die Behandlung des Verhältnisses zwischen Schädiger, Geschädigtem und weiterem Deckungspflichtigen in Deutschland und Frankreich weitgehend decken.

Um zu zeigen, daß die Übereinstimmungen sich nicht notwendig aus übergeordneten Gesichtspunkten, wie in etwa Gerechtigkeitserwägungen ergeben, wurden im 1. Teil die diametral verschiedenen Lösungen in den USA und Skandinavien angesprochen.

Auch die dadurch ausgelöste rechtspolitische Diskussion auf internationaler Ebene sowie in Deutschland und Frankreich wurde aufgezeigt.

Die Darstellung der nationalen Regelungen hat dann im 2. und 3. Teil einen Überblick über die unterschiedlichen Regelungsmethoden gegeben. Dabei wurden insbesondere für Frankreich die maßgebenden Rechtsentwicklungen dargestellt und kritisch analysiert, wobei bereits rechtsvergleichende Erwägungen angestellt wurden.

In der abschließenden Betrachtung sollen nun die in den entsprechenden Abschnitten der Arbeit herausgearbeiteten Gemeinsamkeiten und Unterschiede zusammenfassend rechtsvergleichend gegenübergestellt werden. Denn, wie bereits Rabel es formuliert hat:

> "Das innere Verhältnis zwischen den (...) Rechtsordnungen erkennen wir erst, wenn wir die Gemeinsamkeiten und Verschiedenheiten zusammen in einer vergleichenden Charakteristik der Institute aufgehen lassen"[4].

B. Zusammenfassende rechtsvergleichende Betrachtung

I. Originärer deliktischer Schadensersatzanspruch

Für das französische Recht wurde im einzelnen dargelegt, daß der auf die Generalklausel des Art. 1382 C.civ. gestützte Schadensersatzanspruch für alle die Fälle, bei denen der Anspruchsübergang durch Subrogation nicht angeordnet wurde, und z.T. auch neben der Subrogation als Lösungsweg für das Konkurrenzverhältnis zwischen Schädiger und weiterem Deckungspflichtigen zur Anwendung gebracht wurde[5].

Da der Verletzte wegen des in beiden Rechtsordnungen beachtlichen Bereicherungsverbots aus dem Schadensfall keinen Vorteil ziehen darf, mindert sich sein Schadensersatzanspruch gegenüber dem Schädiger in der Höhe der von anderer Seite aus Anlaß seines Schadens zu erbringenden Versorgungsleistung. Der Versorgungsträger dagegen erleidet einen eigenen direkten Schaden "par ricochet", soweit er zu Leistungen an den Verletzten

[4] Rabel, aaO., S.180.

[5] 3. Teil IV.

oder dessen Angehörige verpflichtet ist, kann also unmittelbar vom Schädiger Ersatz dieses Schadens verlangen.

In Deutschland fehlt eine umfassende deliktische Generalklausel, so daß ein vergleichbarer eigener Schadensersatzanspruch ausscheidet.

1970 stellte Hüffer[6] in ähnlichem Zusammenhang rechtsvergleichend die Frage, "ob ein originärer Schadensersatzanspruch des weiteren Deckungspflichtigen für das bürgerliche Recht de lege ferenda wünschenswert ist".

Immerhin findet sich eine deliktische Generalklausel neben dem Code Civil auch in den beiden anderen großen Gesetzgebungswerken der Aufklärungszeit, nämlich im Preußischen Allgemeinen Landrecht und im österreichischen ABGB von 1811, und ist auch im 20. Jahrhundert von zahlreichen Kodifikationen übernommen worden[7].

Konnte Hüffer damals allenfalls "die Tendenz" konstatieren, "den originären Ersatzanspruch durch die Subrogation oder andere Regreßformen abzulösen"[8], so ist diese Ablösung durch die loi Badinter in Frankreich unterdessen vollzogen worden.

Der Code civil definiert mit keinem Wort, was er unter "dommage" i.S. des Art. 1382 C.civ. versteht. Ob mittelbare Schäden erstattungsfähig sind, hat das Gesetz der Rechtsprechung überlassen. Diese hat das zum Teil angenommen. Nur dann, wenn der Schaden des Verletzten zufällig mit den Aufwendungen des Versorgungsträgers identisch ist, lassen sich mit dieser Konstruktion befriedigende Ergebnisse erzielen. Insbesondere die Problematik der Verdoppelung des Schadensersatzanspruchs mit der Gefahr der doppelten Inanspruchnahme des Schädigers hat die Rechtsprechung nicht in den Griff bekommen. Diese Unzulänglichkeiten des Versuches die Regreßproblematik schadensrechtlich zu lösen, rief den französischen Gesetzgeber 1985 auf den Plan, der in Art. 33 loi Badinter jeden Anspruch neben der Subrogation ausschloß[9].

Beim französischen Gesetzgeber hat sich die Einsicht durchgesetzt, daß Schadensersatz und Regreß nicht dasselbe sind und unterschiedliche Ziele verfolgen. Maßstab für den Schadensersatzanspruch ist allein die unmittelbar beim Verletzten eingetretene Vermögenseinbuße. Der Regreß ist dagegen ein technisches Mittel, die mit einem Schaden verbundene wirtschaftliche Belastung bei Beteiligung mehrerer Personen einer vorgelagerten wertenden Entscheidung entsprechend zu verteilen. Für diese Wertung greift es zu kurz,

---

6 AaO., S.109 f.

7 Vgl. die Nachweise bei Zweigert/Kötz, aaO., Bd. 2 S.357.

8 aaO., S.109.

9 Zu den nachteiligen Konsequenzen der Konstrtuktion über den "dommage par ricochet", vgl. 3. Teil A. IV. 3.

allein auf das Verhältnis zwischen weiteren Deckungspflichtigen und Verletzten abzustellen, wenn auch sicherlich dort der richtige Ansatzpunkt liegt[10]. Legalzession und Subrogation als Regreßkonstruktionen sind die technische Umsetzung der Wertentscheidung, wonach der Schädiger durch die Drittleistung nicht entlastet, zugleich aber der Verletzte nicht durch Kumulation bereichert werden soll. Schadensrechtlich zeitigt der Regreß dagegen keine Auswirkungen, genauso wenig, wie das Schadensrecht die Regreßproblematik nicht befriedigend zu lösen vermag.

Der Verwischung der Grenzen zwischen Schadensrecht und Regreßrecht hat der französische Gesetzgeber mit der loi Badinter zu Recht ein Ende bereitet. Lediglich der Ersatz der Arbeitgebersozialbeiträge für private und staatliche Arbeitgeber kann noch auf Art. 1382 C.civ. gestützt werden (Art. 32 loi Badinter)[11].

Ob darin eine allgemeine Abkehr von der deliktischen Generalklausel in Frankreich zu sehen ist, muß offen bleiben.

Jedenfalls kann de lege ferenda die Einführung eines eigenen Schadensersatzanspruchs des Versorgungsträgers gegen den Dritten nicht befürwortet werden.

II. Der Regreß durch Legalzession bzw. "subrogation légale"

Im 2. und 3. Teil wurde dargelegt, daß sowohl die deutsche als auch die französische Rechtsordnung das Dreiecksverhältnis zwischen Schädiger, Verletztem und Versorgungsträger durch Regreßkonstruktionen lösen.

Der Verletzte kann nur einmal die Leistung fordern. Leistet der Versorgungsträger, so geht der Anspruch des Verletzten gegen den Schädiger auf den Leistenden über.

Drei Ziele werden dadurch erreicht:

- der Verletzte kann nicht doppelt liquidieren und damit bereichert aus dem Schadensereignis hervorgehen;
- der Schädiger wird letztlich nicht durch die Leistung des Versorgungsträgers entlastet;
- Obergrenze der Belastung des Schädigers bleibt der von ihm zu leistende Schadensersatzanspruch, der sich aus dem Schaden des Verletzten allein berechnet.

---

[10] so aber Hüffer, aaO., S.110 ff.

[11] In Deutschland konnte auch der Anspruch des Arbeitgebers auf Sozialbeiträge niemals auf § 823 BGB gestützt werden, weil die Forderungszuständigkeit kein absolutes Rechtsgut ist, vgl. BGH VersR 1970 S.40 f.; heute geregelt durch §§ 116, 119 SGB X.

Die Lösung des Dreipersonenverhältnisses durch die Regreßkonstruktion führt damit zu einem befriedigenden Ergebnis. Der Regreß wird in Deutschland durch die Legalzession, in Frankreich durch die "subrogation légale" bewerkstelligt.

Haben beide Rechtsordnungen also "identische" Lösungen gewählt, nachdem nun der eigene deliktische Schadensersatzanspruch in Frankreich der Vergangenheit angehört?

Zum überwiegenden Teil scheint die Literatur dies anzunehmen und das Thema damit "ad acta" zu legen[12].

Zuzugeben ist, daß die dahinterstehende Grundkonzeption als auch im großen und ganzen die Ergebnisse im Einzelfall übereinstimmen. Andererseits unterscheidet sich die ursprüngliche dogmatische Konzeption von Legalzession und "subrogation légale" erheblich, und auch die neuere Rechtsprechung und Lehre in Deutschland und Frankreich gehen verschiedene Wege.

In Deutschland basiert der Anspruchsübergang nach h.M. auf einem zweistufigen Akt, wobei das Schwergewicht auf der ersten, schadensrechtlichen Stufe liegt[13]. Dabei geht die h.M. zunächst davon aus, daß der Schadensersatzanspruch des Verletzten auch nach der Leistung des Versorgungsträgers wegen der Versagung der Vorteilsausgleichung erhalten bleibt. Denn der Anspruchsübergang setze denknotwendig das Fortbestehen des Anspruchs voraus[14]. Jede Regreßkonstruktion müsse diese schadensrechtliche Prämisse erfüllen.

Auf der zweiten Stufe erfolgt dann die Überleitung, wobei nach § 412 BGB die Abtretungsregelungen zur Anwendung kommen. Die entsprechende Anwendung der §§ 398 ff. BGB erlaubt es, im Rahmen des § 116 SGB X insofern eine gesetzliche Vorauszession aller Schadensersatzansprüche bereits im Zeitpunkt des Schadensereignisses anzunehmen[15].

Der "subrogation légale" im französischen Recht liegt ein solcher zweistufiger Denkakt nicht zugrunde.

Die Subrogation in Frankreich ist kein schadensrechtliches Instrument, sondern eine Rechtsfolge der Erfüllung[16]. Das relative Erlöschen des Schadensersatzanspruchs im Verhältnis zwischen Schädiger und Verletztem nach Lei-

---

[12] In Deutschland: Bruck/Möller (Sieg), aaO., § 67 Rn. 25 "die Parallelität geht bis in die Einzelheiten"; Namgalis, aaO., S.173 Fn. 230; Marschall von Bieberstein, aaO. (Reflexschäden), S.94 ff., insbesondere Fn. 369; in Frankreich: Mestre, aaO., no. 136 der die Vergleichbarkeit zwischen Art. 1251-3 C.civ. und § 426 Abs. 2 BGB hervorhebt.

[13] Hüffer, aaO., S.112.

[14] 2. Teil A. III. 2.

[15] 2. Teil A. I.

[16] 3. Teil A. II. 3. a).

stung des Versorgungsträgers, hindert den Anspruchsübergang nicht. Das Erklärungsdefizit, das besteht, wenn ein eigentlich erloschener Anspruch übergehen soll, wird zwar erkannt, aber in Frankreich letztlich mit dem praktischen Bedürfnis an der Anspruchsübertragung begründet, so daß die unterschiedlichen Subrogationstheorien heute nicht mehr von Bedeutung sind[17].

Relative Miterfüllung und Anspruchsübergang sind in Frankreich untrennbar verbunden und als objektive Rechtsfolge an die Leistung eines denselben Erfüllungsgegenstand befriedigenden Gläubigers geknüpft.

Eine Versagung der Anrechnung der Drittleistung wie in Deutschland wurde bisher nicht erwogen[18].

Mit Hilfe der Subrogation werden die Probleme ausgeglichen, die der Code Civil durch den engen Anwendungsbereich der "cession" geschaffen hat (Publizitätserfordernis nach Art. 1690 C.civ.)[19]. Die Schuldnachfolge in Frankreich hat sich daher wesentlich stärker unter dem Gesichtspunkt der objektiven Rechtsfolge einer Erfüllung entwickelt, weil eine entsprechende Anwendung der Zessionsvorschriften von vorneherein ausschied.

Welche Folgerungen ergeben sich, wenn man die in Frankreich herrschende Vorstellung mit der in Deutschland von der h.M. vertretenen Meinung zur Einordnung der Legalzession in die Zivilrechtsdogmatik vergleicht?

Hüffer[20] meint, es sei zweifelhaft, ob sich das Regreßrecht zur Abwicklung des Dreiecksverhältnisses mit den Vorschriften des BGB in Einklang bringen lasse. Eine eindeutige Regreßnorm kenne das BGB nicht. Für den Regreß über die Gesamtschuld ergebe eine rechtsvergleichende Betrachtung mit Frankreich so gut wie keine Parallele. Er schlägt einen Regreß über §§ 255, 281 BGB als rechtstechnische Konstruktion vor, die mit dem Ergebnis der französischen Subrogation vergleichbar sei.

Die Argumente, die gegen eine analoge Anwendung des rein sachenrechtlich konzipierten § 255 BGB auf die vorliegenden Fälle sprechen, wurden bereits dargelegt[21].

Zu überprüfen ist aber, ob nicht doch die hier vertretene Gesamtschuldtheorie, die in den §§ 421, 422, 426 BGB die zentralen Regreßnormen des BGB erblickt, die in der Legalzession lediglich eine spezielle Ausformung erfahren

---

17 3. Teil A. II. 3. b).

18 3. Teil A. V. 5. c); Ausnahme: M.M. hinsichtlich der Anrechnung schadensersetzender Drittleistungen für die die Subrogation ausdrücklich ausgeschlossen ist (Zusatzrentenkassen).

19 3. Teil A. II. 4.; so auch Zweigert/Kötz, aaO., Bd. 2 S.153.

20 aaO., S.111, 114 f.

21 2. Teil A. VII. 5.

haben, nicht doch eine Stütze in den hinter der "subrogation légale" stehenden Generalklausel des Art. 1251-3 C.civ. findet[22].

Fest steht, daß nach französischer Vorstellung das Mehrpersonenverhältnis zwischen Schädiger, Verletztem und weiteren Deckungspflichtigen keine Gesamtschuld im Sinne der eng auszulegenden "solidarité parfaite" darstellt[23].

Auch der spezielle Ausgleichsanspruch aus Art. 1213 C.civ. ist nicht anwendbar.

Gesichert ist darüber hinaus die Erkenntnis, daß die Zession in Frankreich wegen des Publizitätserfordernisses des Art. 1690 C.civ. keine Rolle spielt und daher andere Wege zur Forderungsübertragung gefunden werden mußten.

Diesen Übertragungsmechanismus stellt der Code Civil mit der allgemeinen Regreßvorschrift der Subrogation in Art. 1251-3 C.civ. zur Verfügung. Die Subrogation an sich ist aber nur eine Rechtsfolge der Leistung eines Schuldners, welche die Erfüllung und den Anspruchsübergang nach sich zieht. Die Voraussetzungen der "subrogation légale" sind identisch mit denen der gesamtschuldähnlichen "obligatio in solidum"[24]. So stellt Ferid[25] fest:

> "Allgemein liegt eine obligatio in solidum immer dann vor, wenn jeder der mehreren Schuldner die ganze Leistung zu bewirken verpflichtet, der Gläubiger sie aber nur einmal zu fordern berechtigt ist und wenn weder vertraglich noch gesetzlich eine Gesamthaftung angeordnet ist".

Diese Voraussetzungen sind deckungsgleich zu denen des Art. 1251-3 C.civ., die die "subrogation légale" auslösen[26].

Eine vergleichbare allgemeine Rückgriffsnorm für den Fall, daß mehrere Schuldner, aus welchen Gründen auch immer, ein einheitliches Schuldinteresse eines gemeinsamen Gläubigers zu befriedigen haben, stellt §§ 421, 422 Abs. 1 S. 1 und § 426 Abs. 2 BGB dar[27].

Der Wortlaut läßt diese Interpretation ganz eindeutig zu[28]. Die Notwendigkeit der Abgrenzung der Gesamtschuld zur gemeinschaftlichen Schuld erfordert es nicht, die Regreßnorm einschränkend anzuwenden, da insofern eine Regreßproblematik gar nicht auftreten kann. Dem Gläubiger obliegt das

---

22 Ohne tiefgehende rechtsvergleichende Darstellung vertritt zumindest Mestre, aaO., no. 136 diese Auffassung; zur internationalprivatrechtlichen Gleichbehandlung von GesamtschuldnerRegreß und Legalzession vgl. Art. 33 Abs. 3 EGBGB.

23 3. Teil A. I. 1.

24 3. Teil A. I. 2.

25 aaO., 2 E 93.

26 3. Teil A. II. 3. ; "Au profit de celui qui, étant tenu avec d'autres ou pour d'autres au payement de la dette, avait intéret de l'acquitter", Art. 1251-3 C.civ.

27 A.A. Hüffer, aaO., S.114.

28 2. Teil A. III. 5.

Wahlrecht, gegen welchen seiner Schuldner er in voller Höhe vorgehen möchte.

§ 426 Abs. 2 BGB wird durch die "Soweitklausel" des § 426 Abs. 1 S. 1 BGB zu einer flexibel handhabbaren Norm, unter die alle Sonderfälle ohne Probleme subsumiert werden können[29].

Der größte Vorteil liegt darin, daß die Erfüllung nach § 422 BGB Gesamtwirkung hat. Daß der Anspruch nur "relativ" zum Erlöschen kommt und daher übergangsfähig bleibt, hat der Gesetzgeber in § 426 Abs. 2 BGB zum Ausdruck gebracht. An diesem Übergang besteht ein praktisches Bedürfnis, weshalb es nicht überzeugt, allein aus formallogischer Deduktion den Übergang für ausgeschlossen zu erklären. Da die h.M. dies aber tut, mußte sie den Schadensersatzanspruch durch Versagung der Vorteilsausgleichung aufrecht erhalten und damit schadensrechtliche Erwägungen bemühen, ohne daß diese Konzeption die Erfassung der Problematik erleichert hätte[30].

Vorteilsausgleichung und Regreß dienen der gleichen Intention, eine unbillige Bereicherung des Geschädigten auszuschließen. Da Einigkeit darüber besteht, daß dieser Zweck durch die Regreßkonstruktion mittels Legalzession allein problemlos erreicht wird, erstaunt es, weshalb die Vorstellung von der versagten Vorteilsausgleichung sich durchsetzen konnte. Sie führt zur Erhaltung des Schadensersatzanspruchs; ein Ergebnis, das nicht nur dogmatisch-konstruktiv nicht überzeugen kann, sondern auch für den Fall des Familienprivilegs der §§ 67 Abs. 2 VVG, 116 Abs. 6 SGB X zu unbilligen Ergebnissen führt[31].

Somit könnte vom französischen Recht die Vorstellung der relativen Miterfüllung durch Befriedigung eines einheitlichen Gläubigerinteresses (Schaden) übernommen werden, um diese zum Bestandteil der Regreßkonstruktion durch Legalzession zu machen. Eine Gesetzesänderung ist dafür nicht erforderlich, weil genau dieser Weg auch durch die Konzeption des Gesamtschuldnerregreßes nach §§ 422, 426 BGB vorgezeichnet ist.

III. Rechtsvergleichende Erkenntnisse hinsichtlich einzelner Problemzonen

Die Ergebnisse von Legalzession und "subrogation légale" in der praktischen Rechtsanwendung in Deutschland und Frankreich entsprechen sich weitestgehend.

Soweit es Abweichungen in Einzelfällen gibt, wurde darauf bereits eingegangen.

---

[29] 2. Teil A. III. 5.

[30] 2. Teil A. III. 2.

[31] 2. Teil B. III. 2. a) und 2. Teil. A. III. 5.

Zum Abschluß sollen einige dieser Erkenntnisse kurz zusammenfassend gewürdigt werden.

1. Zeitpunkt des Anspruchsübergangs

In Frankreich kommt es ausschließlich erst nach der Leistung, die in der Regel zuerst vom Versorgungsträger erbracht wird und soweit diese einen kongruenten Schaden deckt, zum Anspruchsübergang. Das ergibt sich zwingend aus dem Rechtscharakter der Subrogation als Folge der Erfüllung.

Nach deutscher Rechtsvorstellung knüpft die Legalzession nach § 412 BGB an die entsprechende Anwendung der Zessionsvorschriften an, so daß auch die "Vorauszession" einer nur dem Grunde nach bestehenden Forderung von § 116 SGB X erfaßt werden kann[32]. Diese Lösung bringt zwar dem Sozialversicherungsträger optimalen Schutz vor nachteiligen Verfügungen des Verletzten, kann aber zu Benachteiligungen beim Gläubiger und beim Mitschuldner führen.

Der Schutz des Schädigers (bzw. dessen Haftpflichtversicherung) durch § 407 ff. BGB ist minimal, weil bereits von dessen Kenntnis "von der Abtretung" ausgegangen wird, wenn der Sachbearbeiter der Versicherung weiß, daß das Opfer jemals versicherungspflichtig gearbeitet hat.

Der Verletzte selbst hat Schwierigkeiten beim Abschluß von Abfindungsvergleichen zu berücksichtigen und ist gemäß § 116 Abs. 7 SGB X speziellen Bereicherungsansprüchen ausgesetzt.

Ob diese Privilegierung der Sozialversicherungsträger zum Nachteil der übrigen Beteiligten aufgrund des Solidaritätsgedankens notwendig und gerechtfertigt ist, kann bezweifelt werden.

2. Vertragliche Abtretungs- bzw. Subrogationsklauseln

Vertragliche Abweichungen von der gesetzlichen Regelung des Anspruchsübergangs zum Nachteil des Versicherten sind sowohl in Deutschland als auch in Frankreich unzulässig. In Deutschland folgt dies bereits aus § 68a VVG für das Privatversicherungsrecht.

In Frankreich kann auf eine ständige Rechtsprechung in diesem Sinne verwiesen werden.

---

[32] 2. Teil A. I.; dort auch zur Kritik an dieser Konzeption.

3. Kongruenz und Quotenvorrecht

Das Kongruenzerfordernis ist in Deutschland durch die Aufspaltung in Einzelschäden weiter gefaßt als in Frankreich[33].

In Frankreich wird dagegen lediglich eine Gruppenbildung nach Sach-, Personen- und höchstpersönlichen Schäden vorgenommen[34].

Übereinstimmung herrscht in beiden Rechtsordnungen hinsichtlich der Differenzierung für das Quotenvorrecht nach Privat- und Sozialversicherung, wobei allerdings die "perfektionistische" Regelung des § 116 SGB X in Frankreich kein "pendant" findet.

Bemerkenswert ist, daß das Quotenvorrecht des Privatversicherers nach allgemeiner Auffassung in Frankreich auf den in Art. 1252 C.civ. niedergelegten Grundsatz des "nemo contra se subrogasse censetur" gestützt wird, während in Deutschland von der h.M. aus § 67 Abs 1 S. 3 VVG nur ein Befriedigungsvorrecht abgeleitet und im übrigen auf die allgemeinen Grundsätze des Versicherungsvertrags zurückgegriffen wird[35]. Besonders interessant ist dabei die in Frankreich für das Privatversicherungsrecht herrschende Vorstellung, nach der eine Bevorrechtigung des Versicherers schon deshalb ausscheiden muß, weil ihm gar kein konkurrierender Anspruch, sondern nur der vom Verletzten übergegangene und um dessen Vorrecht von Anfang an gekürzte Anspruch zusteht[36].

Es erstaunt auch, daß in beiden Rechtsordnungen der Privatversicherte bei unzureichender Ersatzleistung besser gestellt wird als der Sozialversicherte. Im Hinblick auf die soziale Gerechtigkeit kann diese Privilegierung nicht überzeugen.

4. Das Familienprivileg

Den Grundsatz, nach dem die Regreßsituation nicht in die Familie hineingetragen werden soll, haben sich beide Rechtsordnungen zu eigen gemacht[37]. Die Gesamtschuldtheorie trägt diesem Gedanken dadurch Rechnung, daß es dem geschädigten Familienmitglied obliegt, ob es gegen den Versorgungsträger oder den zur Familie gehörenden Schädiger vorgeht. Damit bleibt es bei der gesetzgeberischen Grundentscheidung, nach der das Opfer, aber nicht der Schädiger durch die Freistellung vom Regreß geschützt werden soll.

---

[33] 2. Teil B. II. 1.

[34] 3. Teil B. II. 1.

[35] 2. Teil B. II. 2.a) ; 3. Teil B. II. 2. a).

[36] Picard/Besson aaO., no. 339; vgl. auch 3. Teil B. II. 2. a).

[37] 2. Teil B. III. 2.; 3. Teil B. III. 2.

In Frankreich steht der Schutz der Familie vor wirtschaftlicher Inanspruchnahme im Vordergrund, weshalb das Regreßverbot nicht eingreift, wenn das schädigende Familienmitglied Haftpflichtversicherungsschutz genießt.

Diese Lösung kann aber de lege ferenda nicht befürwortet werden, weil sie mit den Grundgedanken des Versicherungsrechts nicht vereinbar ist, wenn auch zuzugeben ist, daß die praktischen Rechtsanwendungsergebnisse in der Regel interessengerecht sind[38].

Hinsichtlich des Zeitpunktes auf den für das Bestehen der privilegierenden Umstände abzustellen ist, verweisen die französischen Autoren, soweit das Problem angesprochen wird, zu Recht auf den Augenblick der tatsächlichen Inanspruchnahme und nicht auf die verletzende Handlung[39]. Dies entspricht der in Deutschland zu § 67 Abs. 2 VVG vertretenen Mindermeinung[40]. Nur so kann die wirtschaftliche Beeinträchtigung des Verletzten wirksam verhindert werden.

---

[38] 2. Teil B. III. 2. d); 3. Teil B. III. 2. c.; dort auch zur Kritik in der französischen Lehre an der Rechtsprechung der Cour de Cassation.

[39] 3. Teil B. III. 2.b).

[40] 2. Teil B. II. 2. c) bb) (2).

Literaturverzeichnis

Alternativkommentar zum Bürgerlichen Gesetzbuch (Hrsg. Wassermann, Rudolf), Darmstadt/Neuwied 1980 (zitiert: Alternativkommentar/Bearbeiter)

Andrieux, J.: Le recours des caisses du regime général de la Sécurité Sociale contre le tiers responsable d'un accidents de droit commun; D. 1960, Chron S. 195 ff.

Aubry/Rau: Droit civil francais 6e édition tome 4 (Bartin), Paris 1942

Bar, Christian v.: Abtretung und Legalzession im neuen deutschen Internationalen Privatrecht; RabelsZ 53(1989), S.462 ff.

Bar, Christian v.: Neues Verkehrshaftpflichtrecht in Frankreich; VersR 1986, S.620 ff.

Barthelemy, Jacques: Nature juridique des regimes de prevoyance; Gaz. Pal. 1979, S.310 ff.

Battifol, Henri: Droit international privé 4e édition, Paris 1967

Baumann, Horst: Der Regreß kollektiver Schadensträger im freiheitlichen Sozialstaat, Tübingen 1977

Bayer, Walter: Die Zession von Ersatzansprüchen gegen den nach § 67 Abs. 2 VVG privilegierten Schädiger; VersR 1989, S.1086 ff.

Berr/Groutel: Droit des Assurances, 2e édition, Paris 1978

Berr/Groutel: Les grands arrets du droit de l'assurance, Paris 1978

Biesalski, Dieter: Grundzüge der Deliktshaftung nach Artikel 1382,1383 des Code Civil im französischen Recht, Diss. Mannheim 1975

Birk/Abele/Kosel-Seibert/Maurer: Lohnfortzahlung im Krankheitsfall; ZIAS 1987, S.45 ff.

Bley, Helmar: Sozialrecht 6. Auflage, Frankfurt 1988

Böhmer, Christof: Spannungen im deutsch-amerikanischen Rechtsverkehr in Zivilsachen; NJW 1990, S.3049 ff.

Böhner, Reinhard: Factoring im deutsch-französischen Rechtsverkehr; IPrax 1985, S.15 f.

Brackmann, Kurt: Handbuch der Sozialversicherung Band 2, Sankt Augustin Loseblatt Stand 1987

Bredin, Jean-Denis: A propos des arrets de l'assemblée plénière civile du 30 juin 1960: Fondement et domaine des recours du debiteur de prestations contre le responsable de l'accident survenu au prestataire; J.C.P. 1960 .I. 1584

Breuer, Joachim: Der Regress des Sozialversicherungsträgers in der Bundesrepublik Deutschland mit einer Rechtsvergleichung zu den Regelungen in der Schweiz und in Österreich; ZfS 1982, S.193 ff.

Breuer, Joachim: Die Regelung des Quotenrechts im SGB X - ein Fehlgriff des Gesetzgebers?; ZfS 1982, S.145 ff.

Breuer, Joachim: Wiederaufbau des Regressanspruches eines Sozialversicherungsträgers nach Wegfall der Voraussetzungen des § 116 Abs. 6 SGB X; VersR 1984, S.512 ff.

Bruck/Möller(Bearbeiter): Kommentar zum Versicherungsvertragsgesetz Band 2 8. Auflage, Berlin/New York 1980 (zitiert: Bruck/Möller(Bearbeiter)

Brun, o.A.: Les recours de EDF et GDF, organismes à statut particulier contre le tiers responsable; Gaz. Pal. 1960 .I. Doctr. S.91 ff.

Camelbeke, Micheline v.: Annuaire de la législation Francaise 1985, Landesgruppe Frankreich, Zivilrecht, Paris 1985

Cantzler, Klaus: Die Vorteilsausgleichung beim Schadensersatzanspruch; AcP 156, S.29 ff.

Capitant, Henri: Du recours soit de l'assureur, soit de l'assuré, contre le tiers qui par sa faute a amené à la réalisation du risque prévu au contrat d'assurance; Rev. trim. dr. civ. 1906, S.37 ff.

Capitant, Henri: La loi du 13 juillet rélative au contrat d'assurance; R.G.A.T. 1930, S.730

Capotosti, M.R.: Le Concours de l'assureur social et du tiers responsable dans l'indemnisation des dommages, R.G.A.T. 1984, S.113 ff.

Carbonnier, Jean: Droit Civil, 4. Obligations 11e édition, Paris 1982

Chabas, Francois: Le droit des accidents de la circulation 2e édition, Paris 1988

Clayzac, Michèle: Les recours des tiers payeurs, La loi Badinter; R.G.A.T. 1986, S.113 ff.

Colin/Capitant: Droit civil francais tome 2 10e édition par Juilliot de la Morandière, Paris 1948

Cord, Leon: Le problème du cumul des indemnités et prestations qui tendent à réparer le préjudice subi par un assuré social victime d'un accident imputable à un tiers; J.C.P. 1952 .I. 10003

Dahan, Moise: Sécurité Sociale et responsabilité, Paris 1963

Darling-Hammond/Kniesner: The law and economics of worker's compensation, Santa Monica 1980

David/Grasmann: Einführung in die großen Rechtssysteme der Gegenwart, München 1966

David/Jauffret-Spinosi: Les grands systèmes de droit contemporains 8e édition, Paris 1982

de Barthes de Montfort, Dominique: Nature et fondement du recours contre le tiers responsable du débiteur de prestation dues à la victime, Paris 1964

de Witt/Huffmann: Nichteheliche Lebensgemeinschaft 2.Auflage, München 1986

Deinhard, Kurt: Der gesetzliche Forderungsübergang nach den §§ 116-119 SGB X; VersR 1984, S.697 ff.

Démolombe: Cours de Code Napoléon tome 17, Paris 1881

Denck, Johannes: Der Rückgriff nach § 119 SGB X und die subsidiäre Haftung des Haftpflichtversicherers nach § 158 c Abs. 4 VVG; VersR 1984, S.602 ff.

Dilcher, Hermann: Zu Begriff und Funktion der Gesamtschuld; JZ 1967, S.110 ff.

Doublet, Jaques: Securité Sociale 5e edition, Paris 1972

Dreifus-Netter, Frédérique: La lutte contre l'inertie dans la loi du 5 juillet 1985; R.G.A.T. 1986, S.519 ff.

Dupeyroux, Jean Jacques: Droit de la sécurité sociale 11e édition, Paris 1988 (zitiert: Séc.soc.)

Dupeyroux, Jean-Jacques: Le maintien du salaire et les recours contre l'auteur de l'accident; D. 1961, S.39 ff.

Durry, Georges: Responsabilité civile, Rev. trim. droit civ. 1980, S.573 ff.

Ebel, Friedrich: Die Bereicherungsansprüche des § 116 Abs. 7 SGB X; VersR 1985, S.897 f.

Ebel, Friedrich: Zur Dogmatik des Angehörigenprivilegs nach § 67 Abs. 2 VVG, VersR 1978, S.1083 ff.

Ehmann, Horst: Die Gesamtschuld, Berlin 1972

Eichenhofer, Eberhard: Dogmatik und Systematik öffentlich-rechtlicher Erstattungsansprüche und privatrechtlicher Regressansprüche der Sozialleistungsträger; SGb 1989, S.177

Eichenhofer, Eberhard: Recht der sozialen Sicherheit in den USA, Baden Baden 1990

Eisele, Friedrich: Correalität und Solidarität AcP 77 (1891) S. 379

Eliasberg, Constant: Le contrat d'assurance et la loi nouvelle; R.G.A.T. 1990, S.1344 ff.

Erman, Walter: Handkommentar zum Bürgerlichen Gesetzbuch 8. Auflage, Münster 1989 (zitiert: Erman/Bearbeiter)

Esmein, Paul: La commercialisation du dommage moral; D. 1954 Chron, S.113

Esmein, Paul: Le recours des caisses de sécurité sociale contre le tiers responsable d'un accident J.C.P. 1952 .I. 964

Esser, Josef: Zur Entwicklung der Lehre von der Vorteilsausgleichung; MDR 1957, S.522 ff.

Esser/Schmidt: Schuldrecht Band 1 Allgemeiner Teil 6. Auflage, Heidelberg 1984

Favre-Rochex, A.: L'assureur et la loi 85-677 du 5 juillet 1985 sur l'indemnisation des victimes d'accidents de la circulation; R.G.A.T. 1986, S.321 ff.

Favre-Rochex/Margeat: Précis de la loi sur le contrat d'assurance 5e édition, Paris 1971

Fenn, Herbert: Die Bedeutung des Regressausschlusses in § 67 Abs.2 VVG und der Anwendungsbereich des § 116 Abs.6 SGB X; ZfS 1983, S.107 ff.

Ferid; Murad: Das französische Zivilrecht Band 1, Frankfurt 1971

Flour/Aubert: Droit civil Les obligations tome 3: Le rapport d'obligation, Paris 1981 Addendum 1986

Forget, Louis: Les conflits de lois en matière d'accidents de la circulation routière, Paris 1973

Frick, Iselore: Regress- und Anrechnungsprobleme in der Summenversicherung, Frankfurt 1985

Frotz, Gerhard: Dogmatische Fortschritte im Verständnis der Regressmethoden bei Schuldnermehrheit?; JZ 1964, S.665 ff.

Gärtner, Rudolf: Das Bereicherungsverbot, Berlin 1970

Gaspard, Francoise: Rapport sur le projet de loi tendant à l'amélioration de la situation des victimes d'accidents de la circulation et à l'accélération des procédures d' indemnisation; Assemblé Nationale 1985 No. 2485

Geigel/Schlegelmilch: Der Haftpflichtprozeß mit Einschluß des materiellen Haftpflichtrechts 5. Auflage, München 1990 (zitiert: Geigel/Bearbeiter)

Geny, Francois: Méthodes d'interpretation et sources en droit privé positif 2e édition, Paris 1954

Gewaltig, Stefan: Die "action civile" im französischen Strafverfahren, Diss. Saarbrücken 1990

Giese, Herbert: "Dommages-intérets" Schaden und Schadensersatz im französischen Recht, Diss. Münster 1967

Gitter, Wolfgang: Schadensausgleich im Arbeitsunfallrecht, Tübingen 1969

Granger, Gilles-Gaston: L'influence de la sécurité sociale sur la resposabilité civile; Dr. Soc. 1955, S.550 ff. und S.573 ff.

Grappe: Consultation concernant le prince de Talleyrand, Nachdruck Recueil alphabéthique des questions de droit de Merlin 4e édition tome 7, Paris 1815

Groutel, Hubert: Le recours de la sécurité sociale contre le tiers responsable pour des "prestations nouvelles"; J.C.P. 1976 .I.(doctrine) 2815 ff. (zitiert: Prestation Nouvelles)

Groutel, Hubert: Le recours des caisses de retraite contre le tiers responsable; D. 1981 S.191

Groutel, Hubert: Le recours des organismes sociaux contre le responsable d'un accident, Paris 1988 (zitiert: Recours)

Groutel, Hubert: Le transfert de la Sécurité social aux compagnies d'assurances de la gestion des accidents de la circulation; Dr. Soc. 1980, S.61 ff.

Groutel, Hubert: Préjudice de droit commun et étendue des recours de la Sécurité sociale: l'heure du bilan; D. 1983, S.123 ff.

Groutel, Hubert: Prestations sociales nouvelles et recours contre le tiers responsable: La poursuite de l'escalade; D. 1982, S.193 ff.

Groutel, Hubert: Réflexions sur la subrogation anticipée; D. 1987, S.283 ff.

Groutel, Hubert: Le recours entre coauteurs d'un accident de la circulation; D. 1990, S. 211 ff.

Grüner/Dalichau/Podlech/Prochnow: Verwaltungsverfahren (SGB X), Starnberg Loseblatt Stand 1990 (zitiert: Grüner)

Guiho, Pierre: Le recours contre l'auteur d'un dommage ouvrant droit à une indemnité d'assurance, Paris 1948

Hagedorn, Hermann: Über das Verhältnis von Schadensersatzansprüchen zu den Versicherungsansprüchen und Ruhestandsbezügen, Diss. Göttingen 1938

Hagen, Horst: Die Drittschadensliquidation im Wandel der Rechtsdogmatik, Frankfurt 1971

Hanau, Peter: Lohnfortzahlung, Haftung und "Direktanspruch" bei einer von Angehörigen des Arbeitnehmers zu vertretenden Krankheit; BB 1968, S.1044 ff.

Hanau, Peter: Rückwirkungen der Haftpflichtversicherung auf die Haftung; VersR 1969, S.291 ff.

Hartmann, Paul: Correal- und Solidarobligationen nach dem schweizer Obligationenrecht; ZSR XXVIII (1887) S.113 ff.

Hauck/Haines: Sozialgesetzbuch SGB X/3 Zusammenarbeit der Leistungsträger und ihre Beziehungen zu Dritten, Berlin Loseblatt Stand 1990

Heck, Philipp: Besprechung zu Rudolf Schmidt; AcP 122 S.131 ff.

Heldrich, Andreas: Die allgemeinen Grundsätze der außervertraglichen Schadenshaftung im Bereich der Europäischen Wirtschaftsgemeinschaft, Diss. München 1961

Hellner, Jan: Försäkringsgivarens Regressrätt; The Insurer's Right of Subrogation, Uppsala/Wiesbaden 1953

Hippel, Eike v.: Schadensausgleich bei Verkehrsunfällen, Berlin/Tübingen 1968

Honsell, Heinrich: Der Regress des Sachversicherers nach § 67 VVG bei Gebrauchsüberlassung an Dritte im österreichischen Recht; VersR 1985, S.301 ff.

Hübener, Eckhard: Der gesetzliche Forderungsübergang im System der Rechtsordnung, Diss. Hamburg 1968

Hübner, Ulrich: Die Reform des Versicherungswesens auf Gegenseitigkeit in Frankreich - ein Denkanstoß für die Versicherungsvereine auf Gegenseitigkeit in Deutschland?; VersR 1987, S.729 ff.

Hüffer, Uwe: Der Rückgriff gegen den deliktisch handelnden Schädiger, Heidelberg 1970

Igl, Gerhard: Grundzüge des französischen Rechts der sozialen Sicherheit; RIW 1977, S.348 ff.

Igl, Gerhard: Pflegebedürftigkeit und Behinderung im Recht der sozialen Sicherheit, Baden Baden 1988 (zitiert: Pflegebedürftigkeit)

Igl/Schulte/Simons: Einführung in das Recht der sozialen Sicherheit von Frankreich, Großbritannien und Italien, Berlin 1978

Jaubert, (o.A.): Juris Classeur Civil Art. 1197-1216 fasc. II und VI Obligations conjointes et solidaires; subrogation personelle

Jestaz, Philippe: Chronique de la législation francaise; Rev. trim. dr. civ. 1974, S.478

Josserand, Louis: Cours de droit civil positif francais conforme aux programmes officiels des facultés de droit 2e édition tome 2, théorie générale des obligation, Paris 1933

Juilliot de la Morandière, Léon: De l'action des administrations contre le tiers responsable de l' accidents survenue à un membre de leur personnel; D. 1958, S.179

Juilliot de la Morandière, Léon: Précis de droit civil francais tome 2 3e édition, Paris 1964

Jürgens, Horst: Teilschuld-Gesamtschuld-Kumulation, Baden Baden 1988

Karrer, Robert: Der Regress des Versicherers gegen Dritthaftpflichtige, Zürich 1965

Kasseler Kommentar zum Sozialversicherungsrecht (Bearbeiter: Ricke): Kommentierung zu §§ 637, 640 RVO, München Loseblatt Stand 1990

Kessler, Francis: Krankenversicherung in Frankreich - Neue Entwicklungen in den 80er Jahren; ZIAS 1989, S.47 ff.

Kimball/Davis: The Extension of Insurance Subrogation; Michigan Law Review 60 (1962) S.841-872

Klaproth, Jürgen: Erstattung von Sozial- und Arbeitslosenversicherungsbeiträgen nach §§ 116, 119 SGB X; VersR 1984, S.924 f.

Klingmüller, Fritz: Unechte Gesamtschuldverhältnisse; Jher. Jb. 64, S.31 ff.

Kohte, Wolfhard: Familienschutz für Lebensgemeinschaften beim Forderungsübergang nach § 67 Abs. 2 VVG, § 116 SGB X; NVZ 1991, S.89 ff.

Korinthenberg, Werner: Echte und unechte Gesamtschuld; Sächs. Archiv 1931, S.1 ff.

Kötz, Hein: Die Reform des Unfallrechts in Großbritannien; VersR 1979, S.585 ff.

Kress, Hugo: Lehrbuch des Allgemeinen Schuldrechts, München 1929 Neudruck Aalen 1974

Künnell, Erich: § 116 SGB X; Die Stellung und Aufgaben des Bademeisters; SozVers 1984, S.71 ff.

Künnell, Erich: Welche Änderung bringt § 116 SGB X bezogen auf § 67 Abs. 2 VVG; VersR 1983, S.223

Küppersbusch, Gerhard: Die Ablösung der §§ 1542, 1543 RVO durch die §§ 116 bis 119 SGB X; VersR 1983, S.193 ff.

Labin, René: Concours des Actions de l'assuré et de l'assurance subrogé contre le tiers responsable; R.G.A.T. 1986, S.264 ff.

Lalou/Azard: Traité pratique de la responsabilité civile 6e édition, Paris 1962

Lambert-Faivre, Yvonne: De la dégradation juridique des concepts de "responsable" et de "victime"; D. 1984, S.51 ff. (zitiert: Dégradation)

Lambert-Faivre, Yvonne: Droit des assurances 6e édition, Paris 1988 (zitiert: Assurances)

Lambert-Faivre, Yvonne: Le lien entre la subrogation et le caractère indemnitaire des prestations des tiers payeurs; D. 1987, S.97 ff. (zitiert: Le lien)

Lange, Hermann: Schadensersatz 2. Auflage, Tübingen 1990

Larenz, Almuth: Ersatzansprüche des Unternehmers bei Verletzung eines Mitarbeiters mit fortlaufenden Bezügen nach französischem und deutschem Recht, Frankfurt 1968 (zitiert: Almuth Larenz)

Larenz, Karl: Lehrbuch des Schuldrechts Band 1 Allgemeiner Teil 14. Auflage, München 1987

Legeais, Raymond: Circulation routière; l'indemnisation des victimes d'accidents, Paris 1986

Lusseau, Jean-Francois: Vie maritale et droit de la Securité Sociale; Dr. Soc. 1980, S.203 ff.

Lyon-Caen/Renault: Traité de droit commercial 5e édition tome 4, Paris 1925

Marcelli, o.A.: Conclusion sous Ass. plén. 23. mai 1986; D. 1986 S.431 ff.

Margeat, Henri: Le Recours des tiers payeurs depuis la loi du 5 juillet 1985; Gaz. Pal. 1985, S.489 ff.

Margeat/Landel: Le Protocole assureurs-organismes sociaux du 24 mai 1983; Dr. Soc. 1984 S. 1 ff.

Marschall von Bieberstein, Wolfgang Frhr.: Reflexschäden und Regressrecht, Stuttgart/Berlin/Köln/Mainz 1967 (zitiert: Reflexschäden)

Marschall von Bieberstein, Wolfgang Frhr.: Schranken des Rückgriffs nach § 640 RVO gegenüber Familienangehörigen des Verletzten; SGb 1978, S.177 ff. (zitiert: Schranken des Rückgriffs)

Marschall von Bieberstein, Wolfgang Frhr.: Zur Neuregelung des Haftpflichtregresses der Sozialversicherungsträger in § 116 SGB X; Zeitschrift für die gesamte Versicherungswissenschaft 1983, S.99 ff. (zitiert: Neuregelung)

Marty/Raynaud: Droit civil, tome II 1er vol. Les obligations, Paris 1962 (zitiert Marty/Raynaud)

Maydell von/Breuer: Zum Übergang des Schadensersatzanspruchs auf den Sozialleistungsträger gemäß § 116 SGB X, NJW 1984, S.23 ff.

Maydell von/Schellhorn: Gemeinschaftskommentar zum Sozialgesetzbuch - Zusammenarbeit der Leistungsträger und ihre Beziehungen zu Dritten GK-SGB S 3, Neuwied/Frankfurt 1984 (zitiert: GK/von Maydell)

Mazaud/Mazaud/Chabas: Lecons de droit civil tome 2 6e édition 1er volume: Obligations théorie générale, Paris 1978

Mazeaud, Léon: Conflit à la Cour de cassation: l' action personnelle du débiteur des prestation contre le responsable de l'accident survenu au prestatiare, Gaz.Pal. 1957 .II. Doctr. S.31 ff.

Mazeaud/Maueaud: Note sous Trib. civ. Montargis Rev. trim. dr. civ. 1950, S.354

Mazeaud/Tunc: Traité théorique et pratique de la resposabilité civile délictuelle et contractuelle tome 1 6e édition, Paris 1965; tome 2 5e édition, Paris 1960 (zitiert: Mazeaud/Tunc)

Medicus, Dieter: Bürgerliches Recht 13. Auflage, München 1987

Mertens, Hans-Joachim: Der Begriff des Vermögensschadens im Bürgerlichen Recht, Stuttgart/Berlin/Köln/Mainz 1965

Mestre, Jacques: La subrogation personelle, Paris 1979

Meurisse, o.A.: Le recours des caisses de sécurité sociale contre le tiers Gaz.Pal., 1954 .II. S.17

Meyer, Hans Dieter: Wem gehören 800 Milliarden Mark? - Eine Kritik an den rechtlichen und wirtschaftlichen Grundlagen des Versicherungswesens; ZRP 1990 S.424 ff.

Mittermaier, Fritz: Regress des Arbeitgebers bei Fortzahlung des Arbeitsentgelds; VersR 1987, 846 ff.

Möller, Hans : Die Gewinnversicherung, die Neuwertversicherung und die Taxe unter dem Blickwinkel des versicherungsrechtlichen Bereicherungsverbots; Materialien des Zweiten Weltkongresses für Versicherungsrecht (Association Internationale de Droit des Assurances) 1968 (zitiert: A.D.I.A.)

Möller, Hans: De la double nature de l'action directe; Etudes offertes à Andre Besson, 1976, S.249 ff.

Möller, Hans: Schadensersatz und Sozialversicherung Referat B; JuS 1961, S.10 ff.

Mössinger, Rainer: Das Quotenvorrecht der Sozialversicherungsträger; Karlsruhe 1974

Mourlon, Jean: Traité théorique et pratique de la subrogation personelle, Paris 1948

Müller, Klaus: Das Quotenvorrecht in der Kaskoversicherung; VersR 1989 S.317 ff.

Müller, Klaus: Delikte mit Auslandsberührung; JZ 1986 S.212 ff.

Müller, Klaus: Die Bedeutung der rechtspolitischen Zwecksetzung für den Tatbestand des § 1542 RVO; SGb. 1972 S.302 ff.

Müller, Klaus: Die Buße nach § 213 StGB und § 1542 RVO; SGb. 1971 S.5 ff.

Müller, Klaus: Regress nach § 1542 RVO bei Schadenszufügung unter Familienangehörigen; Festschrift für Schickel "Sozialrecht in Wissenschaft und Praxis" (Hrsg. Klaus Müller), Starnberg 1978

Müller, Klaus: Rückgriffsanspruch des Sozialversicherungsträgers nach § 1542 RVO beim Unfalltod eines Rentners; SGb. 1971 S.333 ff.

Münchbach, Werner: Regresskonstruktion in Schadensfällen; Inhalt und Abgrenzung des § 255 BGB zur Gesamtschuld, Berlin 1976

Münchener Kommentar zum Bürgerlichen Gesetzbuch (zitiert: Müko/Bearbeiter): 2. Auflage, München 1985

Namgalis, Brigitte: Das französische Arbeitsunfallrecht, Berlin 1980

Nanz, Klaus-Peter:Zur Bestimmung des Deliktsstatuts im englischen, französischen und italienischen internationalen Privatrecht; VersR 1981, S.212 ff.

Oertmann, Paul: Die Vorteilsausgleichung beim Schadensersatzanspruch im römischen und deutschen bürgerliche Recht, Berlin 1901

Oertmann, Paul: Recht der Schuldverhältnisse 5. Auflage, Berlin 1928

Otte, Karsten: Punitive damages; keine Begrenzung durch US- amerikanisches Verfassungsgericht; RIW 1990, S.299

Palandt: Bürgerliches Gesetzbuch 50. Auflage, München 1991 (zitiert: Palandt/Bearbeiter)

Pasanisi, Emilio: Considerations sur une question discutée: La subrogation en matière d'assurance; Etudes offertes à André Besson, Paris 1976

Périer, Michel: Le règlement avec les tiers payeurs dans la loi n° 85-677 du 5 juillet 1985. La Loi Badinter, Changement ou Continuité? Travaux du Colloque de Lille S.51 ff.

Picard/Besson: Les assurances terrestres en droit francais tome prémier Le contrat d'assurances 3e édition, Paris 1970

Plagemann/Schafhausen: Teilungsabkommen mit Sozialversicherungsträgern und ihre Auswirkungen auf Dritte; NVZ 1991, S.49 ff.

Planiol/Ripert: Traité pratique de droit civil francais 2e éditions tome 6 obligations (Esmein) 1952; tome 7 obligations 2e partie (Gabolde), Paris 1954

Ponsard, André: Subrogation réelle, Répertoire de Droit civil tome 5, Paris 1955

Prétot, Xavier: Les grands arrets de la Sécurité Sociale, Paris 1988

Prölss/Martin: Versicherungsvertragsgesetz 24. Auflage, München 1987

Quast, Karl-Heinz: Der Ausschluß der Regressnahme von Privatversicherern und Sozialversicherungsträgern bei Schadenszufügungen unter Familienangehörigen (§§ 67 VVG, 640 und 1542 RVO), Diss. Bonn 1975

Rabel, Ernst: Ausbau oder Verwischung des Systems; RheinZ 10(1919/20) S.89 ff.

Rabel, Ernst: Die Fachgebiete des Kaiser-Wilhelm-Instituts für ausländisches und internationales Privatrecht: in: 25 Jahre Kaiser-Wilhelm-Gesellschaft zur Förderung der Wissenschaften III 1937, S.77; abgedruckt in Rabel, Gesammelte Aufsätze III 1967, S.180

Raiser, Rolf: Kann der Versicherer aus eigenem Recht Regress nehmen? VersR 1951 S.1 ff.

Régnier, M.: La Sécurité sociale: Ses objectifs et ses contraintes, La loi Badinter-Changement ou Continuité, Travaux du Colloque de Lille 1987 S.77 ff.

Reichsgerichtsrätekommentar: Das Bürgerliche Gesetzbuch, Berlin/New York 1976,1978 (zitiert: RGRK/Bearbeiter)

Reinhardt/Schultz: Schadensersatz und Sozialversicherung Referat A; JuS 1961, S.2 ff.

Reitmann/Martiny: Internationales Vertragsrecht 4. Auflage; Köln 1988

Renner, Thomas: Der französische Grundsatz des "non-cumul" vertraglicher und deliktischer Schadenseratzansprüche als Vorbild für eine Reform des deutschen Schuldrechts, Diss. Mainz 1988

Rinderknecht, Susanne: Ein amerikanischer Produkthaftungsprozeß; Der wahre Weg zur Gerechtigkeit; Trend 1991, S.14 ff.

Ripert/Boulanger: Traité de droit civil tome 2, Paris 1957

Ripert/Rodière: Droit matitime 4e édition tome 3, Paris 1963

Roland/Boyer/Starck: Droit Civil, Obligations 1. Responsabilité délictuelle 3e édition, Paris 1985

Roth, Wulf-Henning: Internationales Versicherungsrecht, Tübingen 1985

Rother, Werner: Haftungsbeschränkung im Schadensrecht, München/Berlin 1964

Schirmer, Helmut: Ausdehnung des Familienprivilegs (§§ 67 Abs. 2 VVG, 116 Abs. 6 SGB X) auf eheähnliche Lebensgemeinschaften; DAR 1988 S.289 ff.

Schirmer, Helmut: Das "kranke" Versicherungsverhältnis zwischen KH- Versicherer und Versicherungsnehmer; VersR 1987, S.19 ff.

Schirmer, Helmut: Die private Krankenversicherung und das Gesundheitsreformgesetz; VersR 1991 S.510 ff.

Schlegel, Rainer: Schadensersatz und Sozialversicherungsbeiträge, Karlsruhe 1989

Schmid, Felix: Sozialrecht und Recht der sozialen Sicherheit; Die Begrifflichkeit in Deutschland, Frankreich und der Schweiz, Starnberg 1981

Schmidt, Reimer: Der Regress des Versicherers (§ 67 VVG und § 1542 RVO); VersR 1953 S.457 ff.

Schmidt, Rudolf: Besprechung von "Selb: Schadensbegriff und Regressmethoden"; AcP 163(1963) S.530 ff.

Schmidt, Rudolf: Unechte Solidarität; Jher Jb. 72 (1922) S.1 ff.

Schmidt/Koch: Besprechung von "Gärtner: Bereicherungsrecht"; AcP 173(1973) S.555 ff.

Schreiber, Albrecht: Die Sachhalterhaftung des Art. 1384 Abs. 1 Code Civil, verglichen mit dem deutschen Recht, Diss. 1987

Schulz, Andreas: Überlegungen zur ökonomischen Analyse des Haftungsrechts; VersR 1984, S.608

Schulz, Fritz: Rückgriff und Weitergriff; Studien zur gesetzlichen und notwendigen Zession, Breslau 1907

Seitz, Herbert: Die Ersatzansprüche der Sozialversicherungsträger nach § 640 und § 1542 RVO 2. Auflage, Berlin 1962

Selb, Walter: Mehrheiten von Gläubigern und Schuldnern, Tübingen 1984 (zitiert: Mehrheiten)

Selb, Walter: Schadensbegriff und Regressmethoden, Heidelberg 1963 (zitiert: Sachadensbegriff)

Sieg, Karl: Die Bedeutung der Leistungen Vierter für den Schadensersatzanspruch des Dritten; JZ 1964, S. 14 ff.

Soergel, Hans-Theodor: Bürgerliches Gesetzbuch mit Einführungsgesetz und Nebengesetzen 11. Auflage,Stuttgart Stand 1986 (zitiert: Soergel/Bearbeiter)

Speiser, Hilger: Zur Anrechnung von Leistungen der nordamerikanischen Veterans'Administration im Rahmen der Vorteilsausgleichung; VersR 1983 S.108 ff.

Spérégrin, o.A.: Recours contre le tiers dans un accidents relevant de la sécurité sociale ; droits et devoirs respectifs de la victime et des organismes sociaux, obligations du tiers; Gaz.Pal. 1954 .I. Doctr. S.38

Staudinger, Julius v.: Kommentar zum Bürgerlichen Gesetzbich mit Einführungsgesetz und Nebengesetzen 12. Auflage, Berlin 1980 (zitiert: Staudinger/Bearbeiter)

Steffen, Erich: Der SVT- Regreß bei "kranker" KH- Versicherung; VersR 1987, S.529 ff.

Stiefel/Hofmann: Kraftfahrzeugversicherungsrecht Kommentar zu den AKB und AVSB 14. Auflage, München 1989

Storp, Roger: Französisches Kfz-Schadensrecht - tiefgreifende Reformen durch Rechtsprechung und Gesetzgebung; DAR 1986 S.311 ff.

Theda, Werner: Fragen zum Forderungsübergang nach § 67 VVG; DAR 1984 S.201. ff.

Theda, Werner: Schnittpunkte von Privat- und Sozialversicherungsrecht, einschließlich Quotenvorrecht; VersR 1981, S.412 ff.

Thiele, Wolfgang: Gedanken zur Vorteilsausgleichung; AcP 167 S.193 ff.

Thümmel, Roderich: Die Leistungen der US-amerikanischen Social Security und Veterans' Administration als Problem der Vorteilsausgleichung im deutschen Recht; VersR 1986 S.415 ff.

Titze, Heinrich: Recht der Schuldverhältnisse, 4. Auflage, Berlin/Göttingen/Heidelberg 1948

Topor, Lucienne: Le sort de l'indemnité due en réparation du préjudice moral au regard du recours exercé par les organismes de sécurité sociale contre le tiers responsable; Actualité législative Dalloz 1986, S.1 ff.

Tunc, André: Le rapport Pearson sur la responsabilité civile et l'indemnisation des dommages corporelles; Rev. int. dr. comp. 30 (1978), S.508 ff.

Viney, Geneviève: De l'application de la loi du 5 juillet 1985 á l'accident de la circulation qui est en meme temps un accident de travail; D. 1989, S.231 ff.

Viney, Geneviève: Droit civil, Les obligations, La reponsabilité: conditions, Paris 1982

Viret, Bernard: Le concours de l'assureur social et du tiers responsable (et de son assureur) dans l'indemnisation des Dommages; R.G.A.T. 1984 S.88 ff.

Vitu, André: Subrogation légale et droit des assurances; R.G.A.T. 1946, S.238 ff.

Wachsmut, Michael: Voraussetzungen und Wirkungen der versicherungsrechtlichen Legalzession; Ein Vergleich mit dem Abtretungsrecht des BGB, Diss. Berlin 1978

Wahl, Eduard: Vertragsansprüche Dritter im französischen Recht, Berlin 1935

Weber, Reinhold: Genießt auch eine eheähnliche Lebensgemeinschaft das Familienprivileg des § 67 Abs. 2 VVG bzw. des § 116 Abs. 6 SGB X?; DAR 1985 S.1 ff.

Weill/Terré: Droit civil 4e édition; Paris 1986

Wernecke, Frauke: Die Gesamtschuld: Ihre Befreiung von irrationalen Merkmalen und ihre Rückführung in die Gesetzessystematik, Berlin 1990

Weyers, Hans-Leo: Versicherungsvertragsrecht, Frankfurt 1986

*Wilmes/Müller-Frank:*Die Rechtsprechung zur Krankenhaustagegeldversicherung seit 1984; VersR 1990, S.345 ff.

Zacher, Hans-Friedrich (Hrsg.): Methodische Probleme des Sozialrechtsvergleichs, Berlin 1976

Zweigert/Kötz: Einführung in die Rechtsvergleichung Band 1 Grundlagen 1984, Band 2 Institutionen, Tübingen 1984 (zitiert: Zweigert/Kötz Band)

Anhang

- I -

Loi No 85-677 du 5 juillet 1985 Tendant á l`amélioration de la situation des victimes d`accidents de la circulation et à l`acclération des procédures d`indemnisation

Chapitre 2

Des recours des tiers payeurs contre les personnes tenues à réparation d`un dommage résultant d`une atteinte à la personne

Art. 28. - Les dispositions du présent chapitre s`appliquent aux relations entre le tiers payeur et la personne tenue à réparation d`un dommage résultant d`une atteinte à la personne, quelle que soit la nature de l`événement ayant occasionné ce dommage.

Art. 29. - Seules les prestations énumérées ci-après versées à la victime d`un dommage résultant des atteintes à sa personne ouvrent droit à un recours contre la personne tenue à réparation ou son assureur:

1. Les prestations versées par les organismes, établissements et services gérant un régime obligatoire de sécurité sociale et par ceux qui sont mentionnés aux articles 1106-9, 1234-8 et 1234-20 du Code rural;

2. Les prestations énumérées au II de l`article 1er de l`ordonannce no 59-76 du 7 janvier 1959 relative aux actions en réparation civile de l`Etat et de certaines autres personnes publiques;

3. Les sommes versées en remboursement des frais de traitement médical et de rééducation;

4. Les salaires et les accessoires du salaire maintenus par l`employeur pendant la période d`inactivité consécutive à l`événement qui a occasionné le dommage;

5. Les indemnités journalières de maladie et les prestations d`invalidité versées par les groupements mutualistes régis par le Code de la mutualité.

Art. 30. - Les recours mentionnés à l`article 29 ont un caractère subrogatoire.

Art. 31.- Ces recours s`exercent dans les limites de la part d`indemnité qui répare l`atteinte à l`intégrité physique de la victime, à l`exclusion de la part d`indemnité de caractère personnel correspondant aux souffrances physiques ou morales par elle endurées et au préjudice esthétique et d`agrément ou, s`il y a lieu, de la part d'indemnité correspondant au préjudice moral des ayants droit.

Art. 32. - Les employeurs sont admis à pousuivre directement contre le responsable des dommages ou son assureur le remboursement des charges patronales afférentes aux rémunérations maintenues ou versées à la victime pendant la période d`indisponibilté de celle-ci. Ces dispositions sont applicables à l`Etat par dérogation aux dispositions de l`article 2 de l'ordonannance no 59-76 du 7 janvier 1959 précitée.

Art. 33. - Hormis les prestations mentionnées aux articles 29 et 32, aucun versement affectué au profit d`une victime en vertu d`une obligation légale, conventionelle ou statutaire n`ouvre droit à une action contre la personne tenue à réparation du dommage ou son assureur.

Toute disposisition contraire aux prescriptions des articles 29 et 32 et du présent article est réputée non écrite à moins qu`elle ne soit plus favorable à la victime.

Toutefois, lorsqu`il est prévu par contrat, le recours subrogatoire de l`assureur qui a versé à la victime une avance sur indemnité du fait de l`accident peut etre exercé contre l`assureur de la personne tenue à l`article 29. Il doit etre exercé, s`il y a lieu, dans les délais impartis par la loi aux tiers payeurs pour produire leurs créances.

Art. 34. - L`organisme de sécurité sociale chargé du remboursement des soins représente auprès du responsable des dommages ou de l`assureur de celui-ci, et pour la conclusion d`une transaction, les organismes de sécurité sociale chargés de la couverture des autres risques et du versement de prestations familiales.

- II -

Auszüge aus dem Code de la Sécurité Sociale, die sich auf den Regreß der Sozialversicherer beziehen.

Art. L 375-1 (ancien art. L. 396). Ne donnent lieu à aucune prestation en argent les maladies, blessures ou infirmités résultant de la faute intentionnelle de l`assuré.

Art. L. 376-1 (ancien art. L. 397). Lorsque, sans entrer dans les cas regis par les dispositions législatives applicables aux accidents du travail, la lésion dont l`assuré social ou son ayant droit est atteint est imputable à un tiers, l assuré ou ses ayants droit conserve contre l'auteur de l`accident le droit de demander la réparation du préjudice n`est pas réparé par application du présent livre.

Les caisses de sécurité sociale sont tenues de servir à l`assuré ou à ses ayants droit les prestations prévues par le présent livre, sauf recours de leur part contre l`auteur reponsable de l`accident dans les conditions ci-après.

Si la responsabilité du tiers est entière ou si elle est partagée avec la victime, la caisse est admise à poursuivre le remboursement des prestations mises à sa charge à due concurrence de la part d`indemnité mise à charge du tiers qui répare l`atteinte à l`intégrité physique de la victime, à l`exclusion de la part d`indemnité, de caractère personnel correspondant aux souffrances physiques ou morales par elle endurées et au préjudice esthétique et d`agrément. De meme, en cas d`accident suivi de mort, la part d`indemnité correspondant au préjudice moral des ayants droit leur demeure acquise.

L'intéressé ou ses ayants droit doivent indiquer, en tout état de la procédure, la qualité d`assuré social de la victime de l`accident, ainsi que les caisses de sécurité sociale auxquelles celle-ci est ou était affiliée pour les divers risques. Ils doivent appeler ces caisses en déclaration de jugement commun. A défaut du respect de l`une de ces obligations, la nullité du jugement sur le fond pourra etre demandée pendant deux ans, à compter de la date à partir de laquelle ledit jugement est devenu définitif, soit à la requete du ministère public, soit à la demande des caisses de sécurité sociale intéressées ou du tiers responsable, lorsque ces derniers y auront intéret. - V. art. R. 376-1.

Art. L. 376-2 (ancien art. L. 398). La victime ou ses ayants droit est admise à faire valoir les droits résultant pour elle de l`action en indemnité formée conformément à l`article L. 376-1 par priorité sur ceux des caisses en ce qui concerne son action en remboursement des déboursés.

Art. : 376-3 (ancien art. L. 399). Le réglement amiable pouvant intervenir entre le tiers et l`assuré ne peut etre opposé la caisse de sécurité sociale qu`autant que celle-ci a été invitée à y participer par lettre recommandée et ne devient définitif que quinze jours après l`envoi de cette lettre.

Art. L. 452-5 (ancien art. L. 469). Si l`accident est du à la faute intentionelle de l`employeur ou de l`un de ses préposés, la victime ou ses ayants droit conserve contre l`auteur de l`accident le droit de demander la réparation du préjudice n`est pas réparé par application du présent livre.

Les caisses primaires d`assurance maladie sont tenues de servir à la victime ou à ses ayants droit les prestations et indemnités mentionnées par le présent livre. Elles sont admises de plein droit à intenter contre l`auteur de l`accident une action en remboursement de sommes payées par elles.

Si des réparations supplémentaires mises à la charge de l`auteur responsable de l`accident, en application du présent article, sont accordées sous forme de rentes, celles-ci doivent etre constituées par le débiteur, dans les deux mois de la décision définitive ou de l`accord des parties à la caisse nationale de prévoyance, suivant le tarif résultant du présent code.

Dans les cas prévus au présent chapitre, la caisse régionale d`assurance maladie peut imposer à l`employeur la cotisation supplémentaire visée à l`article L. 242-7.

Art. L. 454-1 (ancien art. L. 470). Si la lésion dont est atteint l`assuré social est imputable à une personne autre que l'employeur ou ses préposés, la victime ou ses ayants droit conserve contre l`auteur de l`accident le droit de demander la réparation du préjudice causé, conformément aux règles de droit commun, dans la mesure où ce préjudice n`est pas réparé par l`application du présent livre.

Les caisses primaires d`assurance maladie sont tenues de servir à la victime ou à ses ayants droit les prestations et indemnités prévues par la présent livre, sauf recours de leur part contre l`auteur responsable de l`accident, dans les conditions ci-après; ce recours est également ouvert à l`Etat et aux institutions privées, lorsque la victime est pupille de l`éducation surveillée dans les conditions définies par décret.

Si la responsabilité du tiers auteur de l`accident est entière ou si elle est partagée avec la victime, la caisse est admise à poursuivre le remboursement des prestations mises à sa charge à due concurrence de la part d`indemnité mise à la charge du tiers qui répare l`atteinte à l`intégrité physique de la victime, à l`exclusion de la part d'indemnité, de caractère personel, correspondant aux souffrances physiques ou morales par elle endurées et au préjudice esthétique et d`agrément. De meme, en cas d`accident suivi de mort, la part d`indemnité correspondant au préjudice moral des ayants droit leur demeure acquise. V. art. R. 454.-.

Si la responsabilité du tiers est partagée avec l`employeur, la caisse ne peut poursuivre un remboursement que dans la mesure où les indemnités dues par elle en vertu du présent livre dépassent celles qui auraient été mises à la charge de l'employeur en vertu du droit commun.

Dans les cas où les rentes prévues au al. 4 de l`article L. 431-1 sont inférieures à la réparation de meme nature due à la victime ou à ses ayants droit par application des dispositions du présent article, les rentes supplémentaires peuvent étre allouées sous forme de capital. Celles qui ne seraient pas allouées en capital doivent, dans les deux mois de la décision définitive ou de l'accord des parties, etre constituées par le débiteur à la caisse nationale de prévoance suivant le tarif résultant du présent code.

Art. L. 455-1 (ancien art. L. 470-1). Si l`accident dont le travailleur est victime dans les conditions prévues à l`aritcle L. 411-2 est causé par l`employeur ou ses préposés ou, plus généralement, par une personne appartenant à la meme entreprise que la victime, il est fait application, à l`encontre de l`auteur responsable de l`accident, des dispositions des articles L. 454-1 et L. 455-2.

- III -

Ordonnance du 7 Janvier 1959

Art. 1 - I. - Lorsque le décès, l'infirmité ou la maladie d'un agent de l'Etat est imputable à un tiers, l'Etat dispose de plein droit contre ce tiers, par subrogation aux droits de la victime ou de ses ayants droit, d'une action en remboursement de toutes les prestations versées ou maintenurs à la victime ou à ses ayants droit à la suite du décès, de lìnfirmité ou de la maladie.

II. - Cette action concerne notamment:

Le traitement ou la solde et les indemnités accessoires pendant la période d'interruption du service;

Les frais médicaux et pharmaceutiques;

Le capital-décès;

Les arréages des pensions et rentes viagères d'invalidité ainsi que les allocations et majorations accessoires;

Les arréages des pensions de retraite et de réversion prématurées, jusqu'à la date à laquelle la victime aurait pu normalement faire valoir ses droits à pension, ainsi que les allocations et majorations accessoires;

Les arréages des pensions d'orphelin.

III. - Le remboursement par le tiers responsable des arréages de pensions ou rentes ayant fait l'objet d'une concession définitive est effectué par le versement d'une somme liquidée en calculant le capital représentatif de la pension ou de la rente.

Art. 2. - A l'exception de l'action appartenant à l'Etat lorsqu'il est tenu de réparer le préjudice éprouvé par un fonctionnaire dans les conditions fixées par le statut général des fonctionnaires, l'action prévue à l'article 1er de la présente ordonnance est exclusive de toute autre action de l'Etat contre le tiers responsable du décès, de l'infirmité ou de la maladie.

Art. 3. - Lorsque la victime ou ses ayants droit engagent une action contre le tiers responsable, ils doivent appeler en déclaration de jugement commun la personne publique intéressée et indiquer la qualité qui leur ouvre droit aux prestations de l`Etat, à peine de nullité du jugement fixant l`indemnité. A défaut de cette indication, la nullité du jugement sur le fond pourra etre demandée par toute personne intéressée pendant deux ans à compter de la date à partir de laquelle ledit jugement est devenu définitif.

Le réglement amiable pouvant intervenir entre le tiers et la victime ou ses ayants droit ne peut etre opposé à l`Etat qu`autant que celui-ci a été invité à y participer par lettre recommandée avec demande d`avis de réception et ne devient définitif, en cas de silence de l`administration, que deux mois après la réception de cette lettre.

Art. 4. - Si, au moment où il est appelé à se prononcer sur la demande en réparation de la victime ou de ses ayants droit, le juge n`est pas en mesure d`apprécier l`importance des prestations dues par l`Etat, il surseoit à statuer et accorde éventuellement une indemnité provisionnelle.

Art. 5. - Lorque la responsabilité du dommage est partagée entre le tiers et la victime l`Etat peut recourir contre le tiers pour la totalité des prestations auxquelles il est tenu, à la condition que leur montant n`excède pas celui de la réparation mise à la charge du tiers.

Toutefois, ce recours ne peut s`exercer sur la part des dommages-intérets correspondant à des préjudice qui en raison de leur nature, ne se trouvent pas au moins partiellement couverts par les prestations visées à l`article 1er.

Art. 6. - Les dispositions de la présente ordonnance ne dérogent pas, le cas échéant, aux règles prévues par le livre IV du Code de la sécurité sociale.

Art. 7. - Les dispositions de la présente ordonannance sont applicables aux recours exercés par:

1. Les collectivités locales.

2. Les établissements publics à caractère administratif.

3. La caisse des dépots et consignations agissant tant pour son propre compte que comme gérante du fonds spécial de retraite des ouvriers des établissements indu-

striels de l'Etat et comme gérante de la Caisse nationale des retraites des agents des collectivités locales.

Art. 8. - L'article 44 du Code des pensions civiles et militaires de retraite et l'article 10, paragraphe 7, de la loi no. 49-1097 du 2 aout 1949 sont abrogés.

- IV -

Auszug aus der Verordnung (EWG) Nr. 1408/71 über die Anwendung der Systeme der sozialen Sicherheit auf Arbeitnehmer und Selbständige sowie deren Familienangehörige, die innerhalb der Gemeinschaft zu- und abwandern

Art. 93 Ansprüche des verpflichteten Trägers gegen haftende Dritte

1) Werden nach den Rechtsvorschriften eines Mitgliedstaats Leistungen für einen Schaden gewährt, der sich aus einem im Gebiet eines anderen Mitgliedstaats eingetretenen Ereignis ergibt, so gilt für etwaige Ansprüche des verpflichteten Trägers gegen einen zum Schadenersatz verpflichteten Dritten folgende Regelung:

a) Sind die Ansprüche, die der Leistungsempfänger gegen den Dritten hat, nach den für den verpflichteten Träger geltenden Rechtsvorschriften auf diesen Träger übergegangen, so erkennt jeder Mitgliedstaat diesen Übergang an;

b) hat der verpflichtete Träger gegen den Dritten einen unmittelbaren Anspruch, so erkennt jeder Mitgliedstaat diesen Anspruch an.

(2) Werden nach den Rechtsvorschriften eines Mitgliedstaats Leistungen für einen Schaden gewährt, der sich aus einem im Gebiet eines anderen Mitgliedstaats eingetretenen Ereignis ergibt, so gelten gegenüber der betreffenden Person oder dem zuständigen Träger die Bestimmungen dieser Rechtsvorschriften, in denen festgelegt ist, in welchen Fällen die Arbeitgeber oder die von ihnen beschäftigten Arbeitnehmer von der Haftung befreit sind.

Absatz 1 gilt auch für etwaige Ansprüche des verpflichteten Trägers gegenüber einem Arbeitgeber oder den von diesem beschäftigten Arbeitnehmern, wenn deren Haftung nicht ausgeschlossen ist.

(3) ...